福建省基础教育改革试点项目
《思明区中小学特色发展策略实践研究》子课题研究成果

让绿意点亮生命

庄莉 等/著

点亮生命

——厦门市园南小学特色学校建设的探索

参加编写人员： 庄 莉　高俊燕
　　　　　　　 黄 昕　张 薇
　　　　　　　 蔡雅娟

现代教育出版社

图书在版编目（CIP）数据

让绿意点亮生命：厦门市园南小学特色学校建设的
探索 / 庄莉等 著. —— 北京：现代教育出版社, 2014.5

ISBN 978-7-5106-2232-8

Ⅰ.①让… Ⅱ.①庄… Ⅲ.①小学—校园文化—建设
—研究—厦门市 Ⅳ.①G627

中国版本图书馆CIP数据核字(2014)第092679号

让绿意点亮生命——厦门市园南小学特色学校建设的探索

作　者	庄　莉等
责任编辑	刘小华　郝　娜
封面设计	斑蓝视觉

出版发行	现代教育出版社
地　址	北京市朝阳区安华里504号E座
邮　编	100011
电　话	（010）64244927
传　真	（010）64251256

印　刷	三河市华晨印务有限公司
开　本	710mm×1000mm　1/16
印　张	18.5
字　数	340千字
版　次	2014年5月第1版
印　次	2014年5月第1次印刷
书　号	ISBN 978-7-5106-2232-8
定　价	36.80元

序一

充满绿意的教育

厦门市思明区教育局局长 张越

谈起位于厦门市城市中心区域的园南小学，人们过去对她总有三个印象：一是它的古老，她是一所有着近九十年历史的老校，校址是明朝时期古厦门成的北门，在厦门人的眼里，这所石壁之上的学校办学经历记载着厦门的历史变迁。二是校园的小，学校没有较大的运动场，几栋教学楼分布在高低错落的两块平地上，被视为思明区为数不多的"袖珍学校"。三是雅致，钟楼下，从校门到校内许多地方都被郁郁葱葱的古榕树所掩映，树在校中，校在树中，又使园南小学获得了"盆景学校"的雅称。古老、精致但狭小，既给学校积淀了深厚的文化，也给学校的发展带来了种种的制约。近几年，园南小学再次引起教育界和社会各界人士的关注，是因为学校开展的充满绿意的教育，学校进行着"让绿意点亮生命"的特色课题研究，而由此产生的种种变化，散发出的浓浓文化气息，更使每一个到校参观的人对这所古老而狭小的学校刮目相看。

校园内外绿意充盈，生命力极旺盛的古榕树依托古城墙而生长，而聪敏的园南人就以榕树为依托，参透并充分挖掘其蕴含的教育内涵，将教育的关注点迁移延伸到生命成长的过程，每一位园南教育工作者都将"让绿意点亮生命"这一教育理念付诸实践，并围绕此开展了从特色定位到文化建设，再到课堂教学、校本课程，最后到德育体系的多方面的研究，逐渐形成别具一格的生命化教育体系的架构。

这三年里，我多次走近这所"心很大"的"袖珍"校园，见微知著，园南几年间对于教育理念的探究就在一个个细节里流露出来。打造精致校园环境，搭建学生展示自我舞台，围绕绿榕开展别致的文化节，创设别样的班级文化氛围……最让我印象深刻的是园南的小讲解员们，孩子们对校园里一花一草声情并茂介绍时所流露出来的强烈的归属感和幸福感，更彰显着学校绿榕文化、生命化教育对孩子心灵成长的滋润。时时处处，点点滴滴，管理者之于广大教师，教师对于每一位学生，用爱，用心的"点亮"，使学校每位老师和孩子们独特的生命个体焕发出与众不同的个性光芒。

三年前，思明区教育局与东北师范大学合作，共同开展区域内"中小学特色发展策略实践研究"，在邬志辉教授领衔团队的指导下，十二所学校参与课题研究。伴随着课题研究的深入，我们受益的不仅在课题研究之内，而且在课题研究之外，更有意外收获，甚至可以说，这些意外的收获的意义远远高于课题研究本身。历史悠久的但发展空间严重受限的园南小学在课题研究后，无论是学校迸发出的勃勃生机，还是老师，学生焕发出的菁菁朝气，就是有力的佐证。

两年多前，已就特色课题开展研究一年且课题已具雏形的园南小学前任校长蔡梅珍另有重用调任他校后，我在找即将接任园南小学校长的庄莉谈话时，希望她履新后，能继续借助特色课题的研究，挖掘老校的文化内涵，带动学生，老师和管理者与课题研究共同成长，找到新的出发点。年轻的庄莉校长和她的团队用他们三年多的学习、探索、实践的成果很好地实现了我所期望的"同课题同成长"目标，我倍感欣慰，特意写下以上文字。

聊以为序。

序二

古榕绿意发新枝

东北师范大学教授 洪俊

2010 年暑期，厦门市思明区教育局与教育部人文社科重点研究基地东北师范大学农村教育研究所合作，开展了"思明区中小学特色发展策略实践研究"。园南小学是该课题 12 所实验校之一，笔者也以东北师范大学课题组成员的身份参与了园南小学的研究。本书即是近 4 年来园南小学特色学校建设经验的理论凝结。

园南小学地处厦门市中心，已有八十多年的历史。学校的规模不大、空间较小，却处处精致典雅，令人赏心悦目。校园中，数株参天古榕伞盖般包裹着校园，一片生机盎然，已然是园南独有的图腾。

绿，是生命之色。榕树具有旺盛的生命力，常被视为坚忍不拔、蓬勃奋发的精神象征，成为教育的隐喻。园南小学针对小学教育改革与发展的趋势，基于生命化教育的思想和本校的环境特点，提出了"让绿意点亮生命"的特色理念，开展了以"榕文化"为主要切入点的多方面特色学校建设。

在生活中，"绿意"一词通常用于形容"春天到来，万物复苏，生机勃勃"的状态。在教育领域中，"绿意"又被赋予种种新的涵义。笔者认为，"绿意"应具有三个层面，它所表达的既是一种感受，也是一种精神，更是一种情感。在感受层面，"绿意"所体现的是一种和谐温馨、充满生机与活力的状态与氛围，这种状态是我们的教育意图得以有效实现的基本条件；在精神层面，"绿意"反映了生活教育与主体教育的理性，它使我们的教育具有明确的目标与方向；在情感层面，"绿意"表达了发自内心、由衷的教育之爱，它是我们的教育得以成功的动力源泉。

"让绿意点亮生命"既是一种理念，更是一种实践。如何使绿意能够真正地"点亮"生命，是园南小学特色学校建设中致力解决的关键。依现代教育理念，"点亮"是一种教育过程，它不会自然而然的发生。它应当是教育者启发、引导下的学习者主动发展和自我生成过程。

使学校中的每个人都能发展自己的潜能、实现自己的人生价值，是"让绿意点亮生命"的终极追求。在园南小学，"一切为了学生的发展"的目标正在特色学校的建设中逐步实现，同时也为教师打造了实现人生价值的平台。在特色学校建设的进程中，园南小学不仅有5位种子教师直接参与了工作，更有众多教师在努力践行学校的特色理念，并以自己的实践创造园南小学的特色。令人欣喜的是，多位入职不久的新教师在学校特色建设的平台上努力学习、勤于思考、积极实践、恣意发展。短短几年，他们的专业素质就有了很大提高，并崭露头角，成为与特色学校建设共同发展的典型。这个事例生动地表明：特色学校建设已经成为促进园南小学教师专业成长的"绿意"。

在特色学校建设中，庄莉校长始终亲力亲为。她既亲自主持园南小学的特色建设，又作为种子教师亲自参与课题组组织的研究生课程班的学习。她勇于实践、勤于思考、认真总结，有效地把现代教育理论与园南小学建设的实践紧密结合，概括出"让绿意点亮生命"这一具有园南小学特色的理念，并有力地组织了"榕文化"为主要切入点的多方面特色研究。学校领导者的亲自参与，既使园南小学的特色建设自然上升到学校文化层面，也促进和保证了学校的特色理念贯彻到各个实践层面。庄莉校长的这一做法为园南小学特色学校建设的顺利实施，提供了组织保障。从中小学校长专业发展的角度看，这些作法与经验也可称是成功的范例。

与园南小学80几年的历史相比，特色学校建设改革实践的4年或许不能算长。然而，我们希望4年的改革实践能够在园南小学的历史上留下浓浓的一笔，更希望它为园南小学未来的发展提供新的契机，开辟新的道路。这将是每个曾经参与园南小学建设的人们所乐意看到的，也是全校教师、学生和家长乃至社会各界所乐意看到的。

是以为序。

目 录
contents

第一章　准确分析定位　特色学校建设的切入点

"办出各自特色"是《中国教育改革与发展纲要》向中小学提出的办学要求。在全球化和信息化的世界发展趋势下，传统的"千校一面"的学校发展状况和学校发展战略难以适应社会发展的要求。创建特色学校是加快教育改革的必然要求，是促进教育均衡的有效途径，更是提升学校品质，促进学校发展的内在需要。

它将突破原有的办学模式化、要求统一化、同质发展的教育观念，从学校自身去探寻办学方向和目标，形成各具特色的办学风格。

2011 年，我校在上级主管部门思明区教育局的引领下，采用教育行政部门管理保障、教研机构协调促进、东师大专家引领指导、实验校具体实施这一四方合作的模式，开始了以课题为抓手，全面开展特色学校创建的新进程。

一、基于发展现状，分析逻辑起点

特色学校的核心要素在于：风格、成果、传统。它必须是在独特的办学思想指导下，从本校实际出发，经过长期的办学实践，形成独特、稳定的办学风格与优秀的办学成果。

我们认为，从本校的实际出发是特色学校创建的逻辑起点。一个学校之所以能成为特色学校，一定程度上受本校历史文化传统的影响。因此，搞清逻辑起点，实际上就解决了一个非常重要的问题，即一个普通学校能否建立特色学校。

把握特色学校创建的逻辑起点，需要充分考虑以下问题：本校的传统是什么？哪些值得继承和发扬？哪些可以改进甚至改革？学校所在的地理位置是否有其独特的文化支撑？有哪些可以发掘并纳入学校的文化视野中？

为此，在创建之初，我们深入分析本校的发展基础、优势和薄弱环节以及学校在发展过程中面临的机遇和挑战，以此摸清自己的"家底"，从而找准特色定位和突破口。

1、历史与文化

我校地处厦门老城区，是一所有着近百年历史的老校，其建筑地是明朝时期古厦门城的北门。学校初建于1929年，坐落于厦门市中心的古钟楼下、古城墙之上，毗邻着民族英雄陈化成的祠堂。在老厦门的眼里，这所石壁之上的学校从祠堂到钟楼再到私塾学堂、学校，记载着厦门历史的变迁，而学校的"四古"：古榕树、古城墙、古钟楼、古祠堂也成了园南特有的文化象征。

十几年前原开元区少年宫驻点于此，形成了宫校合一的办学模式，培养了无数艺术的新苗。我校因此成为厦门人眼中一所充满历史积淀与艺术气息的学校。

九十年代初学校确立了明确的办学宗旨——"志存高远 和谐发展"，强调了一切工作都以学生的成长发展为根本出发点的理念。先后被评为"全国先进体育传统项目学校"、"市艺术教育先进单位"等。作为"全国先进体育传统项目学校"，我校的足球队在全国、省、市、区的足球比赛中取得辉煌的战绩：三十几次赢得厦门市小学生足球赛冠军；八、九十年代参加全国小甲A足球赛获得冠军。园南足球队俨然成为学校的品牌项目，而足球运动顽强、拼搏、进取的精神也引领着一代代的园南人努力前行。

2、师资与规模

目前，学校有18个教学班，888名学生，在编教师46名，教师平均年龄35岁，其中青年教师占总数的50%以上；大专以上学历占教师总数的96%；小学高级教师22名，占全体教师的48%；区级以上学科带头人5名，区级以上骨干教师6名。

学校占地面积3284平方米，建筑面积6369平方米，生均用地面积3.6平方米。普通教室18个，专用教室10个，基本满足教育教学所需。

3、优势与问题

优势

（1）办学历史悠久。学校创办于1929年，经过几代园南人的共同努力，学校已由当初一所不起眼的普通小学，发展为如今具有全新办学理念和拥有现代化教学设施的新世纪公办小学。

（2）生源均衡优质。学校生源来自于老城区，多数学生家庭条件较好，父母重视教育，学生知识面较广，思维较活跃，不少学生有文艺、体育等方面特长；2010年9月，市教育局批准我校可以面向全市招收有艺术、足球特长的学生，这一被限制了2年的招生方式，重新实施，有利于我校特色项目的发展。

（3）校园特色项目凸显。秉承近百年优良传统，学校在足球、艺术教育等方面取得了丰硕成果，先后荣获"全国先进体育传统项目学校"、"市体育特别贡献奖"、"市艺术教育先进单位"等。

问题

（1）办学硬件条件不足。由于地处老城区，学校目前的占地面积仅有3284平方米，学生数888人，人均不足4平方米，如何在有限的空间内打破束缚，寻找自我变革、自我提升的路径，以此扩大社会美誉度、提高教育教学质量，成了学校发展过程中思索探究的问题。

（2）队伍建设任重道远。特色学校的创建需要有一支有着全新教育理念与教学行为的学习型教师队伍作为支撑。我校虽然教师队伍年轻而充满活力，但是年轻教师教育底蕴不足，骨干教师队伍建设比较薄弱，教师自我发展意识、工作责任意识还未得以较大限度的激发，以上种种都是需要进一步深入探究解决的问题。

（3）教育科研能力较弱。我校虽有一定的教科研基础，拥有自己的科研课题，校本教研与培训也在有条不紊地进行中，但针对性和实效性仍不强。特别是课堂教学效率问题比较突出，当前，尤其要注重找准教育科研与特色发展有机结合点，找准落脚点，真正形成教、学、研齐头并进的良好局面。

（4）学校特色尚未形成。作为体育传统学校、艺术教育基地，学校特色项目发展为学生提供全面发展的平台。但艺术、足球教育普及性还远远不够，如何让特色项目的精神内涵惠及全体学生，需要学校不断拓展特色领域，深化特色研究，丰富特色内涵，以期获得更快、更好的发展。

4、机遇和挑战

随着课程改革的深入，注重"内涵发展，质量提升，特色发展"，成为当今学校发展的必然趋势。2010年《国家中长期教育改革和发展规划纲要》中强调："树立以提高质量为核心的教育发展观；注重教育内涵发展，鼓励学校办出特色、办出水平……"。"注重教育内涵发展，鼓励学校办出特色"已成为当前乃至今后十年内我国的基本国策。而思明区进修学校就创建特色学校而开展的课题研究，为学校特色发展起引领作用。可以说，课程改革的深入推进，为我校发展创造了一个新的发展契机。

另一方面，以人为本的时代，呼唤教育回归生命。在新课程改革中，明确提出了要培养学生的"科学和人文素养"。这种科学与人文整合的课程价值取向，它以科学为基础，以人自身的完善与解放为最高目的，对培养全面发展的人才具有重要意义。因此，学校素质教育的主要目标与功能定位在发展个体人之上，促进个体人的健康发展，进而促进人类社会的健康发展为宗旨。但是，目前我校发展存在的问题，特别是办学硬件条件不足、教师队伍建设、学校传统特色项目急需发展等等，在一定的程度已不能满足时代发展的需求。这对我校的发展来说既是挑战，也是一次机遇。创建特色学校，是我校深化素质教育，推进课程改革的必然需要，也是提升我学校综合实力、塑造学校品牌形象的需要，更是满足家长对优质教育需求的一项有力的举措。

二、聚焦闪光点，找准创建突破口

特色的基础是理念，在特色的形成中，理念起着指导性、基础性作用。作为学校管理者，应该把"为了学校"、"在学校中"、"基于学校"作为基本着眼点，把解决学校实际问题、改进学校实践状态作为目标指向，从而形成独具特色的办学理念，并在理念的支配下，将学校已具备相当基础的"闪光点"，逐步孵化为"特色"。

为合理地定位特色理念，在前期学校内部进行逻辑起点分析的基础上，我们面向社会进行了学校知名度与美誉度的调查。

厦门市园南小学知名度与美誉度调查

序号	问　题	答案选择或填写
1	您了解厦门市园南小学吗?	A 非常了解　　B 比较了解 C 不太了解　　C 没听过
2	您是?	A 学生家长　　B 社区居民 C 普通市民

3	如果您不是学生家长,您是通过何种渠道知道学校的?	A 亲人朋友介绍　B 电视报纸媒介 C 互联网　　　　D 其他_____
4	学校最令您印象深刻的是什么?	请填写:_____
5	您觉得一所好的学校最吸引您的是什么地方?	A 硬件设施完善　B 环境优美 C 教学质量高　　D 其他_____
6	您觉得学校应该改进的地方是?(多选)	A 校园环境　　　B 教学模式 B 硬件设施　　　C 其他_____
7	在您看来,园南小学未来应该朝哪个方向发展,才能更好地提升学校综合实力?	请填写:_____

　　此次调查,总共发放 500 份调查表,并全部予以回收。其中,300 份调查表来自普通市民,100 份来自学生家长,100 份来自社区居民。46% 的受调查对象对我校不太了解。除学生家长之外的调查对象中,30% 是通过亲人朋友或其他途径了解我校。在受调查的对象中,75% 的调查对象,表示学校最令他们印象深刻的是足球特色项目和校园内的大榕树。他们中,28% 觉得学校应该改进的地方是校园环境;46% 的人觉得需改进的地方是硬件设施;30% 觉得需改进的地方是其他如办学思想、教师素质等等。受调查对象中,36% 的人认为我校未来应该从关注学生个性特长发展、提升教育教学质量等方面提升学校综合实力。

　　综合以上情况分析,我校在社会的知名度还有待提高,更多的人是因为有亲戚朋友的子女在我校就读而大致了解到我校。学校的大榕树是学校的一张明片,特别是老厦门人一提起我校,总是会这样说:"园南小学,就是那所古榕树下的小学。"此外,学校的足球教育在社会上已产生一定的影响力。我校足球队屡次在厦门市各类小学生足球比赛中夺取金牌,充分展示我校关注学生个性特长发展的办学理念;对于今后学校的发展方向,如何在有限的空间拓展、丰富无限的内涵,秉承传统,创新工作,提出了全新的挑战。

　　基于内外部的调查,我们明确了学校的"闪光点"即"特色点":足球项目与凸显学校气质风貌的百年古榕,并进行了具体分析——

　　学校的足球确实在全市小有名气,但这样的项目受场地、受师资的制约很难做到全面辐射,从而形成整体的特色,由一个特色项目发展提升为特色学校。而选取标志性的建筑、景观,根据其来历、特征、寓意等作为特色点,是特色学校创建的路径之一。为此，我们确立了"通过文化再造，实现学校发展转型"的变革方向，将"古榕树"作为直观的载体，深入挖掘其精神寓意，追根溯源，探寻教育的本质，开始了文化引领推进特色发展的进程。

1、"榕文化"的解读

榕树是厦门特有的树木。它连体生长的奇特树根，生生不息的自强精神及包容万物的独特风姿，绘成了闽南风情中的绿意画卷。

榕树不仅独具生物学上的特色，还与名人、文化结缘，它不断被注入了特有的思想和情感。在我们的校园中，几棵百年古榕见证了学校八十几年的历史。参天的古榕攀岩挺立，粗壮的树根依附古城墙的条石缝隙生长繁衍，宛如以石墙为底的"根"流图画；眼帘中，是它浓浓的绿荫和挺立的姿态。学校被古榕紧紧包围，成为我校独有的图腾。

榕树不仅是历史的见证、文化的载体，更是精神的象征——

榕树见缝插针、随处可生，历经灾害、仍旧生生不息，彰显其顽强的生命力；

榕树枝干举天，傲然挺立、直入云霄，诠释了舍我其谁的奋进之心；

榕树树冠如盖、垂阴满地、遮风挡雨、怡人滋物，凸显包容豁达的胸怀；

榕树独木成林、同根生长、脉络相连，传递着团结协作的正能量。

2、从文化到教育的延伸

榕树的这些精神特性，启迪了我们的深层思考。我们由榕树之绿，联想到生命之绿。把探索"榕文化"与生命化教育融合，形成具有园南特色的校园文化，作为研究的问题和方向。

生命化教育是立足于生命视野的对教育的一种重新认识和理解。它以生命为教育的基点，认为教育就是要遵循生命的特性，不断地为生命的成长创造条件，促进生命的完善，提升生命的价值。简单地说，生命化教育，就是"融化"生命的教育，把生命的本质、特征和需要体现在教育过程中，使教育尊重生命的需要，完善生命的发展，提升生命的意义。它不是某种以生命为内容的教育，也不是某种教育模式，而是一种新的教育理念。这种教育理念把生命作为教育之核心，点化和润泽生命，为生命的不断发展和完善创造条件。

3、"榕文化"与"生命化教育"的关系

《管子·权修》中提出："一年之计，莫如树谷；十年之计，莫如树木；终身之计，莫如树人。"学校是"树人"的场所，树德能兼备之人。榕树的繁茂

源于根基的牢固和其营养地培育，而树人的关键也在于根基的牢固。教育事业是"根"的事业，是为每一个学生的健康人生打好根基的事业。我们认为，学校教育的"根"，是要以学生的健康发展、终身幸福为出发点和落脚点，遵循学生的发展规律，探究学生的成长需求；为培养具有健康体质、良好品德、乐于求知、善于思考、勇于创新的一代，提供培育生长的根基。"人的生命是教育的基石，生命是教育思考的原点，在一定意义上，教育是直面人的生命，通过人的生命，为了人的生命质量提高而进行的社会活动，是以人为本的社会中最体现生命关怀的一种事业。"这就意味着教育的根本必须面向生命，满足生命发展的需要，提升生命的质量。

随着素质教育的深化，新一轮的课程改革已全面铺开，其核心理念是"以人为本"。但教育的社会观淡化了对教育生命本质的认识，教育成为社会的教育、成为培养人力的教育，培养社会工具的教育，唯独不是生命的教育。在这样的形势下许多学生"两耳不闻窗外事，一心只读圣贤书"；多数教师也耗尽心血，目的只有一个——追求高分，考上名校。这样的教育现状严重地摧残着师生的身心健康，扭曲着师生的生命价值，从根本上背离了教育的本质。

在教育教学实践中，我们发现：在各项层出不穷的评比检查中，教师没有更多的时间去思考去关注每一个学生；在依然以成绩为重的标准与尺度下，学校的"教学成效"考核机制在某种程度上"助推"教师偏离教育的本质；急功近利、浮躁的状态比比皆是。这是教育精神的整体失落。

怎样的教育才能区别于以社会为归旨的教育，区别于以知识为目的的教育？这成了我们追问和反思的问题。遵循着这样的指向，把"生命"作为教育核心的生命化教育跃入了我们的视野。生命化教育是一种教育理念，是在生命的视野中，对教育本质的一种重新理解和界定。这种教育理念把对儿童的理解、关爱、信任、成全，在具体的教育过程中体现出来，要求教育要"着眼于学生生命的长远发展"。它以生命为基点，把生命的本质、特征和需要体现在教育过程之中，使教育尊重生命的需要，完善生命的发展，提升生命的意义。

启示：定位特色要厘清三个关键点

特色学校建设是内生性的学校变革，特色兴校已经成为不少学校发展的价值选择。而在创建之初往往碰到的第一个难题就是：不知从何做起，怎么定位特色，定位什么特色。

我们认为，解决这一难题要厘清三个关键点：首先，对学校的文化历史、原有基础、传统优势等要有充分认识、深度审思；其次，对学校有什么样的教育理想、有怎样的人才培养追求等，要作出明晰的价值判断；第三，以哪些项目建设为突破口，用哪些机制、路径、抓手去推进运作，要作科学规划。

我校在选择"榕文化"为切入点进行特色定位，理念凝练的过程中经历过多次的自我否定、推翻再确立。从最初的"立根树人"到"榕根之道 开放至为"直至"让绿意点亮生命"，我们在不到半年的时间里反复推敲，反复修改。所幸，东师大课题组的专家团队在我们陷入困境时指明了这样一个方向：要转变视角，回归原点看教育，厘清这样的问题"办什么样的学校？培养怎样的人？"在静心的思索中，我们发现，其实一直都是纠结概念，从概念出发去演绎所谓的特色理念。而不是从学校问题、教育问题的根本，去思考去凝练。

当视角不再紧盯着概念的时候，我们又发现，不管是"榕根"还是"绿意"核心点都是对生命的关注。而生命已不再是榕树的特指，它让我们真正把眼光落到了孩子的身上。

当我们对学校教育理想，人才培养进行深入地思考探讨时，一位老师讲到了这样的案例：他说有一次队课，老师向孩子提了个问题：你们觉得什么是美？几乎所有的学生都说是"心灵美"，另一个老师听了之后也在自己班级里做了实验，结果相同。我们不禁思考：美，难道不首先是外在的么？大自然很美，孩子画的画很美，我们的老师也很美，可学生已经在内心里把这个问题自动翻译成"心灵美才是真的美"，并做出一种主动的迎合，哪怕我们在问这个问题的时候，根本没希望他们做出迎合。但是我们在过去，在日常中的许多行动，都导致了这样一个结果。就是：一味求同，以教师为中心——而我们有时会觉得为什么他们没有自己的想法——算了，那就干脆不要有想法吧，由我告诉你——就这样陷入一种无法变革的循环中。事例引发了我们的反思：都说老师是园丁，可当教育者把学生当成花朵，去修剪，去栽种的时候，希望按我们的方向去生长。学生只是植物，他没有真正属于人的"生命"。所以，生命的关注，其实就是权利的返还，是对生命主体意识的激发，是让孩子成为他自己。而教育就应该是"人的教育而不是物的塑造"。由此，以生命为基点，关注生命自由充分、富有个性发展的"生命化教育"跃入了我们的视野。这种脱离形式，概念，真正着眼于学生发展的理念充实了"让绿意点亮生命"的内涵，也由此确立了我们的特色发展方向——

以"榕文化"为主题实施生命化教育。

第二章　构建学校文化　特色学校建设的核心

"文化赋予一切以生命与意义，文化的缺失就意味生命的贬值和枯萎。"特色学校之所以有特色，核心在于文化。"榕文化"的建构就是学校特色形成的过程。

一、凝练精神文化，引领发展方向

学校精神是学校发展中一系列的教育观念、教育思想及其教育价值追求的集合体，是学校文化的内核，它影响着一所学校的精神面貌和学校品味，是师生共同成长、学校长期发展的精神内驱力。它包括了学校价值观、学校精神、学校形象等方面。

1、挖掘榕文化内涵，提炼核心价值观

我校提出的榕文化是源于对地域文化的挖掘，及其文化内涵与生命化教育的契合。我们通过梳理榕树的生态特征，挖掘榕树文化内涵，从榕树之绿，引申至生命之绿，提炼出"榕文化"教育的核心即特色理念：让绿意点亮生命。

在我们的解读中：

绿意是天然——顺应学生的天性，遵循生命的发展规律和要求；

绿意是活力——满足成长的需求，不断为生命成长创造条件；

绿意是希望——等待生命的花开，耐心地引导生命和谐、充分、富有个性地发展。

"绿意点亮生命"既是学校的核心价值观，同时也是学校特色发展的核心目标。它强调的是"生命"的主体，倡导对生命的成全。

"绿意"源于古榕的原色——绿色的景象，春天的活力，生命的气息。是

自然规律最本真的反映，代表了蓬勃的生机与活力。反映在学校，即"让教育充满绿意"，其本质必将是顺应学生天性，尊重生命的教育。

"生命"，作为发展的主体，是核心价值观中极重要的一个概念定位，是对自主发展主体的界定。在学校发展的过程中，"生命"有两个层面的含义：从小的角度来说，生命即每一个学生和教师的个体，每一个学生都是一个寻求自身可持续发展的"生命"，教师的任务就是帮助每一个生命在科学认识自己的基础上科学地设定目标并为之努力。每一个教师也都是一个不断学习与完善的"生命"，教师的发展也必然是个性化、生命化的。学校的任务就是为每一位学生的成长、每一位教师的发展提供所需的帮助；从大的角度来说，"生命"即指与学校教育发展直接相关的大的群体，即学生群体、教师团队和学校整体。在共同价值取向引领下，成为一个充满生机、充满活力的"生命场"。

在核心价值观的引领下，我们树立了教育观、质量观、教师观、学生观和发展观，并由此确立了学校发展的目标体系。

学校教育"五观"：

教育观：每个人都是生命的主角，教育需要的不是少数人的精彩，而是寻求每一位师生生命的共同成长和绽放。

质量观：好习惯、好心态、好性格比分数更重要。注重学习情绪和学习动机的激发。让孩子们在合理的负担下，收获可持续发展的学习潜力。

教师观：具有现代教育理念、优良职业操守，良好专业技能及教育教学实践的知识和智慧。尊重、关爱学生，能有效促进每个学生的成长。

学生观：关注每个生命的成长，注重主体意识的激发，让孩子成为他自己。

发展观：遵循教育规律，不急功近利，把生命的成长作为教育的核心，为学生的不断发展创造条件。

学校办学目标：

学校总体目标：三年内探索出"榕文化"载体下生命化教育基本的途径和内容体系。积极思考校园环境、文化建设、评价措施、活动设计、课堂教学对生命的润泽作用，努力成为一所独具特色，弥漫和谐气息，适合学生生命蓬勃发展，秀外慧中，充满生命情怀的绿意校园。

学生培养目标：生命化教育着眼于学生身心和谐发展，为学生的终身幸福奠定基础；着眼于学生个性的健康发展，为提升学生的生命质量奠定基础；着眼于增强学生在自然和社会中的实践体验，为营造健康和谐的生命环境奠定基础。因此，我们设定的育人目标为：培养具有"榕树"品格的社会有用之人。

通过生命化教育引导学生认识生命的独特性、感受生命的意义，进而学会对他人的尊重、关怀和欣赏，理解生命的价值，提高生命质量。

教师发展目标：积极进行"教师自身价值"的探索，建构充满生命关怀的教师发展观，创设多元化的专业发展平台，唤醒教师的生命意识，激发内在动力，完善教师的生命成长，让每位教师实现自主个性化发展，从而使得教师亲身体验到自己作为一名教师的职业生命之美和职业生命之乐。

2、探寻榕树精神，形成"三风一训"

校训、校徽、校歌等是学校精神文化的具体载体，也是学校文化建设不可忽视的部分，作为学校的文化标识——"榕树"的精神性启迪是丰富深刻的，我们积极寻找师生优质发展的精神导向与榕树精神的契合点，进而对"它"进行了内容建构。

校训：像榕树一样蓬勃生长

榕树，它总是叶茂如盖，四季常青，不畏寒暑，坚强地向上生长。它身上具有：

· 脚踏实地的务实精神；蓬勃向上的进取精神；
· 坚韧不拔的顽强精神；独木成林的开拓精神；
· 生生不息的自强精神；包容豁达的协作精神；

我们把它贯彻在育人目标中，就是要把学生培养成像榕树一样具有务实、进取、顽强、开拓、自强和协作精神的人。

校风：脚踏实地 蓬勃向上

"脚踏实地"是一种"根"的精神，根基扎实、求真务实，谦逊沉稳。榕树无论在何地，哪怕是光秃秃的岩石上，只要有一点点土壤，它就能生根发芽，长成参天大树。它的根拼命地往土壤的深处扎，因为它知道，它的根扎得越深，就能生长得越茂盛。"脚踏实地"是园南师生的重要品格和精神，弘扬这种品格和精神，是园南小学获得成功，走向持续发展的重要保证。

"蓬勃向上"是学校秉承的精神追求，是一种前行的姿态，一种奋进的方式，更是一种勃发的精神。榕树心向阳光，积极进取，不论环境恶劣与否，它总能以自身坚韧的意志，顽强的精神，展现蓬勃的生命力。它苍劲的虬枝舒展而优美地伸向天空，努力地触及更为广阔的境地。这代表了一种精神的气度——开拓进取，顽强拼搏，奋发向上！而学校的持续发展则需要园南人，以奋发的态度，以精进的方式，去赢得永续发展的方向。

教风：兼容并包 执著向上

"兼容并包"，首先是指要有开阔的视野，容纳百川的治学态度；能积极吸收一切好的事物，打开思路，敢于接受新事物，有创造性地工作；其次，是对学生生命个体的独特性和多样性的尊重。学生的个性发展，都是以承认、接纳、尊重和珍视多样化的存在为前提。要使鲜活的生命个体获得全方面的发展，要求我们必须时刻把人的因素放在第一位，不忽视任何一名学生，用充满绿意的教育，培养可持续发展的健康人才。

"执著向上"，指教师要执著于教育事业，追求教育理想，不断进取；具体来说就是，忠诚于事业的精神要"执著"，务实进取的精神要"执著"，团队协作的精神要"执著"，敢于奉献的精神要"执著"。以"执著"的一种行走方式，追求开拓奋进的精神文化。

学风：志存高远 善学会用

"志存高远"，意为追求远大理想、具有远大抱负、追求卓越。正如百年绿榕有志于荫蔽一方，才能脚踏实地，才能不畏惧风雨。让理想扎根于心，让理想的高度启迪学生的精神生命，让校园内的每一个学生都能焕发出生命积极的存在状态——积极、阳光、向上！

"善学会用"，在知识经济时代，学习将成为一个人的终生需要和过程。"授之以鱼"绝不如"授之以渔"。基础教育阶段，教育不能仅仅满足与学习现存的知识，更重要的是学会学习，学习获取知识的方式，养成良好的学习习惯，树立终身学习的意识，为学生的可持续发展、终身幸福打好坚实的基础。

学校校徽：

鉴于榕树之特质及学校理念和形象的统一性，校徽设计也以"榕树"之精神为核心展开。校徽构图基本造型取材于榕树形态，绿意盎然，生机蓬勃。其间点缀了三个橙红色的圆点，落于两旁的枝干之间，形成了几个两手向外向上伸展的孩童形象，圆点是孩子如阳光般灿烂的笑颜，伸出的双手则包含了"蓬勃向上"的寓意，凸显"像榕树一样蓬勃生长"的校训理念。

校歌：《像榕树一样蓬勃生长》

校歌是校园文化建设的重要组成部分之一，一首脍炙人口的校歌不仅能激起广大师生的激情，还能增强学校内部的凝聚力，是凝聚人心和鼓励师生开拓创新的精神旗帜。在此之前，我校虽有 80 多年的历史，却没有校歌能在校园传唱，老师和学生都感到遗憾。因此，当我们以校训"像榕树一样蓬勃生长"为题，在全校师生、家长中进行校歌歌词的征集活动后，每天都有学生、家长，老师所创作的歌词发送到学校的邮箱，近 300 篇的歌词表达全体师生家长对园南浓厚的情感和深情的祝福。我们通过初步的筛选，对入选歌词进行了投票，终于选出了一首既点出学校的人文气息和校园环境，又写出园南学子蓬勃向上风采的歌词。在著名曲作家的谱曲之后，它正式唱响了校园。在每周咏唱、耳濡目染的校园文化氛围之中，每个学生都懂得了歌词的含义，校歌成了学生引以为豪的精神财富，提升了校园文化氛围，增强了学生的爱校意识。

像榕树一样蓬勃生长
——厦门园南小学校歌

二、打造物质文化，陶冶生命情操

物质文化是校园文化有形的载体，承载着学校的精神和价值取向，蕴涵着巨大而潜在的教育意义。我们从整体着眼，在校园的各个角落渗透特色理念。让学生受到美的感染、美的熏陶，从而起到潜移默化、润物无声的教育作用。

1、高度凝练文化主题，凸显生命的气息

风景有了隽永的典故、美丽的传说才有韵味，才耐人寻味。学校的物质文化建设，也应有一个鲜明的主题。少了这"活的灵魂"，校园内即便布置再多的字画、安装再多的雕塑，那也是如同一篇没有主旨的文章，虽然堆砌满了华丽的辞藻，但仍给人"嚼蜡"甚至"反胃"的感觉。我们用特色理念统领校园环境和形象的设计，积极打造充满绿意的榕文化主题景观，实现了校园环境、形象、理念、特色的一体化，富有整体感的影响力和冲击力。

标记一：绿意墙。以教室为阵地的榕树形态文化版地、榕树叶班牌和绿色盆栽，使教室充盈着师生生命的活力；以墙壁为载体——学生描绘的"古榕风姿"绘画作品、榕树精神标语、古榕书苑对联，无不充满着榕文化朝气蓬勃的气息；图文并茂的"生命墙"展示着师生校园生活中精彩的一瞬。

标记二：榜样栏。学校利用门口的宣传栏，定期布置张贴学生、老师、班集体，教研团队，家长好榜样的照片，榜样栏传递着榜样的正能量，它比说服教育更具说服力和号召力，更容易引起学生在感情上的共鸣，给学生以鼓舞、教育、鞭策，用榜样励志，焕发学生的生命光彩。

标记三：绿色通道。物质环境的建设具有物质和精神的双重功能，既要讲究景观的文化内涵，又要带给师生愉悦的精神体验，给他们安全感和归宿感。为了给孩子们的健康成长营造绿色心情，学校搭建了"心灵小屋"和"校长信箱"的绿色通道，有效地促进了师生身心健康发展。

2、充分利用学校空间，创设"生命成长区"

我们学校占地面积很小，既不显得宽敞，更谈不上气派。怎样充分而又合理地利用学校的现有空间进行物质文化建设，在小小的校园里拓展着更大的立体成长空间，成了我们认真思索并积极实践的目标。

标志一：绿榕成长舞台。经常听到家长通过这样或那样的方式传达同样的

一种说法，就是，"我的孩子平时看着很羞涩，其实心里还是很愿意去表现自己，老师看看有没有机会推他一把。"如何"小题大做"，让每个孩子都有展现自我的机会是我们创设环境的首要考量。上学年，学校改造了原有的一处花坛，为孩子们开辟了"绿榕"成长舞台，这个舞台不是老师指定，不是大型的活动表演台，而是每个孩子只要你愿意，都可以上去展现的地方。每天的课间，孩子们通过自主报名，甚至自己制作海报、公告招募观众，在成长舞台上一展自己的风采。启动至今，已有几百名学生在舞台上弹奏钢琴，吹奏长笛，演奏小提琴，进行武术表演，花样跳绳……一切自己做主，一切因自信而精彩！

标志二：专栏专场秀。

为了让学生有更多的成长展示空间，我们不仅利用大面积的墙面等醒目的场所，还利用走廊、楼梯甚至洗手间等不起眼、容易被"遗忘的角落"，这样，既解决了学校空间小带来的布局困难，又在小空间里做出了大文章，真正做到了"让每一块墙壁都讲话"。办公室门口的柜子成了学生作品的展示台；门厅成了书画展厅，"好太太晾衣架"上悬挂着学生的书画作品，有的同学的作品不是很多，也渴望开画展，学校就贴心地为同学们在校门旁设计了"专栏秀"。成长的气息充盈着整个校园，自主快乐真正地融入了校园生活。

标志三："名人"相框。

为了使学生老师成为自己校园的设计者、建设者。我们设计了校园"名人相框"，只要有对学校良好的建议、有自己独到的生命感悟，都有机会成为学校的"名人名言"。在楼道的相框里、墙壁上，耳目所及都是我们的孩子和老师的照片和话语："生命就像一袋糖，倒进水里，融化了自己，却让水和喝到的人感到心里的甘甜。""树叶上的毛毛虫用尽此生最后的力气蜕变化蝶，这是一个生命的终点，却又是一个生命的开始。生命其实就是如此——生生不息！"这些都缘于师生们对生命独特的感悟。

我们努力打造着充满"生命"气息的物质文化，让每个生命个体都富有个性充满活力。

三、创新管理文化，促进自主发展

生命化教育是以尊重人的生命尊严和价值为前提，以人的生命整体生、和谐性发展为目的，为了个体生命质量的提高而进行的社会活动。这就要求教师的工作重心从知识的传授转到促进生命的发展。没有教师生命质量的提升，就很难有高的教育质量；没有教师精神的解放，就很难有学生精神的解放；没有教师的主动发展，就很难有学生的主动发展；没有教师的教育创造，就很难有学生的创造精神。因此，在促进学生生命的发展之时，必须关注教师生命的发展。我们不再把教育简单当作现存知识直接传递的过程，而是看作生命与生命的交往与沟通的过程，只有有了这种生命的沟通，才能深刻地实现对生命发展的影响。三年来，我校创新管理文化，努力打造一支追求自主发展的生命化教师队伍。

1、创新管理面对的现实状况及分析

学校教师队伍职业状态情况是怎样的？专业成长的现实是怎样的？教师专业成长过程中出现了哪些与生命化教育理念相背离的问题？学校做了一系列的调查，准确了解教师队伍的现状，摸清影响教师现阶段发展的症结，找准其中的问题点。这是学校创新管理的基点。

（1）学校目前教师队伍基本情况的调查分析

①调查问卷

学校课题组通过调查问卷，对学校教师队伍职业状态情况进行调查分析。

附：

园南小学教师职业状态调查问卷

性别：男　　女

年龄：20-30 岁　30-40 岁　40-50 岁　50-60 岁

学历：研究生　　本科　　专科　　中师

是否班主任：是　　否

你喜欢："教师"这一职业吗？

喜欢　　比较喜欢　　不喜欢

你从事"教师"这一职业，原因是

自己的追求与梦想　　　为了一份稳定的工作　　其他原因

你有压力吗？

有　　没有

你的压力源于：

工作　　经济　　子女　　情感　　其它

你对目前的工作岗位感到有压力吗？

有一点　　压力很大　　没有压力

工作压力源于：

工作量大　　工作效率低　　工作方法不当　　人际协调

领导工作方式

教育工作在你的眼里是：

谋生的手段　　体现自我价值的途径

你体会到教育工作的乐趣吗？

体会到　　体会不到

体会得到，源于＿＿＿＿＿＿＿＿＿＿＿＿＿＿＿＿＿＿＿＿＿；

体会不到　源于＿＿＿＿＿＿＿＿＿＿＿＿＿＿＿＿＿＿＿

面对未来的竞争，你的态度是：

积极面对　　消极等待　　不知所措　　心灰意冷　　逃避

如果给你一个机会转折，你是否会选择不当教师？

是　　否

②调查问卷分析

学校 48 位教师参与了问卷调查，数据显示我校教师队伍存在的优势有：

队伍年轻化，70.8% 是 40 岁以下的中青年教师。他们接受新事物快，充满朝气与活力；具有一定的创新力。

教师年龄结构图

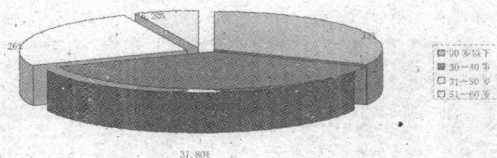

学历达标，60% 教师达到本科学历；33.3% 达到专科学历；两者共有 93.3%，较高的学历体现多数教师具有比较扎实的专业知识；

教师学历结构图

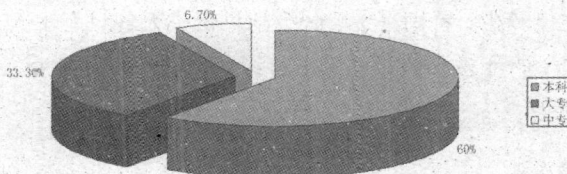

教师队伍职称结构合理。一级教师 24 人，占 50%，二级教师 23 人，占 48%；未定级 1 人，占 2%。

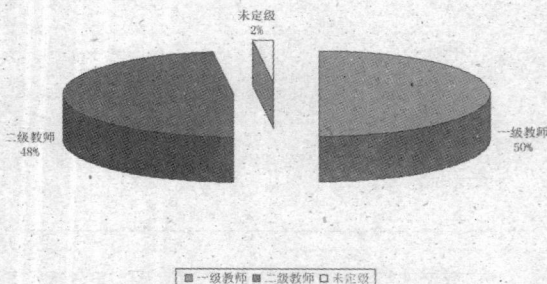

职业道德良好，96% 的教师肯定自己会积极面对职业带来的挑战，做好本职工作。

同时，学校教师职业状态情况存在的问题有：

部分教师面临压力、存有职业倦态感：40% 的教师认为工作压力很大；57.8% 教师认为有一定的压力；26% 的教师认为教育工作只是一种谋生的手段。如果教师的专业成长过程中缺乏生命意识的觉醒，那么教师又怎能实现对学生生命的成全呢？教师是生命化教育的主体之一，我们没有理由忽视教师的生命个体的成长。

教师压力感分布图

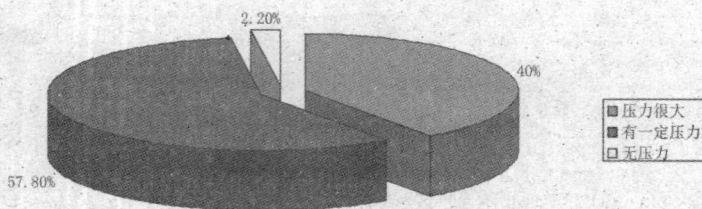

年轻教师比较多，有一些是非师范专业毕业的。年轻老师热情高，但缺乏经验，有待在课题中成长；非师范专业毕业的教师专业基础差，缺乏专业训练，有待在工作中提高。

骨干教师比例较少，特别是市、区级学科带头人各只有 1 人，共 2 人。市、区骨干教师 4 人；青年教学能手 3 人；各级各类骨干教师共 9 人，占 18.75%。

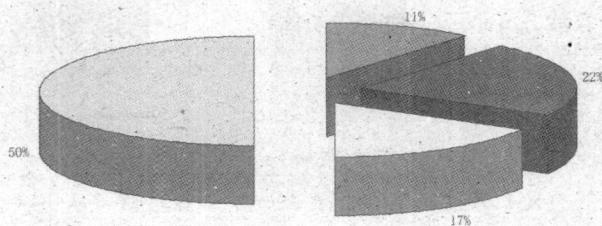

■市、区级学科带头人 ■市、区骨干教师 □青年教学能手 □各级各类骨干教师

（2）案例介绍

为了更进一步了解学校教师专业成长存在的问题，我们选择个案进行研究。

①分析框架的建立

结合教师成长的涵义、影响因素和教师成长的内容，我们用以下几个具体项目对教师成长的案例进行分析。

教师成长案例分析表

基本情况	个人背景	家庭背景、对教育的态度
	教育经历	学历、教学年限、教学成就、关键事件等
	个性特征	个人兴趣、性格、人生态度、价值观等
教师专业成长内容	教师作为"职业"的专业成长	专业知识的积累
		教学技能的提高
		反思能力
	教师作为"人"的成长	自我成长意识
		教育理念、教育信仰、教师德性与品格
		生命意义、价值的实现、生命幸福感
影响因素	环境影响	社会、学校以及教育主管部门的因素
	个人因素	自我角色界定、教育信念、个性品质等

②案例选择的依据

教师成长要经历不同的阶段，每个阶段的教师成长也各具不同。从教师成长阶段和周期出发，学校课题组选取三位教龄不同，职称不同的教师作为研究对象。三位教师教龄分别为4年、10年、20年。通过进行教学观察、访谈等方式，对这些教师的成长进行分析。

案例一（教龄5年以下）教师成长体会

小陈老师，女，26岁，本科毕业后入职。担任语文教学，教龄4年。陈老师性格开朗可爱。以下是对陈老师进行访谈后总结的成长体会：

我出生在一个教育世家。外公和姨妈都是老师，他们把一生都奉献给了教育事业。妈妈更是把不能成为教师看做一辈子的遗憾。从小耳濡目染，教师在我眼里是无比崇高的职业，从教，似乎是一种必然，也是一种注定。虽然不是师范专业，但我努力向教师队伍靠拢：自学自考了教育学、教育心理学、普通话二级甲等证书后，2008年终于以应届毕业生的身份通过了教师岗位考核，成为了这支光荣的队伍中的一分子。就这样，我带着荣光与骄傲、憧憬与梦想走上了三尺讲台，这个我梦寐的职业。

初登讲台时，忙乱、迷茫、不知所措，成就感和挫败感同时围绕着我，成了我工作前几年里奇妙的状态。在听见孩子们甜甜的问候时，那是幸福感，在看见孩子们闹腾的课堂时，我有挫败感；在看见孩子们在我的指导下学会了拼音学会了认字时，我有成就感；在面对与平行班级的平均分差距时，挫败感又油然而生。

幸而，学校团队的力量以它独特而有力的方式告诉了我：我不是一个人在战斗，它们也在帮助我寻找方向，成长，然后独当一面。

首先要感谢的是学校的师徒结对制度。学校分配给我的导师——陈秀玲老师，她的温文儒雅和耐心让我如沐春风。她通过示范课，身体力行地告诉我：如何运用种种不一样的方式让像跳蚤一样的同学们安分下来；如何恩威并施，让学生听你的话；如何把握住教材的重点和难点，进而突破它们。可以说，我教育生涯的前三年几乎是陈秀玲老师一路扶着、牵着走过来的。

其次要感谢的是学校进行的青年教师赛课活动。赛课是提高教育教学水平最行之有效的手段之一。学校基本每一学期都会开展一次如火如荼的青年教师赛课活动。青年教师们从赛课前一个月就将教材备熟，一而再，再而三地磨课，争取把自己这一年来的进步与磨砺都在这短短的40分钟内呈现。我也不例外，每年的赛课期间都是我最紧张的时候。磨课虽然艰辛，但真如琢玉成器，磨杵成针，磨贝成珠的道理一样——在这一遍又一遍推翻的过程中，我看清了自己的问题所在，在一次又一次重建的过程中，我受到了新的启迪，学到了新的教学技巧。

另外还要感谢学校送我外出培训，一场又一场的教学盛宴总是让我酣畅淋漓，大呼过瘾！能有幸聆听教育界专家的讲座，甚至观赏全国名师亲自做课，总能让我从中学到好些东西。

这三年来的成长路上，有欢笑，有泪水。这不是一条容易走的路，它坎坷，有荆棘，这条路还有很长，祝福自己，在未来绵延无尽的岁月里，披荆斩棘，鼓起勇气走向成功的彼岸！

基本情况分析

小陈老师出生于教育世家，受家庭氛围影响，她非常热爱教育事业，主动选择从事教育工作。这种积极主动的心态为她的成长提供了动力。她性格开朗，在她成长的过程中得到同事，特别是导师的大力帮助。但是，她读的不是师范专业

教师专业成长内容分析

小陈老师在成长过程中具有主动性，对于学校举行的青年教师赛课、专家讲座等活动，她都能积极参加，并且获得了很多宝贵经验。她是非师范专业毕业的，专业基础薄弱。她认为教育"这不是一条容易走的路"，但是她仍然热爱这项工作，迫切地需要更多的学习机会。

教师成长影响因素分析

小陈老师从教才两年多，处于成长中的能力构建时期。在这个阶段，教师比较容易接受新观念，会积极参加各种专业素质培训活动，努力提高自身的能力。在教师成长初期，加上更容易受外界的支持和评价的影响。来自家庭的支持、社会对教师这一职业的推崇，让年轻老师感到从事教育事业是件无比荣光的事情。学校的导师制度、校本培训活动，为教师成长提供了良好的环境。

案例二（教龄6-10年）教师成长体会

陈老师，女，33岁，师范院校毕业后入职。担任语文教学，教龄10年。陈老师很珍惜这个工作岗位，工作努力。目前是学校的教学骨干。以下是对陈老师进行访谈后总结的成长体会：

我出生于一个工人家庭，父母辛苦地工作，用心地栽培我。他们省吃俭用，全力供我学习，希望我能努力学习，考取理想的大学，学习一个好的专业，将来能找到一个好的工作，过上安稳的生活。1997年，我如愿考取了师范学院。为了不辜负父母的期望，在学校里，我刻苦努力，年年都争取拿到了奖学金。2003年我被评为优秀毕业生，分配到了离家较近的一所小学，担任语文老师和班主任的工作。我从一个校园里的学生成长为一名光荣的人民教师，每当听到学生们对我说"老师好"的时候，我的心里便会荡漾起无边的幸福，刚迈上讲坛的我，心里清楚想成为一位优秀的教师，一定要不断学习，让自己不断地

发展，不断的进步。我暗下决心要做一名好老师，对得起学生，对得起家长，对得起教师这一神圣的职业。

刚刚进入学校不久，我就适应了新的角色，也很快融入了教师队伍。我深知我所教育的四五十个孩子背后，牵动的是四五十个家庭。家长们望子成龙、望女成凤的期盼和孩子们对知识的渴望，让我深深地觉得身上肩负的责任重大。所以我在教学生涯中，我严格要求自己，同时对学生的要求也十分严格。每次备课我都非常认真细心。教学过程中，我注重开阔视野，订阅专业杂志，浏览教学网页，随时记下可借鉴的教学经验、优秀案例等材料，以备参考。我也不断探索心的教学方法和学习技巧，不断反思总结，撰写经验论文。常常挤出时间去听老教师的课，向老教师请教一些教学经验。我还利用教学之余，不断为自己充电，每天安排一定的时间，练习书写、学习电脑知识等，尽一切的可能扎实提高基本功，努力使自己成为能随时供给学生一杯水的自来水。我希望能把我所知道的所有知识都传授给学生，让他们能取得好成绩，这就是对我辛苦工作的最好回报。

一切为了学生，为了学生的一切，为了一切的学生，热爱教育工作，对学生有一颗爱心。这是我的教学宗旨，认真钻研教材，寻找适合孩子的学习方法，努力提高孩子的学习水平，是我不懈追求的动力。我想只要我的付出可以让孩子们从小打下坚实的语文基础，养成良好的学习习惯，掌握正确的学习方法，将来向更好的学校，更高的学府前进，我就觉得我的辛苦没有白费。我愿意成为学生成长的阶梯。因为我的努力勤恳，对学生要求严格，我的学生每次考试成绩都还不错，学校也肯定了我的教学成果。所以我先后被评为区优秀教师、区骨干教师，学区教学能手，所带的班级也多次被评为区、市的优秀班集体。对于这些荣誉，我并不在乎，因为荣誉只代表过去。我更在乎的是学生的进步和成长。我从事教学已有10个年头了，教过的学生已经很多很多了，有些孩子都已长大成人，偶然在路上遇见教过的孩子，他们还能亲切地叫我一声"老师"，过节时，有时还能收到孩子们的贺卡和祝福，我已经感到非常地欣慰。虽然，教育教学工作时常让我感到筋疲力尽，我把很多时间花在教育学生上，留给自己孩子的时间并不多，但是看到学生的进步，我就感到高兴。

如果让我用一句话总结我的成长体会，那就是："学生的成长就是我的成长。"

基本情况分析

陈老师出生于工人家庭，深知稳定的职业来之不易。她通过努力求学进入教师职业。她认为接受教育是改变命运的方式，所以她非常重视教育的作用，因此也造就了她严格的教学风格，她最大的快乐是学生的成长。

教师专业成长内容分析

陈老师一直处于不断自我提高教学能力的状态。陈老师用一句话总结自己：学生的成长就是我的成长。这也体现在陈老师的教育理念里，没有教师自我，只有学生的成长。

影响因素分析

陈老师毕业于师范院校，对专业知识有很好的掌握，她很快适应了教师角色，并做出一定的成绩。陈老师对自我专业成长的目标定义为：自我专业知识与能力的提升，学生的进步是唯一的追求。可以说，影响陈老师成长最关键是她缺少对自我生命意识的关注。

案例三（教龄 20 年）教师成长体会

李老师，女，41 岁，担任语文教学，教龄 20 年。在语文教学有自己的教学风格。以下是对李老师进行访谈后总结的成长体会：

我出生于一个教师家庭，从小对教师的工作耳濡目染，对教师的工作有天然的认同感，对教科书有自然的亲切感。

父亲毕业于南京大学数学系，但他从小上过私塾，非常热爱中国的古典文化，并且有很深的积淀，同时他又非常热爱教育，一生以桃李满天下为最大的成就和骄傲。父亲的思想对我影响至深，所以高考填报志愿的时候，父亲建议我报考师范学校，我也欣然同意。同时选择我们最热爱的中文系汉语言文学专业。

走上工作岗位后，我一度感到困惑，觉得小学的教材和自己理想当中的想传承的中国文化有很大的差距。作为一个语文老师究竟应该传授什么给孩子，培养孩子什么样的能力，是应该只关注孩子短期效应——分数，还是应该把目光放长远，帮助孩子建立大语文观，让孩子真正热爱自己民族的灿烂文化，为他们形成正确的世界观、人生观、价值观，形成良好的个性和健全人格打下基础。

2000 年 8 月，我由地处郊区的何厝小学调动到地处文化和教育发达的中心地带的园南小学。在这里，家长的文化素质高，普遍非常重视孩子的教育，很多家长对教育都做了很深的研究。面对这样的情况，我感觉到了压力，但压力同时也是一种动力，更激发了我研究教育的激情，如何组织有效率的课堂，什么样的语文课才是孩子喜欢的，什么的语文教学才是对孩子的发展有深远意义的。

我带着这个问题阅读了大量的中外教育书籍和杂志，从前苏联苏霍姆林斯基的《给教师的建议》，到美国的艾斯奎斯的《第56号教室的奇迹》，从《上海教育》到《全球教育咨询》。再结合自己这些年的教学实践。我感觉孩子的语文能力就是阅读能力和写作能力，而阅读能力又是写作能力的基础。

只有进行了大量深度阅读的孩子才能具有高水平的语文能力。所以培养孩子的阅读能力是语文学习中最为关键的一环。

如何在具体的教学过程中，如何培养孩子的阅读习惯，激发孩子的阅读兴趣呢？每天的授课时间是有限的，如何平衡阅读与教材大纲和考试的时间分配问题呢？

我认为阅读是每天必须坚持的，同时我还教会孩子利用零星时间进行阅读，要求孩子们在书包里一定要放一本课外书，在等待的时间，无聊的时间都可以拿起自己的喜爱的书籍来看。我也积极向孩子推荐好书，每周组织孩子进行好书推荐会。

经过两年的努力，我们班的孩子个个都成为了手不释卷的小书迷。语文能力中的重要一项就是写作能力，如何让孩子学会善于用文字来表达自己的喜怒哀乐，学会抒发和管理自己的情绪呢？我感觉写日记是个很好的方法，让孩子每天坚持写日记，既达到了练笔的目的，又让孩子学会了反省和自我教育。

我把批阅孩子的日记当做自己一天工作中最为重要的事情，每天来到学校，第一件事情就是收日记，看日记。慢慢地，孩子们学会了在日记中真实地表达自己的喜怒哀乐，把日记当作自己的倾诉对象，从而写作的兴趣和水平得到了提高。

基本情况分析

李老师出生于教师家庭，父亲的影响让她选择了教育工作。她把教育当做自己的事业来做，她有自己的教育观念，并自觉阅读各类书籍，努力提高自身的教学水平，丰富自己的理论知识。

教师专业成长内容分析

李老师非常重视自己教学能力的提高，她认为理论水平决定着教学实践能力的提高，她很重视阅读理论书籍，学习教育专家的理论和优秀教师的教学经验。她关注教学实践能力的提升，从如何引导学生阅读和习作做出了努力。李老师认为教师的专业成长是不断积累知识、提高教学技能。

影响因素分析

家庭的影响让李老师具有良好的职业道德。师范院校专业毕业也使她具有扎实的专业基础。实践中，教师的专业成长侧重于教学能力的提升；关注技术层面的怎么教的主导思想，限制了教师个体生命的释放与成长。

（3）理论分析：现状与生命化教育理念的背离

①教师个体生命的淡化——缺乏生命关怀

在传统观念中，教师被冠以"太阳底下最光辉的事业"和"人类灵魂工作者"的称号。这种角色定位给了教师无上的荣光，但也导致了这样的后果：教师们在美丽的光环中，迷失了自己作为一个富有活力的生命个体而存在。他们整日忙忙碌碌，却感受不到内在的尊严和欢乐的满足。社会传统规范对教师角色的过高期待和要求压抑着教师的个性意识，教师的生命意识被淡忘了。在全校教师中，经调查40%的教师认为工作压力很大；57.8%教师认为工作有一定的压力；26%的教师认为教育工作只是一种谋生的手段。

②教师生命意义与生命价值的缺失——工具性倾向

叶澜教授所说："对教师职业工具价值的看重和职业性质传递性的判断，作为历史的传统，深深地烙在我国教师的职业意识和形象中。作为历史的传统，它依然存活在今日的中国，以当代的形式和内容存活着。"

当代，受市场经济思潮的冲击，教师的发展出现关注实用性和功利性的趋势。这种教师发展观认为：教师是一种稳定和待遇不错的生存职业。教师专业发展只讨论如何照亮学生的问题，而忽视教师的职业理想、教育的信念，教师的人生的意义与价值。学生的成绩就是教师的成绩，教师是学生成长的阶梯，教育是帮助学生成长的工具。教师的一切付出都是为了促进社会的进步和学生的成长，教师的工具性价值被放大。

③教师个体生命幸福感和创造性的消解——技术性的限制

现实中，教师的专业发展只讨论"教什么"和"怎样教"，而忽略了"为什么而教""为什么而生"的问题。教师职业的技术性被放大。教育行政主管部门、学校等，更多的也是从教师专业的技能培训入手，建构教师专业成长平台。王小波所说："知识虽然可以带来幸福，但假如把它压缩成药丸子灌下去，就丧失了乐趣。"教师在这种成长环境中，只是被动地完成技术性的提高，很难享受到教育工作创造性的幸福和快乐，很难实现幸福人生的体验。

2、生命化教育理念下管理机制：理念先行、活动促进、体制探路、文化浸润。

在生命化教育的平台上，我们认识到"教师是自由的、具体的、独特的、不断生长的生命个体，他们有着神秘的生命之魂，诗意的生命感动，鲜活的生活经历，旺盛的生活能量，浓郁的生命期待和真挚的生命追求。"生命化教育理念下的教师专业发展不仅仅是专业素质发展，还应该是教师生命的解放和发展，还应该是教师生命幸福的提升。我们的管理机制发生了变化。

（1）理念先行

学校管理层重新调整管理理念：学习就是一个作为人动态的发展过程。学校教育是师生共同经历的一段生命历程。学校主张师生自主发展。学校管理就是为师生自主发展提供服务和善意引领。学校管理的最高境界就是师生自主管理。学校管理的最高目标就是实现教师和学生的共同发展，实现学习、工作、生活的多维度提升。

①理论学习，认知教育的本真

两年多的时间里，我校通过利用周例会统一学习、教研组学习论坛以及组织教师利用假期自学，组织了近20次的理论学习。全体教师阅读了叶澜教授的《教师角色与教师发展新探》、冯建军的《生命化教育》，肖川、曹专选编的《生命因你而精彩——生命教育教师读本》；同时，老师们还自主选择阅读了冯建军的《生命与教育》、杜威的《民主主义与教育》、刘畅的《做最好的自己》、张培教授的《让教师诗意地栖居在教育中》等等。理论的先导，让教师明晰了生命化教育的真谛。以下是教师的部分读书感言：

　　教师要有"心"：爱心、善良的心、同情心、感恩的心、纯洁的心；要教会学生拥有善良，懂得感恩，懂得同情，懂得珍爱一切生命，懂得宽容理解，懂得真善美；要用情感沟通情感，用智慧启迪智慧，用心灵触摸心灵！"站直了"教书。

　　　　　　　　　　　　　　　——杨雅慧读吴非《不跪着教书》有感（节选）

"创造性不是教出来的，而是培养出来的！"在教学中我们应为孩子营造一个培养创造力的环境，突出孩子在教育中的主体地位，增强孩子学习的主动性。同时应多启发孩子多思考问题，不以书本知识为权威，鼓励他们主动地探索未知世界。

　　　　　　　　　　　　　　　　　　　——唐晓贤读《素质教育在美国》

"一滴墨水能引发我们的思考，一本好书能改变孩子的命运。"

用成人的心去指导孩子成长，同时也要用一颗童心去和孩子交流对话，走进孩子的心灵深处，因材施教，让平凡的孩子走出属于自己不平凡的路。

　　　　　　　　　　　　　　　——陈芳华读《影响孩子一生的教育智慧》

此书告诉我们跳出去思考问题，走出教育的藩篱，将原有禁锢的理论、方法富以全新的思索。

师爱是教育的本源也是教育的至高境界。

——陈莉读《跳出教育的盒子》

我们应该追求的职业精神是，发展学生，也发展自己；照亮学生，也要照亮自己。

"照亮学校的将永远不是升学率或者其他名和利的东西，而是圣洁瑰丽的师道精神，是一种对孩子的不染一丝尘埃的博大的爱，和对每个孩子作为无辜生命的深深的悲悯。怀着爱与悲悯，我们不放弃，绝不放弃。让我们专著的神情告诉所有人，我们没有放弃。"教师就是用爱心去开启学生心灵的窗户，走进学生的心灵世界，成为他们的良师益友。

——陈秀玲读《给教师的一百条新建议》

"回归做人的常识，发现人性的高贵。"

在这纷繁的社会中，我们都应该能各自找到一种属于自己的真正品格，去寻找人性最纯真的一面。

——黄雅琼读冯建军的《生命与教育》

"对于一个教师来说，推动其教育事业发展的应该有两个轮子，一个叫做'情感'，一个叫做'思考'。"

教师应该热爱孩子，奉献自我，明确方向，实现自己的教育目标，升华自己的教育实践。

——李力立读刘畅《做最好的自己》

"真正的教育必须从尊重开始"。

捍卫童年就是捍卫儿童的权利。以尊重的理念为指导，保障未成年人各项基本权利的实现，把孩子培养成高素质的人。

——吴少鹏读冯建军《生命化教育》

②榜样个例，辐射生命的正能量

在任何一个群体里，总会有几颗闪光的星星，他们为数不多，却熠熠生辉，折射着生命的正能量。我们通过让这些榜样教师撰写成长故事、访谈成长感悟等形式，直观了解和感知榜样教师成长的经历。

数学学科市级学科带头人黄昕老师，男，35岁，从教13年。他业务精湛，屡次在省、市各级教学比赛中得奖。他的课堂充满朝气与活力，他追求不止的工作冲劲更是令人钦佩。他的身边，总是自发地集聚一些年轻老师。黄昕老师在他的成长故事中提出了三点建言：1、追寻一个偶像；2、保持好奇心；3、争取话语权。让年轻老师颇有受益。他说："是否觉得自己其实挺努力工作的，但还像是个迷路的人，不停跋涉，却不断重复，兜兜转转，似乎未前进一步？或许，你应该抬起头，寻找天空中那颗闪耀光彩的启明星……偶像们，带来的或许只是一种简单的感觉——'哦，原来还可以这样呀'，但那瞬间的一道亮光，或许可以帮助你走出迷途。""如果你保持足够的好奇心，就会发现，那些看似不过如此的人、事、物，都有探究的空间和乐趣。而当好奇心得到满足时，那种简单而纯粹的沾沾自喜，会像一块太阳能电池，不需要额外充电，也能让你动力十足。""生命在于运动，把身体禁锢起来，机能会迅速老化，同理，把思想封闭起来，就会导致心态的老化。思想是需要交流的，而话语权的掌握是保证思想流通的关键。年轻人的话语权更需要自己去争取。不怕说错，就怕不说，不怕想岔，就怕不想。年轻人的优势就是你没有什么可输的，就是那'三分钟的热度'，就是虽韧性不足，但锐度有余。"

新教师王筱韵老师，年轻有梦的她很热情，浑身上下似乎永远有使不完的劲。她告诉大家："当一名孩子喜欢的老师就是她从小的梦想。其实，追求梦想的过程就是成长的过程。"她是一位语文老师，在第2届文化节闭幕之前，她听说她班级的学生要上台表演《江南》。她主动找校长说，她从小喜欢跳舞，可是以前在舞台上总是当配角；如果学校允许，这回她想和她的学生一起上台，她愿意专门去学习这个舞蹈。校长欣然同意了。那一天，全场气氛到了极致。全场的师生都被她的热情、她的活力、她敢于展现自我的自信深深地感动了。这，印证了生命化教育理念所指的：教育的核心是生命！是让心灵去呼唤心灵，让生命去点燃生命，教育就是生命的正能量正在传递。

（2）活动促进

变革中的学校管理要将管理理念与师生员工达成共识，这需要在活动中将内隐的管理理念外化为外显的管理活动，这样，身处管理中的人才能真正感受到管理对人发展的影响。

平常的教案作业检查变成了各个教研组的精品教案交流，常规的课堂教学研究变成了一次次主题鲜明的课堂观察与研讨。学生队干部的教师任命变成了民众公选。学生的活动变成了学生自主策划、组织。一次次活动的开展，让全校师生切身体会到学校管理确实把全校师生当成学校的主体。下面是教学月活动。

园南小学"行于榕韵"教学月活动方案

一、指导思想

基于我校特色发展课题研究之下，紧紧围绕我校"用绿意点亮生命"的办学核心理念，学校应该是充满绿意、充满朝气的"生命场"。而学校的教学工作其本质也应该是绿意盎然，即必将是顺应人的天性，尊重生命的教育基于我校特色发展课题研究之下，紧紧围绕我校"用绿意点亮生命"的办学核心理念，学校应该是充满绿意、充满朝气的"生命场"。而学校的教学工作其本质也应该是绿意盎然，即必将是顺应人的天性，尊重生命的教育；必将是体现可持续发展的理念，关注师生生命成长，让每一个师生的身心潜能、个性特长在教育教学中得到开发和培养，得以健康成长。

二、活动目的

1、努力创设充满绿意、生机盎然、尊重生命成长的育人氛围，唤醒师生自主成长的意识。

2、渗透充满绿意的教学理念，引领教师形成共识：一切的教学行为应该顺应学生的天性、满足学生成长的需求。

3、初步探索绿意课堂的特点和规律，行动研究"2345"教学模式。

三、活动内容

(一)"行于榕韵 言传身教"教学行为专题展示活动。

1、"教学相长 案精于习"优秀教案展。

提倡精细备课，预案要充分体现课堂为学生发展需求服务的理念，用心锤炼备课的基本技能、努力提升备课的质量，为"自然""自由""自主"的绿意课堂写好序曲。

活动先由各教研组、备课组进行互查，选拔出优秀的教案，在全校进行展示。其中，语文、数学学科各年级选拔一位老师的教案，其他学科按三分之一比例选拔。

2、"作学求真 业精于勤"优秀作业展。

旨在引领形成尊重生命成长过程理念，养成师生求真、严谨、精细的治学态度。活动先由各教研组、备课组进行互查，各班选拔出 10 份优秀的作业，在全校进行展示。

（二）"聚焦转变 行于榕韵"绿意课堂教学模式研讨活动。

1、课堂观测

围绕我校"绿意课堂研究方案"，初步由试验班级进行"2345"教学模式的研讨。通过课堂观测量表的作用，摆数据、再现课堂情景，由此组织教师审视自己的课堂，引领教师实现五个转变，即变"讲堂"为"学堂"，变"形式"为"实质"，变"封闭"为"沟通"，变"忽视"为"关注"；对"2"个关注、"3"个要素、"4"个步骤进行行动研究。

2、"绿意"会诊

充满绿意的校园，教学会诊更是提倡思想与思想的碰撞、观念与观念的交流；在碰撞与交流中寻求理论认知的提升，在碰撞与交流中寻求绿意课堂的真谛！研讨课堂只是一个个点，我们希望通过这一个个点，借助备课组一条条的线，让绿意课堂的研究行动覆盖所有的园南师者。据此，"绿意会诊"将实施"一读二说三议四理"四部曲。即首先由参与公开课备课的一位教师进行教材解读；二是由执教者说明自己的教学设计意图；三是议课，由所有参与听课的同学科组老师进行议课，并邀请；最后，由备课组长书面梳理此次研讨活动的感悟、谈受益、谈困惑等，继而形成备课组内基于绿意课堂研究下的聚焦问题，从而推进课堂研究的深入发展。

3、研究日志

绿意课堂的建构要求教师实现由实践者向研究者的转化，需要教师以研究者的姿态出现在教学实践的情境中，通过研究分析问题、解决问题，使教学实践呈现出新的状态和水平。在这种情况下，学习、教学、研究已经成了教师生活中不可或缺的部分。学习与教学并驾齐驱，教学与研究双向互动，学习与研究相互促进，成为教师职业存在的新方式。

学校将建立起"绿意课堂"研究日志制度，引领教师这一职业存在的新方式转变。课题组全体成员每周上群写课题研究日志，及时记录课题研究的学习心得、随想、启示、课堂生成案例等等；努力让反思成为一种习惯，让研究成为一种常态。通过"实践—反思—调整—再实践"集中关注绿意课堂中的某一个突出问题，不懈探索，理清思路，澄清认识，从而探索绿意课堂的内涵，建构起绿意课堂，为学生的生命发展需求给养。

（3）体制探路

学校的管理不再是管理层需要做什么就做什么，而是学校的师生发展需要什么，学校管理就做什么。对于学校的大小事务不再是管理层怎么安排就怎样做，被管理对象有了充分的选择权、参与权，往往是被管理对象自己先提思路和方案，然后申请管理审批，管理层提供相应的管理服务，在双方的通力合作下完成工作。这样的管理体制将管理者的引导与服务，被管理者的自主充分结合起来。如：每学期期末的质量分析会，在2013年最强减负令的背景下，教师们提出了如何"减负增效"的主题，期末质量分析会转身成为一场丰盛的"减负增效"分享会。分享会上，全校老师围坐在一起，来自语文、数学、英语学科的四位老师做了教育教学的质量剖析以及教学经验分享。王丹婷老师从"三免"政策出发，畅谈了她如何征服班级孩子的心。陈秀玲老师则介绍了她如何辅导学困生的经历。杨雅慧老师与大家交流她如何用童话故事式的教学方式激发低段孩子的学习兴趣。而李力立老师则分享了她如何"烹饪"班级中不同的"豆子"的方法。这些精彩的分享赢得了在场老师的阵阵掌声。

（4）文化浸润

一所学校的文化核心是其价值观，是师生生命成长的支点，是充盈和丰富生命的主体内容。我校提出了"以榕文化为载体践行生命教育"的办学理念，榕文化作为学校的主题文化，以细节处浸润每一个生命的成长。

以榕文化为基础，结合教师职业道德规范，我校制定了《园南小学"绿榕师韵"的师德规范》。我们从"绿榕层翠润泽、执著向上"，想到"师韵责任于心、追求不止"；从"绿榕浓荫广布，兼容并包"，想到"师韵乐于给予，呵护成长"等等。具有浓厚校本文化气息的师德规范，摒弃了师德规范的说教性，提升了教师们的认同感。青年教师们开展"我读师德规范分享会"，他们或反思、或展望、或畅想，而更多的是自我勉励如何以最积极的生命状态去追求。

园南小学"绿榕师韵"师德规范

绿榕昂然挺立、青枝细垂，　　绿榕层翠润泽、执著向上，
师韵仪态大方、谦逊礼人；　　师韵责任于心、追求不止；

绿榕浓荫广布，兼容并包，　　绿榕根深蒂固、生机无限，
师韵乐于给予，呵护成长；　　师韵脚踏实地、求真治学；

绿榕枝逸斜出，屈曲奋进，　　绿榕碧叶重叠、密而不疏；
师韵活泼创新，探索智慧；　　师韵团结协作、凝爱聚心；
绿榕四季常青、吐故纳新，　　师韵学而不厌、求索不尽！

我们还举办了两届的文化节，教师们参与了"品榕韵"征文、校歌的征集活动、寻找"生命的第一次"等等。"生命成长季"第二届校园文化节中，师生共同回味、分享生命中的"第一次"，生命之旅涌动着爱与梦想、追求与奋进！老师们也纷纷打开了记忆的大门，搜寻着记忆中弥足珍贵的画面，将之记录在笔尖。有的老师在《第一次》中感念自己的老师，用朴实的言语记下老师的给予，抒发自己的感谢；有的老师回忆起自己初为人师时的兴奋和紧张；有的老师把初为人母的感动盎然纸上；还有许多令老师记忆犹新的第一次：第一次旅行、第一次征服冬日的大海、第一次诀别、第一次学竹笛……年轻的王慕鹏老师讲述了第一次以教练的身份重返田径赛场的经历，他说："当看到孩子们奔跑在赛道上，就仿佛那是我自己，我还在奔跑！""我知道汗水洒在跑道，梦想就会开花，生命的绽放，只是一瞬，绝大多数时候，我们则是以一种坚信，静待生命的花开……"人到中年的林瑞琛老师感慨道："我庆幸我没有退却，我庆幸勇敢地投入大海的怀抱，我更庆幸自己终于体会到了到冬日搏击海浪的欢乐。……冬泳，让我对生活又有了奔放向阳的热情，让我有了征服一切困难的勇气与毅力。"老教师黄月琼老师重拾生活的乐趣："有人说过了三十不学艺，我说花甲之年追赶时代的潮流，重新点燃求知的欲望，仿佛又回到那激情燃烧的岁月；每当我吹奏完一首曲子，脑子里浮现的是一副最美夕阳红的画面。"

文化的浸润，精神的洗礼，让教师们开始从浮躁、繁杂的现实工作中沉静下来，审视自我生命的发展需求。初涉教育行业的新教师婷婷老师在自我规划中写道："我要在一年内成为一名合格的教师，能与学生一起愉快地学习、活动、成长；两年内，希望自己是'榕族'里的新秀。"已有十年教学经验的李立力老师是这样规划自我："认真学习、落实行于榕韵的师德规范，像百年绿榕一样，奋发向上；积极在课题研究中完善自身的科研水平，逐步优化自己的教学风格，形成自己的教学特色。"在特色文化的浸润下，教师生命生长的取向从模糊走向清晰，逐渐呈现积极向上的状态。

3、生命化教育理念下管理模式：自主＋团队

（1）自主

当前阻碍教师生命成长的最大障碍是教师缺乏自主权。以往，我们的行为都是以学校行政部门为主体的，由学校行政部门自上而下进行规划、布置、评价，教师只有执行、接受的义务。那么，这种非主体的被制约的教师又如何能够释放学生的主体性呢？

附图1：

行政部门 → 规 划 → 布 置 → 评 价

教 师 → 接 收 → 执 行 → 被评价

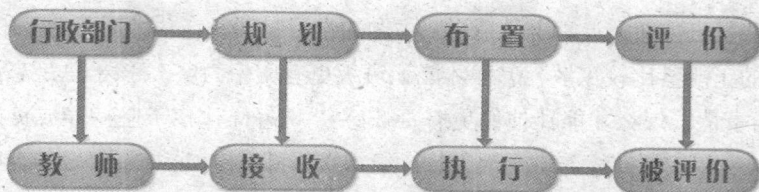

于是，学校实施双主体管理，就是突显学校行政和教师两者的主体地位，采取学校行政规范统筹与教师自主管理相结合的方式，将管理的自主权下移，实施"导师负责制"，下放权限让导师引领团队成员自主规划工作，大到活动的组织，小到作业要求，都可以由组内研究决定。

附图2：

学校行政 → 整体规划 → 搭建平台 → 激励评价

导师表任制

教 师 → 自主管理 → 主动参与 → 反思成长

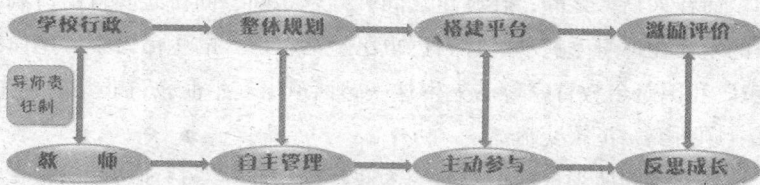

每学期一次的青年教师汇报课活动就是学校教导处统一规范的一项常规活动。上学期这项常规活动，从活动的准备到活动的开展，乃至活动的报道，青年教师们在导师的引领下，自编自导自我审视。他们自我设计的主题是"园南好课堂 梦想大舞台"。以"什么样的课堂才是学生喜爱的好课堂"这一最质朴的问题导向，展开研讨。他们还设计了"园南好课堂"的LOGO。任职5年以内的青年教师在导师们的指导下，呈现出一堂堂虽不完美，但富有新意的课。"双主体管理体系"使学校能俯下身来，倾听教师的声音，尊重教师的需求，激发教师的自我管理，实现自主生长。

（2）团队

教师的生命的成长不是孤立的，还需要团队的力量。我们采用"自愿＋引导"的方式组建团队。学校的骨干教师的身旁总聚集着一些年轻的老师。学校尊重教师的需求与意愿，因势利导鼓励这些老师组建"团队"；其他的教师，学校就以学科组为单位，以课题承担任务为准，引导组建起团队。同时，在双主体的管理体系下，努力建立"教、学、研、协"一体化团队研修文化。如：

①学习论坛，对话分享

团队首先应该是学习型的团队，他们每两周举行一场学习论坛。学习活动以对话的方式进行时，更要强调这是一场分享会，是思维与思维碰撞、情感与情感交融的分享会。

"智慧班主任，点亮生命精彩"主题的学习对话，在一个周五的下午登场。"班级的正能量比较零散，怎样才能让班级更有凝聚力？""孩子总是忘记自己该做的事情，怎么才能让他们更有责任感？""怎样让孩子坚持养成良好的习惯？""一年级如何培养班干部力量，组织班干部竞选？"……年轻的老师们直言不讳，几位资深的班主任老师坐在年轻教师的身旁，他们娓娓道来班级管理的妙招。许多青年教师纷纷表示，在圆桌对话中，从这些智慧班主任身上，学到了许多与学生的"相处之道"，管理班级的"带班之道"，更重要的是，他们感动着对方的感动——关怀生命、关爱学生！

"在教育过程中，一堂课、一席话、一次交流、一次学术活动……你都能体验到生命在人与人之间，在师生之间、同学之间、同行之间自由流淌，感受到他人的生命在你身上搏动，你自己也已经活在他人的生命之中，生命在交融中腾飞。"我国著名教育家鲁洁先生这一席话道出了生命教育非凡的魅力！

②专题研究，汇报交流

学校要求各团队形成以课题研究为纽带的共同体。目前各团队根据我校课题生命化教育理念下生命化课堂构建研究，自主申报一个研究专题，共有10个研究专题。以课题研究，建立起教师团队建设任务导向。

下面是生命化课堂构建研究专题一览表：

组 别		研 究 专 题	参 与 成 员
语文组	低年级1	低年级学生朗读习惯培养的策略研究	陈秀玲 庄金珍
	低年级2	低年级"画中话"写话策略的尝试	蔡洁、黄雅琼
	低年级3	学生注意力的培养	林瑞琛、陈珏、简淑敏
	中年级组	中年级作文难点的分析及对策思考	曾婕薇、王筱韵、叶丽丽
	高年级组1	小学语文课内外阅读衔接的研究	胡继红、陈芳华、覃文霞
	高年级组2	高年级学生提高朗读能力的策略研究	刘莹、温朝晖、王丹婷
数学组	低年级组	低段小学生不良倾听习惯的分析及对策的研究	杨玉蓉、周静芬、黄崇雪

数学组	中年级组	数学教师有效理答方式案例研究	蔡雅娟、吴雪英、张真真
	高年级1	提高小学中高段学生计算能力的策略和方法研究	徐 峰、吴少鹏
	高年级2	小学数学教师课堂引导性语言的实践研究	黄 昕、杨雅慧、林婷婷
	高年级3	"不良数学答题习惯"的成因及矫正策略研究	宋海燕、林秋梅、张 红
英 语 组1		小学英语课堂中提问的策略研究	陈红专、李力立
英 语 组2		小学英语主题式教学研究	张晓霞、黄瑾玲
综合组	体育组	提高立定跳远成绩的学练研究	唐晓贤、廖红云、王慕鹏、马占新
	综合组	探索研究性学习中的合作策略	高俊燕、陈 莉、陈 望、任 超
	美术组	在美术教学中如何培养学生的想象力	陈彬宇、卢建辉
	音乐组	合唱中的音准训练	杨煜、杨瑄

③聚焦课例，常态研究

课例研讨是学校团队常态科研的一种模式，一般围绕一堂课的课前、课中、课后的实际问题展开。在选择研讨课例时，不一定是优质课、展示课，更多的是常态课，是带着实际需要解决的问题进行的教学设计。课例研讨一般更关注教育细节，从一个个课堂细节的分析对比中，获得解决问题的方法与策略，我们围绕各团队的研究专题，开展活动。为了满足学生的学习需求，我们采用了"先模拟教学后课堂实践"的方式，进行对比改进，引发教师思维的碰撞，迸发教育敏感、提升教学理念。以下是信息学科一节改进式课例，此课例在厦门市微课堂比赛中获一等奖。

《探秘智慧金蛋——常用的字处理软件》课例分析
杨雅慧

2012 年 11 月，我执教的《探秘智慧金蛋——常用的字处理软件》一课参加了市里的微课堂评选活动，取得了一等奖的好成绩。回忆一次次的备课、讲课过程，我深深感受到了专家引领的重要作用，同时自己也有一些感悟，总结如下：

一、课堂有效情境的创设以学生的角度出发，满足学生的学习需求，激发学生的学习兴趣。

改进前课堂呈现：

师：同学们，前面我们已经学习了许多高端的硬件设备，但是如果没有软件的支撑，硬件也无法发挥出其应有的作用。实用有效的软件常常能帮助我们事半功倍地完成一项又一项的任务，比如用来加工文字的文字处理软件。大家看，今天喜羊羊也来和我们一起学习了。让我们一起走进文字处理软件的世界，去了解一下它的发展历程，感受它无穷的魅力。

改进后课堂呈现：

师：同学们，你们平时在家用计算机聊天都用什么软件啊？你还了解哪些软件呢？它们都有什么作用呢？大家看，这是喜羊羊给小朋友们的一封信，请同学们仔细看看，信上都说了些什么呢？原来，今天喜羊羊也来和我们一起学习了。

师：那么，你们猜猜喜羊羊是用什么软件写这封信的呢？刚才我们说在电脑中有专门用来处理文字的文件，你猜出来了吗？

生：Word、WPS

师：字处理软件有许多种，WPS 只是其中常用的一种。今天就让我们一起走进文字处理软件的世界，去一探究竟吧。

反思：

比较以上两段课堂实录不难发现，第二个教学设计的情境更富有吸引力，更贴合孩子的生活实际，孩子们对文字处理软件的认识多半停留在记事本的简单操作上，殊不知除了简单的文字编辑外，现在的文字处理软件还有很强大的图文混排的功能，所以有效激发孩子对文字处理软件的学习兴趣显得至关重要。有效的情境设置让学生变"要我学"为"我要学"。

二、视频播放时机的调整从学生的体验出发，顺应学生的认知规律，激扬学生的爱国情感。

改进前课堂呈现：

在课的伊始，邀请孩子们共同观看"金山二十年之 WPS 的抉择"。

师：在这里杨老师想邀请大家观看一段简短的视频——"金山二十年之 WPS 的抉择"，有香港金山公司研发生产的 WPS 可是值得我们中国人骄傲的字处理软件呢!

师生共同观看"金山二十年之WPS的抉择"。

师:看完这个小短片,不知道你的内心有什么样的想法呢?

生回答

改进后课堂呈现:

在学生小组合作完成教师梳理的文字处理软件的年历表,对WPS的诞生及演变有了一定程度的了解,教师将wps创始人求伯君的创业小故事娓娓道来之后,教师才邀请孩子们一起观看"金山二十年之WPS的抉择"。

师:在这里杨老师想邀请大家观看一段短片——"金山二十年之WPS的抉择",由香港金山公司研发生产的WPS可是值得我们中国人骄傲的字处理软件呢!虽然它在前进的过程中遇到了许多的困难,但软件工程师们靠着不懈的努力,最终迎来了能和Word相抗衡的今天。

师生共同观看"金山二十年之WPS的抉择"。

师:看完这个小短片,不知道你的内心有什么样的想法呢?

生回答

反思:

本课的教学设计旨在让学生在合作自学环节中根据老师所梳理的发展年历,对文字处理软件有较深的印象。通过简短视频的观看,产生对民族软件工业通过不懈努力赢得有利局面的极大认同,进而迸发出为民族品牌而努力学习的内在动机。显而易见的是改进后的教学设计顺应了学生的认知规律,在学生对WPS这个软件的发展历程及背后的故事有了了解之后再观看视频,内心情感的升华就成了水到渠成的事情。

三、学生课堂活动的设计从孩子们的现有经验出发,弱化文本的枯燥乏味,培养学生的学习素养。

改进前课堂呈现:

师:其实文字处理软件发展的舞台上先后出现了几位耀眼夺目的主角,你们知道它们分别是谁,都有什么特点吗?大家看,这是喜羊羊为大家带来的智慧金蛋。智慧金蛋里隐藏着6道填空题,如果小朋友们能找到这些题目的答案,就能对常用的文字处理软件有一个初步的认识。

知识抢答,教师适当演示说明。

幻灯片出示表格,并显现对应的知识链接。

改进后课堂呈现:

师：在字处理软件发展的历史长河中曾出现过许许多多璀璨夺目的明星，他们也许在市场的激烈竞争中被淘汰了，但它们为下一代产品的诞生奠定了基础。你们知道它们分别是谁，都有什么特点吗？大家看，这是喜羊羊为大家带来的智慧金蛋。里面隐藏着 6 道填空题，请你们在规定的时间内，四人小组分工合作，快速浏览课本第十一面的第三课，找到所有题目的答案，由记录员填写在表格中。最终抢答成功的小队将为你们的大组赢得奖章一枚。时间为 4 分钟，计时开始。

知识抢答，在对应的知识点下方或采用对比演示法与学生上机操作相结合的方式突破学生的理解难点和新知的直观体验。

反思：

根据信息技术课程操作性强的本质特征，虽然本课是理论性极强的概念课，但是孩子们到了机房还是不能失了"动手操作"这块阵地，改进后的教学设计很好地运用了信息技术课程本身的优势，随时能用手边的计算机进行实验，并且能较好地引导学生自主探究，主动地进行合作学习。让孩子们在学习中体验到早期软件工程师们劳动的艰辛和信息技术日新月异给人们生活带来的巨大变化。

④研究日志，践行反思

我们倡导教师撰写研究日志，写教师生命的体验与感悟，写工作中的"小现象、小策略、小故事"，写课题研究的随想、启示、课堂生成案例等等。由此，让原本高高在上的课题研究，悄然落地；让实践、体验、反思与教师的生命历程融合在一起。下面是一篇日志：

惊喜在慢下脚步以后

王筱韵

快节奏的生活，讲求速度与效率。快点！快点！快点！总是对自己这么喊着，专注于距离，忘记了过程。带着这样的心绪和习惯上课，无形之中也会给孩子造成一定的影响。难免成为孩子好动、不善于倾听的潜在诱因。

也许奔跑的时候，有时也该稍微放慢速度，放慢脚步，以免错过身边的风景。试试慢一点，未必没有好效果。说不定，还有惊喜显现。

上《金色的草地》时，我问孩子，你们见过什么样的草地？起初答案和我预设的一样，绿色的草地，生机勃勃的草地，空旷的草地……"差不多了，该进入下一环节了，不然这节课任务来不及”，心里一直是这个声音。可是，当我心中的答案被讲完时，还有许多小手在空中奋力举着。实在不想忽略这些迫不及待的小手，于是我决定放慢脚步，停下来听听他们的心思。没想到，惊喜从这时开始。

刘畅说："我见过红色的草地！秋天，枫叶林里，红色的枫叶飘落在草地上，草地就变成火红火红的。"

煜儿说："我见过白色的草地！北方冬天下雪，雪花落在草地上，草地就变成了一片银白色。"

瀚林说："我见过蓝色的草地！夜晚深蓝色的天空把草地映成了蓝色。"

蒋立说："我见过黑色的草地！晚上没有光，草地就是一片漆黑。"

昌霖和宇欣说："我见过金色的草地！晴天时，金色的阳光洒在草地上，草地就成了金色。"

教室里忽然非常安静，却不是没有思维流动的寂静。其他孩子静静地听着、想象着，我也愣在孩子们五颜六色的回答中，甚至有些陶醉。没有一个答案我曾想到。没有一个答案与我之前所做的课件图片相配。没有一个答案与课本，或者辅导材料相同。但又有什么关系？每个答案都是那么美。每句话拼凑起来，都是一首单纯的童诗。我庆幸我停下来听到了更多声音，否则，我会错过这么美好的画面，孩子们会失去这么精彩的想象，这比少讲一题练习损失更大。

原来孩子们不是不懂得倾听，只是在快马加鞭的进度下跟我们一样也习惯性去错过风景。原来孩子们的想象，能超越规矩的课本，到更高更纯的天空。需要更多的耐心，更包容的态度，去为他们创造环境，为他们放慢脚步。

原来，尝试着放慢脚步，能发现藏在另一个角度的风景。我需要放慢、委身，去静待下一个花开的惊喜。

课堂是什么？是预设知识的输入？是预设能力的达成？还是在知识与能力获取的过程中，体验生命的成长，舒展生命的活力。在王老师的这则日志中，我们欣喜地感受到教师的角色在悄然发生变化，教师由知识的传授者向生命的促进者转变，我们的老师怀揣着静待花开的期许。由于教师角色的转变，学生也真正地成为课堂的主人，学生的个性品质在课堂得以呵护、得以发展。

4、生命化教育理念下管理进程

学校在管理创新过程中，以点带面，经历了一个艰难的渐变过程：

（1）情感管理，减轻压力，预留自主空间

情感要求关怀，理性要求制度。我们又在思考，怎样的管理才能让教师的生命解放出来？怎样的管理才能助推教师把自己的生命融入职业生涯，去实现自我的生命意义？

教师的工作是繁重的，他们每天都处在紧张的工作之中，思想负担重，精神压力大。特别是中年教师，家庭负担重，上有老、下有小、子女就业、上学、住房等问题的重担压在肩上。教师工作是一项复杂的脑力劳动，是塑造人的灵魂的职业。过重的身心负担，影响的不仅是教师自身的生活质量和专业发展，还会直接影响到学生的身心发展。

下面是一位一年级教师普通的一天，我们可以感受到到教师工作的匆忙和劳累。

6 点 10 分：闹钟发出轻微的滴答声，我立马伸手压住开关，怕惊醒仍在酣睡的女儿。

6 点 15 分：赶紧起床为女儿煮早餐。

6 点 40 分：叫醒女儿，和女儿洗漱后吃早餐。

7 点 15 分：吃完早餐刷洗碗筷，匆匆出门。

7 点 25 分：送女儿去上学后，急忙地往学校赶。

7 点 40 分：到校后马上下班级，引导学生安静地看书，看到地板有点脏，马上拿起扫把打扫卫生。

8 点：广播响起，做操时间到了，组织队伍出操，指导学生喊口令，认真做操。

8 点 15 分：学生做完操回到班级后，收取学生的校服费。

8 点 30 分，第一节没有课，回到办公室整理校服费，统计金额，给忘记带钱的家长发 QQ，提醒缴交费用。整理一年级学生的学籍档案，上交学校。

9 点 10 分：第一节下课，到班级帮学生分发点心。

9 点 20 分：第二节语文课，教《拼音复习三》的第二课时，课堂上和学生做游戏，纠正学生的不良课堂习惯。

10 点 10 分：第三节语文课，教《an en in un vn》，第一课时。

11 点：第四节品德与生活课不是我的课，抓紧时间改了一叠《生字书写本》。

11 点 30 分：排路队将学生送回家。在校门口与个别学生家长交谈，反馈学生近期表现，之后回班级打扫卫生。

12点：到食堂吃午饭。

12点30：回到班级批改《指导丛书》

1点10分：到宿舍午睡。

13点50：起床

14点：到班级，指导学生进行写字练习。

14点30分：第一节语文课教《an en in un vn》，第二课时。

15点20分：第二节检查作业完成情况，并进行反馈。

16点：第三节课是语文辅导课，指导学生订正错题，认真写作业。

16点30分：排路队将学生送回家。

16点40分：辅导后进生。

17点10分：挑选参加学校比赛的创意书签。

17点40分：已经是满街华灯，走路回家，进行一天中唯一的锻炼。

18点10分：回家帮女儿检查作业。

18点30分：吃晚饭，收拾厨房。

19点30分：给女儿洗澡。

20点：督促女儿弹琴或下围棋，自己看报纸和备课。

22点：和女儿一起洗刷，准备睡觉，讲睡前故事。

22点30分：带女儿睡觉，很多时候，疲惫的我就跟着女儿睡着了，有时还起来洗衣服和备课。

这只是一位普通老师的平凡的一天。教师一日的生活内容只能是"备课—上课—改作业"，活动范围也仅仅是"学校—家里—学校"，日复一日，年复一年。教师自然就会对教育教学工作的满意度降低，缺乏职业乐趣感和认同感，也就没有专业发展的需求和愿望。

提高教师的生命质量，不仅事关教师的专业成长，而且事关学校和学生的发展。我校实行"人性化管理"，除了看望生病的老师、关心经济困难的教职工等等，最重要的是走进教师的心灵，关心到一般教师的生存状态和生活质量。如：在学校的考勤制度中，学校规定允许每位教师有半天外出，处理私事；另外，在迎接特殊任务，比如迎接文明学校检查等项目时，规定每位老师有1天调休时间。学校还设身处地体验教师的身心负担和辛劳，努力减轻他们超负荷的工作量，如怀孕教师适当减轻工作量；努力构建健康、温馨和愉快的校园文化，组织外出旅游、登山、体育健身等工会活动，努力构建温馨、和谐的人文气氛，强化教师对学校和教师职业的认同感。

（2）制度创新，转换视角，保障自主方向

从生命化教育的角度来说，教育应是教师生命的一种存在方式，一种使人类和教师自己都变得更加美好的生命存在方式。学校应充分地激励教师自主专业成长，让每一个教师都能享受到自主成长的幸福，这种幸福不仅包含着成功，更在于过程，在于创造；既感受到收获的喜悦，更是享受创造的过程，享受成长的过程。

①建设发展性制度

学校大力创设发展性制度，为教师自主发展服务。在生命化教育理念下，教师作为"人"，有其自身成长的需求。学校针对教师不同阶段的专业成长需求，构建了教师梯队培养系统。以下是2014年我校教师专业发展的实施方案，充分地关注了教师专业成长不同阶段的需求，引领着更多的教师走上自主发展的道路。

园南小学教师专业发展实施方案

一、指导思想

为贯彻落实《思明区中长期教育改革和发展规划纲要（2010-2020）》和《思明区第四期教师继续教育工程方案（2013-2017）》，进一步促进教师专业发展。

我校将围绕"用绿意点亮生命"的办学核心理念，结合我校教师专业发展的实际，围绕理想信念、敬业态度、操守德行、学问修养、业务能力、管理水平诸方面积极开展教师专业发展建设工作。

二、培养目标

积极落实教师优先发展的原则，以高尚的师德教育，优良的专业知识，扎实的教学基本功，智慧灵动的教育教学实践能力为培训的聚焦点；以现代化的教育科研、教学改革意识和素养为标准，促进教师成长、成材；努力建设一支富有活力和创新精神的具有可持续发展能力的教师队伍，为办好人民满意的教育工作服务。

三、培养措施

（一）分层实施，推进队伍梯队发展

学校针对教师不同阶段的专业成长需求，根据教师的年龄特征和综合素质把教师分为阶段，分层实施，构建了教师梯队培养系统，从而提高校本培训的针对性和实校性。

教师按阶段分类	阶段培养方法	要求	培养措施
新芽期（到校1年之内教师）	一对一指导	适应岗位，教学教育能适应岗位的基本要求。	入格期教师：入职培训；学期总结；学年组内、校级考核。
扎根期（1-5年教师）	年级组培养	能独立完成教育教学工作，积极参与组内研究，年度考核"称职"以上。	合格期教师；为教师安排师傅，师徒明确培养目标，制订发展计划；以年级教研组为单位，详尽了解教师的教育教学情况。
拔节期（6-10年教师）	成长档案管理	建立"准名师"成长档案，将每年的成长足迹记录在案。	升格期教师：学校行政部门了解教师成长情况，创造各种条件，并定期根据成长档案分析研究教师的发展需求及目标达成情况。
展放期风格发展期教师（10年以上及骨干教师）	课题引领名师指导	有自己的专项研究内容，确立明确的发展计划。	专家引领教师定位成长目标，学校定期分析其存在的问题，提出具有针对性和发展性的意见和建议，并研究改进措施。

(二)博览群书，提升教师专业知识

教师的专业发展与成长既是个目标，更是一个不断学习、自我完善和自我更新的过程。博览群书，是教师化为"活水"化为"涌泉"的途径。我校提出了读书的号召——"我可以是平凡的，但不是平庸的；让读书增加我们生命的厚度！"

1、"荐书堂"活动。

2、"纳新会"。各教研组根据学科特点，每学期同读一本专业理论书，以教研组为单位，在共享社区建立读书笔记接龙，每周一位老师撰写读书心得，每周的教研利用10分钟，组织"纳新"阅读分享会。

3、"悦读节"。读书节中与学生共读一本书。结合每学年的读书节活动，师生共读一本书，并组织优秀读书心得评选。

（三）岗位练兵，锤炼教师基本技能

1、统一规划与点单相结合。为提高岗位练兵活动的实效性，岗位大练兵活动以"干什么、练什么"，"缺什么、补什么"为基本出发点，做到练有所得，练以致用。学期初由教导处提供岗位大练兵方案，活动分层次进行，针对不同学段、不同学科和新老教师提出不同的内容要求。6年以下教龄的教师要在重点抓好教学技能训练的基础上，不断提升教育教学能力；具有一定教学经验的教师侧重课堂教学能力和教学研究能力的提升。同时，要求每位在职教师都要根据自己的实际情况自助点单参与参加岗位大练兵活动。

2、以赛促训。结合5月份的第三届教学月活动，对一学期的岗位练兵项目进行展示和检验。

园南小学岗位大练兵计划表

活动项目	参加对象	具体要求	展示时间	展示形式	负责人
硬　笔	全体教师	6年以下教龄的教师每周自行练习，精选练习一张；送交陈秀玲；其他老师每3周练习一张	5月份教学月活动	举行两笔比赛(10年教龄以下的教师；各学科至少推荐1名教师参加)	陈秀玲
粉笔字		6年以下教龄的教师每周自行练习，精拍练习一张；上传陈芳华；其他老师每3周练习一张			陈芳华
评　课	全体教师	结合周例课进行评课；			各组组长
学科特色基本功（语文：文本解读；数学：试卷命题；英语：朗读和即兴演讲；综合组：即兴弹唱、命题画等）	全体教师	讲座引领；语文组结合备课组周例课活动进行文本解读；英语组、综合组备课组活动时展示、交流；数学组阶段出卷		举行基本功比赛(10年教龄以下的教师；各学科至少推荐1名教师参加)	胡继红宋海燕李力立杨　宣

课堂教学	全体教师	6年以上10年以下的上研示课；6年以下的青年教师上汇报课；10年教龄以上教师自愿报名上示范课；	5月份教学月活动	公开课系列	各教研组长
教学论文等	全体教师	每学期撰写一篇		择优汇编、评选优先论文	教导处

（四）教研相长，促进教师持续发展

1、完善专家引领制度。确定了个体悟学、专家导学、骨干辅学和群体互学相结合的学习方式。拟定邀请林致远、林睿、陈雪芳老师分别参与各教研组微型课题研究的引领。

2、完善实导师制度。每学年以教师自主申报和学校制定相结合的方式，再次调整师徒对子，落实导师制度。以专业引领专业的方式促进教师的再发展。各个协作对子，向教导处、教研组自报一个听课日，师徒利用这一天互相听课，蹲点行政（或教研组长）参与听课，每次听课需到教导处填写听课登记表。每学期听课至少20节。

3、完善课例研究制度。以学科专题研讨和组织教师听课、评课为重点，加强学科教学重点课例的研讨。积极探索应用现代信息技术开展"微格课例教研"的新模式，以微型课题研究为载体，就常态课或聚焦典型课例为对象。

每周一次的集体备课活动继续开展周例课的行动研究，并严格落实包括实践、回顾、评析、重建、再实践5个环节的教师反思方案，即通过借助课堂精彩片段（或典型片段）的视频实录，备课组组织教师回顾、评议课堂；之后，取其精华、自我更新的重建与再实践。由此，构建起"自我反思"平台，引领教师自主发展。

4、完善资源共享平台。在校园网（或共享社区）开辟"精彩课例""课件共享""我的教育故事"等专栏，充分发挥信息技术的载体作用，实现优质资源共享。

（五）多元激励，改革专业发展的评价机制

1、实施"1+1"名师工程建设。即每学期针对教龄6年以下的青年教师评选"榕族新秀"；教龄6年以上的教师每学期评选出"榕族骨干"，颁发有关证书；在职称评聘中，优先给予评聘。

2、建立教师成长记录袋，通过过程跟进，记录教师的专业发展的轨迹。实现过程与结果的相结合。

园南小学教导处

2013 年 2 月

②重建激励性制度

运用发展性评价，建立起激励机制，是促进教师生命自主生长的一个主要渠道。"每个生命都很精彩！享受生命生长的过程更精彩！"这是我校尊重教师生命、以评价激励专业成长的一个主导思想。

特点一：过程激励和成果激励相结合

我校的评价方式采取体现过程的发展性评价与体现结果的量化评价相结合。每个教师创建自己的成长记录袋，主要记录和收集工作计划、工作总结、精彩课例、典型案例、教学日志、经验论文、成果作品等等；每季度，教师根据自我表现，填写"自评量化表"，经学校考核纳入绩效评定。教师了解自己的发展进程，感受自己的成长足迹，培养自信心与自豪感，向更高、更美好的生命态势生长！

特点二：精神激励和物质激励互补

学校在考核办法中明确了奖励标准，多劳多得，高质高奖。但物质激励，不能满足教师自主成长的需求，教师也需要来自精神层面的激励。由此，激活教师的职业使命感和生命成就感；引导教师充分发挥积极性、主动性、创造性。我们推出了榜样教师的评选激励制度，试行"魅力教师"和"魅力班主任"制，通过组织给予的荣誉传递一种肯定，激发教师的自豪感和光荣感，并形成榜样的力量。

特点三：个人激励和团队激励呼应

激励的最佳状态也是个人与团队的协调一致、和谐发展；学校极力将个人激励和团队激励有机结合，那么收获的将不仅是教师个人的专业发展，还有整个团队的和谐共进及坚强的战斗力。学校的体育组最先获得"魅力团队"。

"曾经多少次跌倒在路上／曾经多少次折断过翅膀／如今我已不再感到彷徨／我想超越这平凡的生活／我想要怒放的生命／就像飞翔在辽阔天空／就像穿行在无边的旷野／拥有挣脱一切的力量……"《怒放的生命》是体育组的团队之歌。

从 0 分到 2 分再到 20 分，园南小学田径队在 2012 年思明区中小学生运动会上完成了一次华丽的转身——团体第五名，和很多学校相比这可能并不是特

46

别好的成绩，但于我们而言，却是 20 年来从未有过的突破！体育组的故事如同小说电影里的励志故事一般，却又如此真实地展现在我们面前——四名体育老师，其中两名都是去年刚毕业的代课教师，他们克服着无训练场地的困难，坚持把孩子们带到滨北的体育场训练，没有休息天，没有准时的下班时间，其中的艰辛与付出，足可意会……正如年轻的王老师说的那样："不管有什么困难，不管最后能有什么样的成绩，作为体育老师，我们要传达的就是一种体育的精神——永不言败！""魅力团队"传递着一种追求不止、挑战自我的成长魅力。

多元激励机制，给予教师最深切的生命关怀，努力实现教师在教育过程与学生的共同成长。在这过程中，教师追寻着生命的意义，提升自我的生命价值，成就幸福的教育人生！

5、生命化教育理念下教师专业成长的典型案例

在课题研究过程中，涌现了一批与课题共同成长的教师。下面选择三个典型案例进行分析。

（1）典型案例

① 在生命化的课堂中成长

王丹婷老师，女，28 岁，担任高年级语文教学，是生命化课堂实验班的任课老师。她的语文课堂在研究中发生了变化，尊重、和谐的课堂氛围，小组合作、自主学习、师生平等对话等学习活动，让课堂流淌着生命的活力。在第九届全国"相约名师"的课堂上，王老师带着她的学生展示了《祖父的园子》这一课，得到了同仁们的好评。全国特级教师王文丽老师评价她的课堂"充满了自由的生命。"下面是她参与生命化课堂构建的成长体会：

在生命化的课堂中成长
王丹婷

当学校确立了以"生命化教育"为学校的教育教学理念时，伫立于三尺讲台，我有了自己新的奋斗目标与追求。有幸，我成了学校第一批课改实验班的先锋，未曾听过见过的名词理念似急风骤雨扑面而来。新与旧的交融，机遇与挑战的并存，是故步自封还是乘风破浪？一时之间，我竟有些不知所措了。

还记得那时，我非常精心地准备了一堂研讨课，学校特地请来了区语文教研员蔡维真老师前来指导。可那天，孩子们面对我一环紧扣一环的教学环节，

竟"不买账"，课堂成了我的"独角戏"。上完课，我失望地、甚至感觉有些委屈地几乎快哭了。蔡维真老师的评价是："你有融入生命化教育理念的意识，但却是穿新鞋走老路，你没能做到把课堂真正地还给学生，你设计的教学内容没能够真正为教学目标服务……"面对出师不利，我彷徨，迷茫，甚至开始怀疑自己了。此时细心的领导和热情的老师们及时给予了我很多鼓励和支持，我亦开始自我反思：所谓生命化教育，即关注所有学生的生命的价值，关注生命的差异，努力去成全所有生命各不相同的发展目标。要从关注每个学生开始，从尊重每个学生开始，从满足每个学生需求开始，从善待每个学生开始，从开启每个学生的智慧开始，从相信每个生命的意义开始，从成全每个生命发展开始。之前的研讨课上，我更多的只是关注了教师自身，只是一味地强调新教育理念的体现，却忽视了这些林林总总的教育理念的接受体——学生们是否适应，课堂是否能真正促进学生的生命成长。

认识到自己的嫩稚，从此我更加用心了，开始了有针对性地阅读，并努力尝试着付诸实践。为了设计一个有效的教学环节，我会绞尽脑汁，研究教材、研究学生；为了一个精美、完备的教学课件，我会在电脑前一坐就是好几个小时；为了演绎一堂真实、高效的课堂，我常常废寝忘食、挑灯夜战，坐在电脑前"自导自演"。就这样，我努力转变教师角色，蹲下身来，用欣赏的眼光看待学生、发现学生；我也努力转变学生的学习方式，采用活动途径、倡导内在真实情感的表达，在自主阅读中，叩问内心对于文学作品的真实心声。我欣喜地感受到我的课堂里洋溢着浓浓的阅读气息，语文的学习不再纯粹是为了应试，更多的是让自己掌握一项技能，一种阅读、理解、内化、升华的技能。前不久，我和我的孩子们在"生命化教育"的洗礼下收获了荣誉，在第九届全国"相约名师"的课堂上，我的《祖父的园子》这一节研讨课，得到了同仁们的广泛好评。

我的成长，是对教育多一份执著，对教学多一份追求，对学生多一份爱心。我认为，教师的成长是经验、反思、机遇、挑战的并存。

我深深地懂得，一个教师教学理念的落后，在教学行为上必然是"老态龙钟"；专业知识贫乏，在教材处理上必然是"捉襟见肘"；在文化知识上浅薄，必然是"枯燥乏味"。我不要成为庸者。相反，我要"高峡出平湖"，我要赢得学生的认同。因此，首先，我在教学行为上求新，形成我特有的、个性化的教学风格。每一个有成就的教师，无不具有自己的独特的风格。虽然我不是名师，但我正努力形成自己的教学特色：活泼柔美，用活动引领自主，以激情独树一帜。我要用我饱满的激情感染我的学生、用生动有趣的教学方式激发学生的学习兴趣、用我精心设计的真实有效的语言活动培养学生综合语言的运用能力。

"今朝花胜去年好，料得来年花更红"。风雨中的每一步都充满艰辛，但是我依然会坚持我的旅行。看见孩子们那一张张快乐的脸庞，看着他们在笑声中成长，我所付出的一切都有了回报。教育是我愿用一生追求的事业，面对挑战，我将更加努力，相信风雨过后又会迎来一个崭新的春天！

②在生命化德育中成长

王筱韵，女，24岁。生命化教育实验班的班主任。她入职那一年是课题开展的第一年，是一位与课题共同成长的年轻老师。她所带的班级获得厦门市先进班级称号。她所在的班级学生阳光富有活力，个性飞扬、朝气蓬勃。她总是在对话或聆听中去了解学生，去倾听学生的心声，去关爱学生。全班50名学生的一言一行，她都记在心里。她真切地融入学生的学习生活之中，与学生共感悟、共成长。下面是她在"感悟生命"的校园文化节期间，给班上的学生写的一封信。

有没有那么一句话，会让你突然想起我

亲爱的孩子，

你知道吗，老师的一句话，可以影响很远很远。

我一二年级时，数学还不错。三年级上学期期末的时候，我发高烧住院，请了好几天假，但期末的时候我依然争气地考了一百。(那时三年级还没学英语)我很开心。可数学老师把我叫到办公室，指着我的分数，凶巴巴地跟我说："你发烧请假那么多天，怎么可能考一百！你是不是作弊了？"我也忘了这件事情是怎么结束的，总之，在我的小学甚至到高中，数学都变成了我最弱的一门课。

我高二的时候，遇到了我最喜欢的老师，她就是我的班主任。她没有什么特别的地方，年轻、经验少，不凶，笑起来很好看。真要说她有什么特长，除了头发以外，就是文章写得很好。高中时的我很自卑，她却对我说，"你是个踏实的孩子。"之前从没有一个人夸过我踏实，她是第一个。为了她的这一句话，我努力变成一个踏实的人，直到现在。我会去她最爱的城市旅游，看她最爱看的书，甚至和她一样，成为一名老师。"长大后，我要变成你。"于是，长大后，我就真的成了你。

亲爱的孩子，你知道吗，现在当了老师，你们的一句话，也可以影响很深很深。

二年级下学期的时候，学校办了"淘书节"，班级里很热闹，热闹的人群里，

俊凯钻了出来，挤到我身边，用期待又紧张的眼神望着我说，"王老师，你三年级还能教我们吗？"我不知道该怎么回答，但心里却脱口而出，"我会的！"于是三年级，我们的梦想成真了。我永远记得三年级开学时，我走进教室，听到你们震耳欲聋的欢呼。

有一天放学，阳光很好，风很清凉，三川背着书包跑到我身边，笑着跟我说："我长大要带你去环游世界！"也许你说完回头就忘了，可是我好开心我能成为你的愿望。我也相信，向往自由，快乐的你，总有一天能环游世界。那也是我的梦想。

还有一次体育课，瀚文跟欣榆闹了点矛盾，我刚好经过。我把瀚文带到安静的地方，没想到你一反常态地，很成熟地跟我说："我觉得我太冲动了，可是我就是控制不住。"于是，我决定静下心来好好和你谈谈。谈话结束后，我抱了你一下。没想到下课时，你非常开心地跑来跟我说："王老师，你教的办法我试了，真的有用！"谢谢你愿意去尝试，谢谢你的一句夸奖。

亲爱的孩子，有时候，对你影响很大的话，大多都是不经意的，真的不用多深刻，但是，却能让你铭记很久很久，因为它真实。这些话像书签，标注着人生这本厚书里最难忘的页码。

我会越来越忘记一些曾经的回忆，却越来越清晰地记得你们的每一点改变与进步。于是我越来越觉得，我在做的真的是一件太有意义的事。

亲爱的孩子，你信吗？你的改变，我都看到。明哲，你从前会跑到教室外捉蚂蚁，后来却能把我的各种小植物照顾得很是精心。瀚林，你从前不开心就会撕东西，现在你最爱护的就是一本本精彩的书。宇欣，你的字写得越来越好了。昌霖，你能明白妈妈的辛苦了。静宇、雨涛、雨橙，你们的演出总是让人眼前一亮，我为你们骄傲。飞洋，你最近的表现是我开学以来最大的惊喜。芷盈，我有一个愿望，为你继续一个童话。唯祎、伊璇，从前课堂里默默无闻的你们，现在也能自信地高高举起小手。刘畅，你有种军人的气质，你总是人群里最笔挺的小小发明家。诗昊，你骨子里就是个气质非凡的音乐家。煜婷，你越来越勇敢了，其实你比很多人都坚强乐观。雅芯，你的歌声超好听，你越认真，舞台就越大。正硕，你现在为课文画的配图比书上还好看。一铭，你一直都是未雨绸缪得最周全的那个。诚正，你精益求精的精神会帮你取得更大的成功。玉凤，你真是我最信任的好帮手。为坤，我觉得粗心离你越来越远了。鹭舟，你是个本分实在的孩子，谢谢你每年都告诉我你的生日。心铃，你总会是资料搜集得最丰富、最愿意分享的那个。珺郴，你有绝对负责的一颗心。香怡，你越来越宽容了。欣榆，你的朗读让我刮目相看。文凯、炀坑，你们的字让我自叹不如。泽汶，你能把任务记得越来越清楚了，再加油，你就会发光。锦悦，细心的你，像一件贴心的小棉袄。璟岚，你的续写让故事变得更美好。谢颖，没有骗你，你的声音真的很好听，为何不自信得让大家都听到。若苑，你的字告诉我你是个踏实的女孩。安妮，自从当了姐姐，你越来越细心了，我相信你一定会是个好姐姐。泽龙、锦城，你们总会在班级最需要帮助的时候仗义地出现，你们是我心中的男子汉。劲浪，你是一个又贴心又热心的好绅士。蒋立，我记得你二年级时跟我说，你要发明一个机器人帮妈妈干活，你真是个孝顺的孩子。先进，你的朴实是我的最爱。睿琦，你一直都那么乐观踏实，我没见过你生气。煜儿，你有女福尔摩斯的潜质。止恂，其实你是个很开朗直接的女生吧，我喜欢你的性格。少川，你是我见过最单纯的孩子，愿你一直这样。益新，我多想看看你跳水时的帅气身影。宇堃，你的藏书很棒，我会把你给我的书读给四年级的孩子听。宇昊，静下来，你的棋下得会更好。诚浩、宇婷，你们可以变得更好，最美的花不都是最早开。铂翀，你打喷嚏的声音真响亮，你一定有副好嗓子。凯翔，你让我见识了低调的文武双全。

你知道吗？我做过一个梦，梦到你们中的一个转学走了，我记得我是哭醒的。王老师的心愿，是你们一个都不能少地，一直到毕业。可以越来越多，但是一个都不能少。

我可以有很多选择，但只有一次机会陪你们长大。我的青春在走远，但你们的才要开始。你们的青春，有一段在我手中，被我定格，真是一种荣耀。

你们在长大，却还是一样单纯，像我当初见到你们一样。我想守着你们的单纯，直到我们彼此说再见的那天。我亲爱的孩子，你不需要去做一个多厉害的人，因为你已经足够厉害，影响了我的一生。亲爱的孩子，你只需要云做一个幸福的人，因为你够快乐，我们就够幸福。

亲爱的孩子，漫漫人生中，有没有那么一句话，会让你突然想起我？

爱你们的王老师

2013.3.2

③在生命化校本课程开发中成长

陈莉，女，28岁。她是学校的心理健康老师，参与校本课程开发，在开发中成功将国家课程——心理健康课程与榕文化相结合，使之校本化。下面是她的体会：

在生命化校本课程开发中成长

生命是教育的原点。在我校特色办学理念的指引下，我开始更深入地思索心理学科如何更好地践行生命化教育理念。我想贴合学校榕树精神的课堂是诗意的、是灵动的、是生机盎然、朝气蓬勃的；而绿意浸润的心理课堂更具有一种积极向上的特质。虽然心理学科是一门新学科，但是心理健康活动课注重通过主体性活动唤醒学生内心深处的心理体验，在分享交流中领悟、探究、实践，从而促进学生良好心理素质的形成。这正与生命化课程不谋而合。

如何根据不同学段的学生心理特征和需求将我们学校提炼的榕树精神"脚踏实地的务实精神、蓬勃向上的进取精神、坚韧不拔的顽强精神、独木成林的开拓精神、生生不息的自强精神、包容豁达的协作精神"更好地融入心理课堂，把学生培养成像榕树一样具有务实、进取、顽强、开拓、自强和协作精神的人？正是基于这样的思考，我尝试设计了一至三年级的"榕品人生"心理校本课程（结构表见图一）。在一年级课程设计中，主要侧重孩子的入学适应问题，依据孩子童真童趣的年龄特点，带领孩子在熟悉校园环境的基础上，把自己当成一颗小小的榕树，慢慢扎根园南这片沃土，学会适应小学生的生活，明白交新朋友的方法。二年级的课程设计中侧重孩子的责任意识，融入坚韧不拔的顽强精神和脚踏实地的务实精神，指导孩子养成做事有始有终的好习惯。三年级的课程设计中侧重孩子在学校生活中学会更好地展示自己以及与人友好相处，学习并融入榕树"包容豁达的协作精神、蓬勃向上的进取精神"。虽然在整个设计校本心理课程中，深深感受到自己的专业素质受到了极大的考验，在这样的压力下我也明晰了生命化教育的内涵。

榕树的精神大而广，可供挖掘的方面很多，但是实实在在地落在心理校本课程上，它很简单，只需要为学生的绿意盎然的生命播撒一颗颗积极的种子。我想，把简单的事情做好，便不简单。

```
                    园南小学心理校本课程"榕品人生"
     ┌──────────────────────┼──────────────────────┐
  一年级                  二年级                  三年级
小榕树上小学            小榕树能担当            小榕树有方法
  ┌─────┴─────┐        ┌─────┴─────┐        ┌─────┴─────┐
成为榕树一  投入榕树    坚持到底的  脚踏实地    包容豁达    蓬勃向上
族——我上  的怀抱—    勇气——学  的能力—    的心灵——  的精神——
小学啦      —找呀找    会做事有始  —生活中    我宽容      我的舞台
            朋友        有终        的我        我快乐      我做主
```

成为榕树一族：1.知道自己已经长大了，是小学生了。2.从小学生的角度，理解爸爸妈妈对自己的期望。

投入榕树的怀抱：1.体会友情的美好，寻找结识新朋友。2.知道怎样才能找到新朋友。

坚持到底的勇气：1.知道只有坚持才能成功。2.培养做事有始有终的良好习惯。

脚踏实地的能力：1.认识自己在生活中担当的各种角色。2.悦纳自己的角色，初步具备正确的角色意识。

包容豁达的心灵：1.活动，使学生初步认识宽容是健康心智的基本要素。2.互动实践中学会宽容，提高人际交往水平。

蓬勃向上的精神：1.通过活动，让每一个学生都能了解自己的优点。2.通过活动，让每一个同学都悦纳自己，相信自己是很棒的。

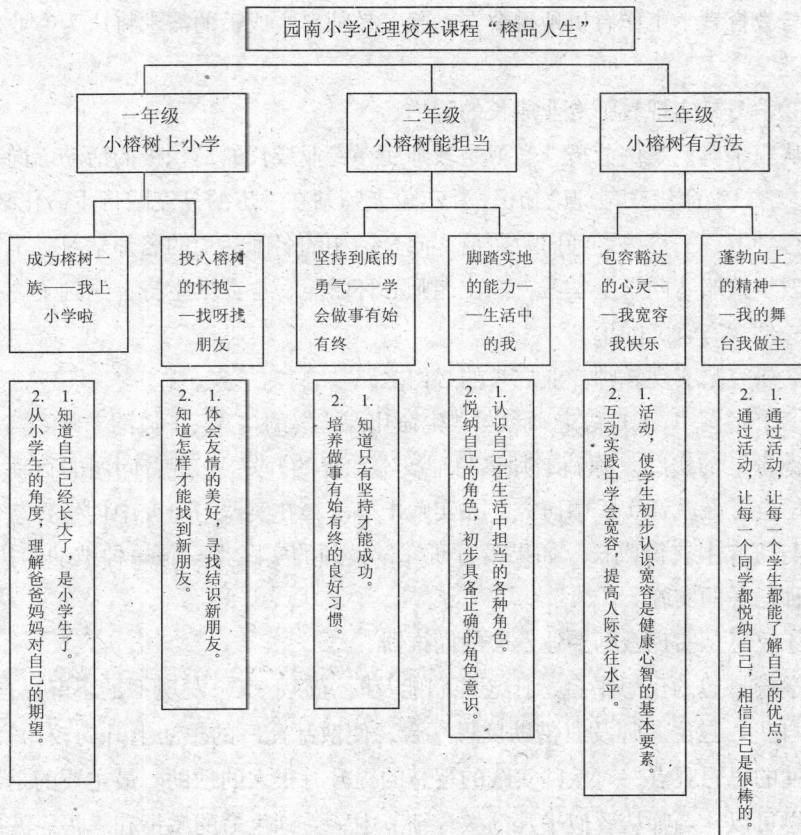

（2）案例分析：生命化教育理念下教师专业成长的经验策略

通过对以上三个典型案例的分析，现将三位教师专业成长的经验策略梳理如下：

①自主意识的唤醒是实现教师专业成长的关键

在三个典型案例中，三位老师专业成长的自主意识尤为凸显。王丹婷老师是刚刚结束分娩期马上参与生命化课堂构建的研究中，她的孩子小需要照顾；但是，在参与课题研究之后，王丹婷老师工作热情更高了，因为她深切地体会到学生在笑声中成长的意义；感悟到"教育是我愿用一生追求的事业，面对挑战，我将更加努力，相信风雨过后又会迎来一个崭新的春天。"王筱韵老师是刚入职的老师，生命化教育让初涉职涯的她找到了成长的真谛——"亲爱的孩子，你只需要去做一个幸福的人，因为你够快乐，我们就够幸福。"陈莉老师则明白了："教育其实很简单，只需要为学生的绿意盎然的生命播撒一颗颗积极的种子。但是，把简单的事情做好，便不简单。"当教师将自身生命意义的实现与教育教学工作有机地融合在一起，教师自主成长的需求将成为专业成长的关键。

②学习是实现教师专业成长的阶梯

从三个典型案例分析，学习是教师润泽专业成长的最积极的活动。向书本学习，学习生命化教育理论知识，让三位老师站在一定的高度践行生命化教育；向同行学习，王丹婷老师向教研员、向全国相约名师活动的名师学习，丰富了教育教学策略；向学生学习，三位老师心怀学生，也在学生身上学到了"教育的是一件太有意义的事。"

③研究是实现教师专业成长的必由之路

三个案例中，王丹婷老师参与"生命化课堂"的构建；王筱韵老师参与"生命化德育"的实践；陈莉老师参与"校本课程的开发"；带着问题的行动，让他们学会了在教育实践中研究，在实践中思考，在实践与研究中创生智慧，在实践与研究中获得成长。如果没有研究，教师的实践将只是一种被动的执行，是一种任务的实施。

④反思是实现教师专业发展的助推器

学校搭建的反思平台，让老师们能及时沉静下来，发现不足，审视自我、调整自我。三位老师及时借助反思平台，使散乱无序的想法上升为较为集中、较理性的思想观点，对教师实践的智慧的提升有很大的帮助。最主要的是，通过反思可以让老师从看似平凡的教育细节中感受到生命的激情和幸福。波斯纳于1989年提出了一个教师成长的故事：经验＋反思＝成长。当反思成为教师一种自觉的习惯后，教师的专业成长即有了持续性的动力。

6、促进教师专业成长在生命化教育理念下的成效

经过两年多的研究与实践，学校在教师专业成长取得了一定的成效：

（1）生命意识的唤醒

在传统的教育观念中，人们甚至是教师自己，常常把教师理解为促进学生发展的工具，而忽视了教师在教育过程中自身的生命发展，淡化教师的生命意义。在课题的研究中，通过理论学习、实践研究体验，逐步实现教师关怀生命意识的觉醒；更多的教师们摒弃了原有的"谋生的工具"意识，开始关注自我的生命状态，开始在生命的视野下面对学生、面对教育教学工作。

①找到一个基点——关爱自我的生命。

一个懂得关爱自我生命的、充满人情和活力的教师，才可能去爱学生，去激扬他们的生命，引导他们去感受世界的美好，活出生命的风采和意义。《感悟生命　记录成长》文集．汇编了我校全体教师生命成长历程中的"第一次"；记录下全体教师重新回味自我生命成长的滋味，更重要的是以此来关注自我的生命状态，思考自我的生命意义。文集的字里行间，跳跃着是老师们诗意的生命感动，鲜活的生活经历，真挚的生命追求。拥有了一颗自我关爱的心，才能践行生命化教育，才能与学生的生命发展共生长。

②学会一个转身——当知识的传授者到生命的促进者，逐步实现教师关怀。

生命意识的觉醒还体现在绝大多数老师学会了一个美丽的转身，教师角色定位悄然地发生了变化——由传统的知识传递者，向生命的促进者转变。关怀生命意识觉醒之后的转身，"教师将越来越成为一位顾问，一位交换意见的参加者，一位帮助发现论点而不是拿出现成真理的人。他必须集中更多的时间和精力去从事那些有效果和有创造性的活动：互相影响、讨论、激励、了解、鼓舞。"

《我的德育故事》汇集了老师们转身的一个个精彩的小故事。小故事叙述了转身过后的教师促进学生生命的自主成长和完善的经历。教师们还自主地提出了"放大镜"观点，学校这些"放大镜"观点张贴上墙，用教师们自己的语言作为学校的宣传语。王筱韵老师提出："生命的关注，是对每个细节的发现，当我们用上放大镜，会看到孩子们的小心思，小表情……只有把小小的细节记在心上的时候，我们才能真正地走进他们的心里。"黄昕老师说："当我用上放大镜，我看到了课堂畅言的人群中，你胆怯的表情，我想听到你表达最真实的想法，别怕！孩子，勇敢地举起你的手！"林瑞琛老师说："当我用上放大镜，我看到了课间欢快的人群中，你孤独的身影，我要拉着你的手，一起加入欢快的队伍。走！我们一起踢毽子！"陈莉老师说："当我用上放大镜，我看到心理小屋的门口，你踌躇的身影，我愿意聆听你的每个困惑，为你保守每个小秘密，嘘！这是我们的秘密基地。"

（2）初步建立起自主和谐的团队文化

①读书成为一种需求的方式

在生命化教育理念下，教师的专业发展与成长即是个目标，更是一个不断学习、自我完善和自我更新的过程。人们常常把教师喻为"一桶水"。其实这还不够，教师应该是"活水"，是"涌泉"。我校教师认识到：自觉的学习，是化为"活水"化为"涌泉"的途径。每两周一次的团队的学习论坛；开放书吧的图书自助餐、阅读手记；读书节中与学生共读一本书；日常中的每日阅读

——与文字的约会；多样的阅读形式，正追寻着教师们读书的意义——"我可以是平凡的，但不是平庸的；让读书增加我们生命的厚度！"

②反思成为一种自主的行动

在行动研究中，构建起"自我反思"平台，引领教师自主发展。

我们提出了包括实践、回顾、评析、重建、再实践5个环节的教师反思方案。如图：

实践 → 回顾 → 评析 → 重建 → 再实践

以微型课题研究为载体，就常态课或聚焦典型课例为对象，借助课堂实录、课堂观测、学生反馈等，将教师的实践知识表达出来；继而，通过"课堂会诊"、研究日志对自我的教育教学实践进行回顾与审视；之后，是取其精华、自我更新的重建与再实践。当反思成为一种常规行动，教师则拥有了专业发展的自主需求和意识。

③协作成为一种常态的方式

目前，我校采用"自愿＋引导"的方式，以学科组为单位，以课题承担任务为准，组建起协作式团队。师徒结对子是一种常态的协作方式。骨干教师与青年教师形成带教对子，通过骨干教师示范课、青年教师周例课以及月汇报课、教学模拟、典型课例研讨等一系列的活动，在同伴的协助互助中成长。任务驱动是典型的协作方式。以学科团队为单位，主动承担学校各项教科研工作。在任务驱动中，协作将是完成任务的必备条件。

在生命化教育理念的引领下，我校的管理始终以人的发展为核心。正如我们所期望的一样，在生命化教育的践行中，实现教师与学生的共同成长。学校内涵式发展的道路必将越走越宽广。

启示：学校文化在秉承传统的基础上创新求特

有学者指出，学校改革的实质是学校文化的重建，提出了"用文化经营学校"的理念。学校的文化传统是学校特色建设的条件与基础。在大力实施素质教育的过程中，学校的文化建设要在传承的基础上不断创新，不断追寻学校内涵式发展，提升学校的办学品质。

1、积淀传承文化，创新办学特色

学校特色总是具有其种文化底蕴而具有继承性和创造性的特点，学校特色建设需要不断地挖掘特色文化内涵，需要不断地创新发展，才能适应快速发展的社会。我校已有近百年的历史，具有注重学生个性品质发展的优良传统，足球与艺术教育是我校传统教育特色项目。多数学生具有足球与艺术的专长，个性突出，活泼生动。历届的校长在传承的基础上都为这一特色注入新的活力，不断推进其发展。

随着课程改革的深入，如何更进一步关注学生个体生命发展的需求，促进学生个体生命健康和谐的发展？成为学校发展的着力点。我校在东师大专家组的引领下，确立研究课题：以榕文化为载体努力践行生命化教育。由此，将生命化教育贯彻于学校德育、教学、管理之中，体现新理念，实施新课程，综合利用资源，让师生的生命灵动起来，焕发出勃勃的生机，发挥生命之力，实现生命价值，努力打造我校生命化教育办学的新特色。

2、系统整合文化，树立办学特色

在生命化教育理念的引领下，我们立足于区域文化以及校本文化，提炼以榕文化为载体践行生命化教育的办学理念。我们挖掘榕文化内涵，凝练出"让绿意点亮生命"的核心价值价值观，并由此树立了教育观、质量观、教师观、学生观和发展观，形成了学校发展的目标体系。学校在精神力、执行力、形象力方面也紧紧围绕"榕文化"的理念。特别是，学校健全规章制度、校本研修、校园环境建设等在"榕文化"理念的引领下进行全面统筹、有序推进。只有将学校文化构建形成"一盘棋"，才能使其能量得到高效发挥，办学特色才能凸显出来。

一所学校在打造学校文化时，必须对学校文化进行系统规划和整体执行，才能树立鲜明的学校办学特色。要在审视学校的历史底蕴、现实形态和未来规划，审视教育行业的形式、学校的个性和内外部环境的前提下，提炼出具有校本性质的重要元素，从而整合成办学理念；在总体运作时，以学校的精神力建设为主体，以执行力和形象力建设为两翼，全面地展开。

3、强化个性文化，彰显办学特色

个性文化是一所学校独具的生命力，是无法复制与移植的。学校只有具有鲜明的文化性格，旺盛的文化生命力，并成为学校科学发展的助推器，那么学校的发展就会健康有序、稳步推进。如果一所学校注重开发自我的特有能力，在学校形象、办学理念、校本课程、学生素质、教师素养等方面办出特色、办出成效，就能提升学校的文化力，也就能提高学校综合办学水平。

我们致力于"榕文化"的构建，努力打造与众不同的学校特色，希望学校的一景一物、师生的一言一行都渗透"榕文化"特质，希望走进校园就能让人感受到浓厚的文化氛围，感受到学校的鲜明特色。

学校文化的创建是学校特色建设成功的标志。为适应日新月异的新时代需求，学校文化的创建需在传承的基础上不断创新，让特色永远与众不同，永远具有强大的生命力，这是学校永续发展的原动力！

第三章 创新课堂教学 特色学校建设的主阵地

教学是学校教育的主阵地，生命化教育的践行，离不开课堂教学。在生命化教育理念下，我们提出了构建生命化课堂：使教师变"演讲者"为"引导者"。使学生变"要我学"为"我要学"。使课堂能够诞生出一个个有独立价值取向、富有生命力的群本，他们不"唯书"不"唯师"，敢质疑、肯探索、善于交流。他们会思考、会是问、会创造。让课堂变为师生心灵舒展、智慧生成、充满生机与活力的场所。

一、更新理念，叩问生命化课堂的内涵

"生命化教育"一词由黄克剑教授于 1993 年提出，其哲学基础是人学纲要，亦即，教育是人学，需从人学理论发展人，发展教育，并再发展人。"回到中国的语境，回到教育的立场，回到具体的学校，回到具体的个人。"这是"生命化教育"的理论前提和依据。生命化按照黄克剑教授的表述就是"生命的在场"，即教育者和被教育者都作为一个个具体的、无法被任何一个人所代替的人而存在，教育行为始终指向具体的每一个人，无论"知识的授受，智慧的开启"最终都是为了"点化或润泽生命"，亦即为了"立人"和对人生命的成全。教育始终不能遗忘和忽略人生命的存在，也因为人生命的独特、丰富、多样，使教育变得富有魅力、费心和困难，任何教育的探索都永无止境。因而，所有的教育行为都需要反躬自问，需要进行价值审视，教育因为对人的肯定和成全才真正成为人的教育，学校才成为人的学校。也正因为指向一个个具体的人，生命化教育才变得既迫切又具有可能性，它本质上又是智慧性和反思性的，它重在实践，不断生成不断超越自己，生命化教育永远都在生命的路途之中。

叶澜教授曾给教育下过这样一个定义："教育是直面人的生命、通过人的

生命，为了人的生命质量的提高而进行的社会活动。"这样的"教育"，就是我们所期待的生命化教育。生命化教育强调，教育必须以生命为出发点，教育过程中依据生命的特征，遵循生命的发展需求，不断为生命成长创造条件，引导学生全面而和谐、自由而充分、创造而富有个性地发展。生命化教育是"人本"的教育。

然而，在我们的现实课堂教学中，依然不同程度地存在着与生命化教育理念相违背的现象。知识掌握至上、考试成绩至上的想法仍不自觉地占据着许多教师的头脑。学生仍旧处在知识被动接受者的地位，抑制了学生主体性的发挥，扼杀了学生的独立探究意识和创新能力的形成和发展，将学生生命中学会知识、启迪智慧、润泽灵魂三者割离开来。教学在于"求真"，离不开知识的学习和技能的掌握，知识的学习和技能的掌握也是个体生命的重要历程。但教学也不能仅仅为了知识的"求真"，而忽略生命意义的创造，只有恰当地合理地对知识的"求真"进行定位，才能更好地关怀知识的生命价值和意义；恰当地有限地表达知识，才不至于扭曲课堂教学的知识生命特性。如日本教育家井深大认为的那样："唯理的知识教育忘却了方向，丢掉了另一半的教育"

生命化课堂，是要使课堂成为师生实现生命成长的场所。师生在课堂中体验着智慧的交锋、情感的碰撞、价值的共享。生命化的课堂不再是教师权利控制的"讲堂"，也不是教师施展其"表演才能"的"独角戏"，而是师生心灵舒展、智慧生成、充满生机与活力的课堂。它的基本特征有如下三个方面：

1、教学活动中教育主体生命价值观的体验性

体验是人的生命存在的方式，是人理解生命和社会的方式，强调了人的生命意义和精神的建构。人的生命是一次性的，弥足珍贵，无论对于教师还是对于学生都应该加以对生命的敬畏。所以生命化的课堂教学应让师生走向生活世界，塑造主体人格，张扬生命个性。

生命是一个二重性存在，它在社会存在中获得生命的意义感和绽放生命活力的愉悦感，这就是作为生命的个体需要对周围的生活世界进行体验。而这种体验正是生命化课堂教学中生命的主体（教师和学生）不再单纯地追求静态知识的学习，而是对知识的真善美和知情意的生命体悟。让师生共同走近课堂，共同参与课堂教学，把"课堂教学看作师生人生中的一段重要的生命经历，是他们生命有意义的构成部分"，那么，课堂教学首先就应该成为教育主体体验生命的独特性田园，诗意栖息的土地。教师要尊重学生的幼稚言行，珍重学生

的奇思妙想，宽容学生学习的失误，耐心对待学生发问，细心呵护学生的进步，关心学生的健康成长，善待弱势学生，让每一位学生都在课堂中获得成功，体验生命个性成长的乐趣。

其次，课堂教学要本验生命的自主性。师生生命的成长离不开外界的环境和条件，然而个体生命本身却都具有自主性，每一个个体生命都会乐于去探索、去认识、去追问、去解释课堂生活世界的本体意义，正如夏甄陶先生所说："人是这样一种存在物，他不仅存在着，而且还能够认识到自己的存在，具有关于自己存在的自我意识；在这种意识的基础上，他还力图对自己的存在进行自我意识并作出解释"。所以说生命化的课堂教学主张生命自主性的自我理解和相互理解，充分吸引学生参与到课堂教学中来，留给学生足够自主探索的时空，让学生尽可能发现问题、解决问题，教师也要充分发挥自己的能力去帮助学生探索，满足学生的求知欲和创造性。

再次，课堂教学要理解生命的不满足性。人是一个未特定化的存在，这种未特定化就意味着生命价值具有不断发现的可能性、超越性，也就是一种不满足性。生命是处在运动的过程之中，是一段经历，并不是结果，生命的价值和意义是不断生成的，生命化的课堂教学也蕴涵了师生对教学生命意义的不断超越性与创新性。在教学活动中，教师不会僵硬地设置教学目标来规范和限制学生，而是注重在课堂教学的情境中去感受生命的超越性或不满足性，去感受知识和技能学习过程中生命力量的适应性与超越性。

最后，课堂教学要追求生命的完整性。人的发展具有独特性、差异性和多层次性，教学主体的生命成长，不仅要关注学生身体的健康发育和精神境界的充实，还要关注教师成长与专业生命的发展，这样课堂不仅有学生的认知、情感与态度成分，还有教师的认知、情感和态度成分。如若只注重学生认知能力，那就会弱化了学生生命价值的体验和生活意义的追寻，隔离了学生与生活世界的联系。生命化的课堂教学应该让学生融入生活世界，学生的学习不仅仅是接受知识，更重要的是理解知识和理解生活；不是静静地等待，而是主动地参与。如果忽视了教师对生活世界的认知、情感和态度等，教学也将会成为一个没有灯塔的航标。所以说生命化的课堂教学是让学生的认知、情感和态度与教师的认知、情感和态度交相辉映，共同体验教学文本的生命意义，获得师生生命和教学文本生命的完整意义。

2、教学过程中师生关系的生命主体间性

生命主体间性的互识和共识是课堂教学的重要前提。互识是教学师生生命的相互认识和相互理解；共识是教学师生生命就同一文本所达成的的相互理解，所形成的对文本意义理解的共同性和共通性。在教学中需要教师和学生借助一定的中介系统来相互作用、相互影响、相互交流与沟通，这种作用是师生生命智慧在课堂教学中碰撞与交流。由于课堂教学中师生生命的关系比较复杂，所以我们在课堂教学中"不能把教师与学生的关系简单地理解为'主体——主体'或'你——我'的交互主体性关系"，正基于这个原因，在教学既定的关系中不能抽象地将"主体——主体"的模式简单地套用在教师与学生的具体关系上。由于教师和学生的主体性程度发展不一样，生命的价值和意义的体验也不一样，教师与学生之间的"我——你"的对话也不一样。因此，生命化的课堂教学是师生生命价值和意义创造与分享、互识和共识，交流与互动，智慧生命唤醒的过程。教师要有一颗灵动的心，一双敏锐的眼去发现学生的心灵脉动，唤醒生命主体沉睡已久的意识和潜能，多点互识，少点冷漠；多点共识，少点专制。

3、对话与交往是生命化课堂教学实现的重要手段

教学是教师和学生共同进行的就有关学习主题、意见、思想和情感的交换和分享。教学要求师生之间将彼此不同甚至矛盾的观点进行充分的碰撞与交流，允许相反的异质的观点充分表达，在交往与对话的过程中双方摒弃原先僵硬的对立，逐步走向双方的理解与沟通，达到"视界融合"。教学交往的过程就是以符号文本中介诉诸对话，通过理解而实现生命价值共享的过程。在生命化课堂教学过程中，对话不同于独白，它是生命主体间的价值和意义的交流，"真正决定一种交谈是否是对话的，是一种民主的意识，是一种致力于相互理解、相互合作，共生和共存，致力于和睦相处和共同创造的精神意识，这是一次对话意识"，对话的过程也是一种不断理解的过程，这种不断理解不仅仅是师生之间关系的主体间的理解，更多的偏重对共同符号文本的理解。师生的教学交往要克服教师的强势的"话语霸权"，要有宽容、民主、平等的意识，让学生表达自己的观点，通过对话本身使师生双方获得生命智慧的理解与沟通，获得生命意义的交流与分享。

二、回归本真，使学生成为学习的主体

（一）归还学习主体的自我发展权

在研究的前期调研、交流中，明显感觉到来自教师方面的阻力：课堂教学中不改本质上的求同，教师很多时候看似放手，实际上还是追求"与我一致"。也有老师在问卷中谈及："我让学生去自学去探究，结果他们根本不知道该怎么研究，让他们说，他们也不肯说。"其关键原因就在于仅仅追求"让学生来"的形式，然后又以"给了他也不会用"为理由对学生的权利加以剥夺。

美国教育学家埃富加·富尔在《学会生存》一书中深刻地指出："未来的学校必须把教育的对象变成自己教育自己的主体，受教育的人必须成为教育他自己的人，别人的教育必须成为这个人自己的教育，这种个人同他自己的关系的根本转变是今后几十年内科学与技术革命中教育所面临的最困难的一个问题"。生命是主动需要教育的，是要在教育中用自主的学习来获得这种需要的满足。生命化教育理念下的课堂，首先应当归还学生所拥有的自我发展的主权。

以课题研究中的实验课《圆的周长》作为例：一般教学是让学生以小组为单位探究圆周长与直径的关系：有的用绳子绕圈，有的在平面上滚动，测量出结果后归纳出"3倍多一点"，进而引出圆周率。其教学过程虽看似充满了学生的操作活动，然而学生的活动是在教师设置的"研究周长与直径的关系"这一既定前提下，事实上缺乏了主动思考。在研究中，我们改进了本课的教学策略，将学案中的问题设置为：1）正方形的周长与什么有关？它们的关系用式子表示是？2）你猜想圆形的周长与什么有关？它们的关系可能是？3）能否设计一个包含测量的实验来验证你的猜想？（实验设计应该包括工具、步骤及数据采集与分析）

这样，就将活动置于学生的主动思考之后，学生能够调用原初经验——周长与边长间存在着一个固定的比值。在第二个问题的数学思维活动中，就会包含着一种"固定比值"的观点。而猜想圆的周长与什么有关，会产生起码两种结果，半径或者直径。圆周率是一个既定常数，确实无需再去为周长和半径的比值另起名称，但这不代表它们没有发现和研究的价值；不代表半径与圆周长没有关系。学生如果能够提出自己的猜想，通过探索，去发现周长和半径的关

63

系，相对于仅仅通过 C=πd 推导出 C=2πr，所生成的经验是不同的。而这些经验会使他们对半径、直径、周长之间的关系领悟更加深刻，在对圆面积的公式推导的中也会起到更大的帮助，形成滚动发展。学生并不仅仅是根据要求进行实验，而是尝试设计实验，使不同水平的学生在其中可以获得不同形式的不同程度的活动经验。

通过课题研究，我们要求教师，在教案与学案的设计中，特别是学生自主学习的活动，必须以问题为引领，必须将学生的主动思考置于学习活动之前。发自"你想如何"与"你该如何"的教育，其对学生在动机、能力、可持续发展上起到的作用是截然不同的。

（二）明确课堂教学遵循的基本原则

基于生命化教育的理念，要落实以学生主体地位为核心的课堂教学，让活动成为课堂教学的中心，让创新成为课堂教学的灵魂，让学生成为课堂教学的主人，需要遵循以下几个教学原则：

1. 主体性原则

在教学过程中，学生是学习的主体。学生的学习和发展，只有通过他们自己的实践活动才能实现。因此，教师要把学生作为真正的教育主体，以学生生动活泼主动发展为出发点和归宿。一切教育措施和条件都要为学生的全面发展与个性充分发挥而选择和设计。恩格斯说"就个别人来说，他的行动的一切动力，都一定要通过他的头脑，一定要转变为他的愿望和动机，才能使他行动起来。"坚持主体性原则，教师就要体现现代教育教学思想，变传授知识为既传授知识又培养能力：让学生从沉重的学习负担中解放出来，从而能抬起头来听课，挺起腰板走路，有较充足的想象与创造的空间。学生在学习活动的过程中，在教师的指导下，做到主动参与、全员参与，真正做学习的主人。学为主体就是要确认学生在教学过程中是认识的主体，是发展的主体。因此，教师不是奉送真理给学生，而是要把"发现真理"的主动权交还给学生，从而使学生得到智力、情感、意志、性格等方面的个体发展。教为主导不是以教师为中心，它是以确认学生的主体地位为前提的主导：学为主体也不是以单一的学生为中心，它是以发挥教师的主导作用为前提的主体，所以要处理好二者之间的辩证关系。要全方位地培养学生的思维能力，让学生在动脑思、动口说、动耳听、动手做的活动中增长智慧，提高思维水平，其中创新思维的培养训练是核心。只有思维训练到位，才能实现"导"与"学"的最佳结合。教师要善于依托教材，巧妙运用"内因启动法"，努力激发学生学习的"动情点"，捕捉"闪光点"，启发"醒悟点"，诱导"迁移点"，抓住"巩固点"，不断唤起学生的主体意识，充分发挥学生主动精神，注重培养学生的独立性主动性和创造性，使他们真正成为学习和发展的主人。

2. 创新性原则

课堂教学中要实施创新教育，就是要变传统教学为创新性教学，即教师在课堂中要锐意开拓，敢于冲破传统教学思维定势和教学模式的篱笆，用新颖的方式来处理问题，以达到培养学生创新思维和创新能力的目的。

(1) 在教学方法方面，教师要采用启发式、讨论式、竞赛式、辩论式等优化教法，不仅传授知识，还要让学生掌握知识创造的规律，教给学生发现、获取知识的方法、能力。

(2) 在精神方面，课堂教学要形成一种宽松的、民主的、和谐的气氛，给学生一定的自由度，让他们能主动自由地思考、想象、发问、选择甚至行动。教师对学生的创造性要善于引导鼓励；对学生的异常思维方式，他们的顽皮、任性要理解、宽容。

(3) 在物质方面，要加大投入，为学生们的创造性活动提供时间、空间和材料。为学生安排集体活动之外的自由活动的时间，让其生动活泼地去探索和创造。为学生提供学习情景，让学生去感悟体验知识的形成过程。

3. 发展性原则

现代心理学研究表明，学生是发展中的人，其生理、心理、知识、能力、经验都处于发展之中，处于不成熟、不完善的状态。每个学生无论他目前的状况如何，都存在着发展的潜能。教育的责任就是使学生的潜在可能性向现实可能性发展。这种发展，有两个方面的内容：一是认知水平的发展，二是人格的发展。也就是说，学生在获取知识的过程中既要学会学习，也要学会做人，二者相得益彰，和谐统一。创新教育是发展性教育，其宗旨就是不断开发学生的创新潜能，实现学生认知和个性的和谐发展。学生有一定的观察能力，他们能根据教学目标有计划、有选择地观察现象、动手实践、思考问题。从小到大，学生的独立思维能力越来越强，他们喜欢讨论、探究问题发生的来龙去脉，搞明白事物发展的前因后果。同时，尽管学生思维有较大的发展，但分析判断能力还不成熟，不能放任自流，因此还需要教师的有力指导。一般年级越低，教师的指导作用越强，年级越高教师的指导作用越弱。

4. 指导性原则

学法指导是培养学生学习能力的核心因素，学习方法的知识是学生知识体系中最重要的知识，是能力结构的重要组成部分。重视学法指导是"让学生学会学习"的前提和保证，第斯多惠说过："一个坏的教师奉送真理，一个好的教师则教人发现真理。"其实质就是"授人以鱼，不如授人以渔"。因此在课堂教学中，学法线贯穿始终，如教学中的学习目标展示、知识规律揭示、疑难问题提示、解题思路、方法、技巧等指导性内容和要素，构成一条明晰的学法线。随着知识网络的形成，学法指导也构成科学完整的体系，为学生发挥自己的聪明才智提供和创造必要的条件。

5. 探究性原则

在教学活动中，如果没有对问题的探究，就不可能有学生主动积极的参与，不可能有学生独立思考与相互之间思维的激烈碰撞而迸发出的智慧的火花，学生的思维能力也就得不到真正的磨砺与提高。叶圣陶说："教师教各种学科，其最终目的在于达到不需教，而学生能自为研索，自求解决。故教师之教，不在全盘授予，而在相机诱导。"他认为，真正的课堂应该是思维的王国。注重问题教学，使学生在自行探究过程中，在积极的思维中，进入思考和创造的王国。教学不应是简单的灌输，单一的传授，更重要的是教师的诱导，学生的自我探索，自我感悟。因此，探究性原则应当鼓励学生独立思考、积极探索，提出独到的见解，不唯书、不唯师，只唯实，敢于大胆质疑，敢于向权威挑战。同时，注重探究过程，不仅扩充个人的知识视野，而且形成探究的兴趣、创新性思考和自主探究学习的良好习惯。

6. 开放性原则

课堂教学不应是封闭的系统，教学设计也不应当是固定不变的框框。模式是相对的模式。现代课堂教学应具有开放博容的教学思想、科学新颖的教学设计、灵活创新的教学内容和务实高效的教学效果。为防止把千姿百态、丰富多彩的教学实践形式化，教学设计一定要有开放的思路，宏观的视野，不断更新、完善，以有利于创造性人才的培养。生命化课堂的教学过程应该是一个开放的教学空间。

(1)学生在课堂教学中的心态是自由的、不受压抑的。能把自由发展的空间还给学生，使他们的能力得到提高，个性和特长得到充分发展，学生得以自由和谐地、生动活泼地成长。因此课堂教学应注重激发学生多方面的思维，使其智力活动多样化、丰富化。

(2) 教学内容既不拘泥于教材，又不局限于教师的知识视野。在自然科学题目的设计上，求真务实的严密性、逻辑性。同时，放开思路，以原有知识作铺垫，达到举一反三的效果：在社会科学教学内容上，对客观事物的认识不唯一，思考问题的角度不唯一，思维的途径不唯一，答案不求唯一，有理有据，不唯结果，重在过程。

(3) 教师要重视对学生进行开放性的思维训练，不能轻率地否定学生的探索。教师在课堂上的诱思、提问、解决疑难反馈、解题思路、方法、技巧要注意超出狭隘的范围，应涵盖思维和认识加工的不同层次和水平。现代课堂教学不应只停留在传授基础知识的层面上，除了让学生知道"是什么"之外，还要注意引导学生思考"能够是什么"，也就是说不能把学生的思维限制在"唯一"的框框内，而是努力培养学生的发散思维和辐射思维。

(4) 教学过程要体现多种能力的综合训练。包括动眼观察、动耳倾听、动脑思考、动手操作、动笔书写等。

(5) 教学效果不能满足和局限于课本、教师、权威的所谓标准答案等。上海建平中学校长冯恩洪先生说"卓越不止一种表现形式"，也许就是对这种说法的最好诠释。

7. 民主性原则

心理学实验研究表明：在宽松自由的时空内，一个人的思维更活跃。一个人的创新精神只有在他感觉到"心理安全"和"心理自由"的条件下才能获得最大限度的表现和发展。所谓"心理安全"是指不需要有任何的戒备心，不担心别人会随时指责或批评自己，有一种安全感。如学生在回答问题时，不担心回答错了会遭到老师的批评、讽刺、挖苦。所谓"心理自由"是指学生在思考问题时不必有太多的思维定势、条条框框，能够比较自由地进行思维和表达。学生在自主探究主动学习的过程中，感到宽松、融洽、愉快、和谐、自由、坦然，没有任何形式的压抑和强制，在自由的学习环境中让思维驰骋，提出疑难假设，毫无顾忌地在小组讨论、集本研讨中发表自己的见解。也就是说，教学在于创设一种氛围，提供一种条件。现代课堂教学的民主性原则，强调教育教学过程中要形成有利于创新的民主氛围，如师生关系、教学环境、学生自由发展度等。德国学者戈特弗里德·海纳特指出："教师凡欲促进他的学生的创造力，就必须在他们班上倡导一种合作、社会一体的作风，这也有利于集体创新力的发挥。"现代课堂教学必须体现师生之间的民主、合作的和谐关系。首先，教师要热爱每一个学生，学生要尊重教师。其次，在课堂上教师与学生在人格地位上是平等的。教师要从学生的实际需要思考问题，与学生展开平等的思想与情感的交流，充分尊重学生与众不同的"胡思乱想"、标新立异的疑问或答案，切忌简单、粗暴否定、讽刺、挖苦，否则，会泯灭了学生创新的火花。第三，要彻底改变满堂灌、一言堂的弊病，尽量为每个学生提供活动和表现的机会，运用各种方法尽可能照顾学生在生理、能力和文化素质等方面的差异，确保课堂教学的平等、公正和民主。

8. 激励原则

激励原则包括两个方面的内容：成功激励和评价激励。

（1）成功激励。要帮助学生成功，体验成功，从已有的成功中获得激励，从而增强创新的动机、热情和信心，争取新的更大成功，这是现代课堂教学的动力因素。实施成功激励，需要注意以下五个方面：一是了解每一个学生的"优势智力"和兴趣爱好，实施因材施教和分层教学，使每一个学生都能"跳一跳摘到桃子"，尽可能创造让他们成功的机会；二是大处着眼，小处着手。从容易办到的地方入手循序渐进帮助学生实现创造性成功；认清自己的创造潜能，增强创新信心，发展创新意识；三是采取多种方式，强化学生对创造性成功的体验，增强其创造热情；四是注意培养学生的成就动机和自我效能感，发展其追求创新的心理品质；五是高度珍视学生每一个创造上的成功，不论这种成功多么微不足道。

（2）评价激励。对学生创新性学习的态度、方法、成果，坚持正面积极评价，多肯定、多鼓励、多表扬；对学生的批评改为指出其缺点、错误后，用指导性语言激励的方法，如"你如果以后再细心些那该多好啊"。这样不仅容易激活情绪，使学生进入兴奋状态，而且激励他们不断探索、不断创新。实施激励评价，要注意四个方面：一是教师评价学生的出发点和落脚点是寻找学生的成功和进步，发现其闪光点。二是评价要以学生个体表现为参照系，即强调每个学生在原有基础上进步。三是坚持表扬、鼓励，对学生的任何微小的进步和成功，都要细心发现，高度珍视并给予及时的鼓励。四是对学生的不足之处一要宽容，二要正确引导，促进其自我克服、自我矫正、自我完善。

9. 活动性原则

活动是儿童的天性，活动能最大限度地激发儿童的兴趣和动机，使他们在活动中生动活泼地发展。活动，即实际参与。教育家彼得·克来思说："学习的三大要素是接触，综合分析，实际参与。"把实际参与看成学习的最高水平，这是因为在活动中、在实际参与中学习知识，易于遇到新情况和新问题，这就是创新过程。陶行知先生说："行动生困难，困难生疑问，疑问生假设，假设生试念，试念生断悟，断悟生行动，以此演化无穷。"课堂教学中设计具有明显操作性的自主学习式的活动，多采用启发式、探究式、发现法和研究法，通过各种方式激发学生学习积极性和创新动机，使学生在活动中充分地动脑、动手、动耳、动目，以外显的活动促进内隐的认知感、能力的协调发展，让学生主动参与教学的全过程。学生在这种启发式、探究式的学习活动中优化了认知结构，促进陈述性向程序性知识的转换，学会了创造性解决问题的策略和能力，让学生学会发现、学会探究、学会创新，达到动智和动情的充分结合，从而达到"以活动促创新能力的发展"的目的。

（三）营造促进生命成长的教学环境

课堂不仅仅是空间的概念，也应该是一个情感的家园，一个享受的乐园，让师生有共同的归属感，体会到成功之喜，探究之乐。基于生命化教育的理念，我们对教学环境，从物质层面到精神层面做出了相应的改造：

1. 小组的建设

（1）加强与班主任、各学科的协调，使小组成员能够相对固定。小组成员的构成能够趋于合理，组间在进行自学与合作的能力上相对平衡。

（2）对小组成员制定明确的分工责任。除学习中在组长的组织下的合作分工外，还有每日固定的任务。如设立"首席发言人"与"首席评论员"，由组内4人依次轮流。每日的首席发言人负责小组学习成果的发布与介绍（其他成员可在其发言后再进行补充），首席评论员则负责对其它小组的发言进行评论。教学中，从赋予任务到建立责任，增加了学生的参与度，使组内、组间的交流由点到面，全面展开，使一些学习、交流能力较弱的学生不至于在合作中迷失。在激励性评价方面，多数以小组为单位进行，学生的精彩表现一方面来自集体的智慧，一方面又为集体争得荣誉，培养了合作热情与意愿。

2. 物质环境的改造

（1）桌椅的摆放

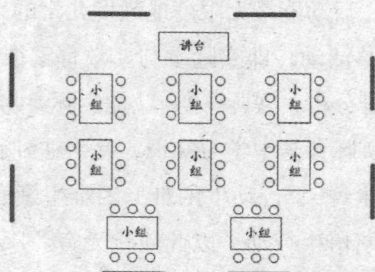

（2）小组白板的使用

每个小组配备一块小白板，作为小组讨论的平台之用。一块小小的白板并不是什么高精尖技术。但可以起到很高的聚焦作用。同时便于小组快速汇报和进行组间交流。以《乘法交换律》一课为例，通过重新制订教学目标：知道用枚举、图示、结合实际问题等方式分析说明乘法交换律；能够用简练的语言与字母符号的方式来表示乘法交换律；会使用乘法交换律进行"凑整"的简便计算；经历推理验证的过程，了解从特殊到一般、一般到特殊的逻辑推理方法。通过学案提出核心问题：我们已经学习了加法交换律，乘法中有没有交换律呢？如果觉得有，就先用自己的语言对乘法交换律的可能形式进行描述。采用列举、图示、结合实际问题（课本例题）或者其它你们想到的方式进行研究验证。学生在白板上进行假设、论证、交流，呈现出了与过去的课堂完全不同的主动性与创造力。

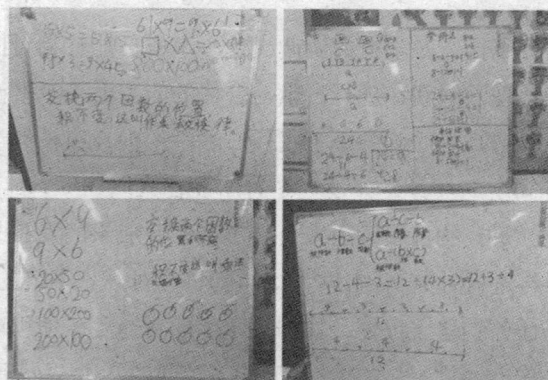

3. "自由与安全"情感的呵护

学生在课堂上常常体会到教师所体察不到的酸甜苦辣，他们稚嫩的心灵也常常受到侵犯和伤害。在课堂中"自由与安全的情感"常常是缺失的，通过研究我们发现：一是因为教学目标与要求过高或者过低于学生所能达成的水平。二是因为得到的表达与展现自我的机会过少，"边缘化"被忽略与对群体的不认同。三是因为一味的"求同"。因为求同，教师必须要做各种矫正，学生必须要做各种迎合。

因此，除了物质条件外，在课堂教学过程中，我们将打破求同、敢于求异，让学生在"自由与安全"的氛围下，心灵得到舒展，放在首要的位置，其是教师运用与调控程序中的首要考量，也是评价一节课的首要考量。

所谓"自由"是一种不受传统束缚，敢想、敢说、敢做，不屈从于权威的氛围；所谓"安全"是一种没有威胁、批评、强制矫正，不同意见、想法均能受到重视、尊重、赞扬与鼓励的氛围。

4. 介入时机的把握

在课堂的 40 分钟里，学生的情绪、注意力不可能始终保持在同一个状态，其中会有兴奋、愉悦，也会有消沉、疲倦。在教学活动中，教师对教学节奏的把握，特别是在学生自学和交流过程中，介入的时机，很大程度上会影响学生的学习情绪。良好的时机的把握能够使师生双方产生共鸣与振荡，共同沉浸在教学中。这当然需要教学的机智，需要教师具有的良好教学素养。但也并不是无迹可寻的，通过研究，我们初步总结了"三可三不"的原则。

三种情况教师可以适时介入：

（1）不明确学习任务，或者自学出现阻塞时；

（2）在概念或者规律的理解上出现错误时；

（3）在学生出现广泛争议并且无法互相说服时；

三种情况教师应注意不要过早介入，而是引导学生质疑、思考，自主完成：

（1）知识或者自学成果表述不清或不完整时；

（2）对知识、规律、方法的进行归纳时；

（3）在知识的应用中出现错误时；

三、学案导学，探索课堂教学的新模式

更新理念之后，需要有与之相符的切实抓手来开展实践。"学案导学"进入了我们的视野。我们将生命化课堂构建的方向确定在生命化教育理念下，基于"学案导学"的教学模式，通过对不同学段、不同学科、不同课型的研究，引导学生自主探究、合作学习，成为教学的主体、课堂的主人，以期达成一种能够充分释放生命活力的课堂状态。

（一）"学案导学"与其理论依据

1. "学案导学"的概念

"学案导学"是指以学案为载体，以导学为方法，教师的指导为主导，学生的自主学习为主体，师生共同合作完成教学任务的一种教学模式。这种教学模式试图改变过去老师单纯地讲，学生被动地听的课堂生态，体现教师的主导作用和学生的主体作用，使主导作用和主体作用和谐统一，发挥最大效益。这种教学模式一方面满足了学生思维发展的需要，另一方面又能满足他们自我意识发展的需要，对学生的自我发展和自我价值的体现有十分积极的作用。而教师则不仅仅是知识的传授者，更重要的任务是培养学生的自学能力、自学习惯，教会他们怎样学习、怎样思考，提高学生分析问题、解决问题的能力。

2. "学案导学"的理论依据

（1）人本主义思想。

提出以人为中心的教学观，置学生于教学主体地位，教师与学生共同分担学习责任，教师在学生的学习中扮演咨询者的角色；教师提供学习的资料，鼓励学生对教师的经验和书本知识进行补充，更正和创新。

（2）建构主义

建构主义也译作结构主义，其最早提出者可追溯至瑞士的皮亚杰。他认为，儿童是在与周围环境相互作用的过程中，逐步建构起关于外部世界的知识，从而使自身认知结构得到发展。儿童与环境的相互作用涉及两个基本过程："同化"与"顺应"。认知个体（儿童）就是通过同化与顺应这两种形式来达到与周围环境的平衡。儿童的认知结构就是通过同化与顺应过程逐步建构起来，并在"平衡—不平衡—新的平衡"的循环中得到不断地丰富、提高和发展。这就是皮亚杰关于建构主义的基本观点。

（3）"最近发展区"理论

上世纪 20、30 年代，维果茨基在从事教学与发展问题研究时，提出了"最近发展区"的概念，以区别"现有发展水平"。他指出："我们至少应该确定儿童发展的两个水平，如果不了解这两种水平，我们将不可能在每一个具体的情况下，在儿童发展进程与他受教学性之间找到正确的关系。"维果茨基将第一种水平称为"现有发展水平"，指一定的已经完成儿童发展周期的结果和由它而形成的心理机能的发展水平。第二种发展水平是"最近发展区"，意指儿童"正在形成、正在成熟和正在发展的过程"，其实质表现为，儿童在自己的这一发展阶段还不能独立，但可以在成人的帮助下做事。由此，维果茨基认为"教育学不应当以儿童发展的昨天，而应当以儿童发展的明天为方向。只有这样，教育学习才能在教学过程中激发那些目前尚处于最近发展区内的发展过程"。

（二）"学案导学"与生命化课堂

现代教育思想的核心是"以人为本"，教育本质是为了人的发展。"教学活动是以师生之间的情感交流为背景而展开的，教师的教学必须通过学生的积极配合方能取得良好效果。"教学是对学生生命的关怀，是为了激发学生生命的活力。学习是学生生命的奠基工程和生长过程，是学生由自然人变为社会人的过程。教师面对一个个充满生命活力的教育对象，应把学生的发展放在首位。

20世纪七十年代以来，由于人本主义心理学的影响和学科教育研究对象和方法的转变，自主学习引起了国际社会的高度重视，欧美国家一些学校在其影响下，开始进行改革，主张学习者应具有对自己学习活动的支配权和控制权，以民主、协商、合作的方式进行学习，学习内容应符合学习者自身的需要，强调以学习者为中心的教学方法，教学活动应促进学习者认知的发展。在国内，同样基于"以学习者为中心"的理论，以"学案导学"为内容的教学研究不断面世，这些研究都十分重视学生的自主学习和教师的组织、引导作用，在"以学定教"方面做出了可贵的探索，取得了较好效果。但这些研究，还不够系统和深入，主要涉及学案的编写与使用，但很少研究到运用学案后教师在课堂中又该如何实施课堂教学这个问题。而且，这些研究内容的对象大都是初中以上，很少涉及小学生方面的研究。一部分学案导学的研究陷入到"就着学案来教"的状况，没有真正脱离教师讲、学生学的固有模式。

"学案导学"模式与生命化教育的基本理念是相契合的，虽然以"学案导学"来进行课堂教学的实践，未必能完整、直接地达成生命化理念下课堂教学的全部要求。但作为一个研究的载体，是具备可行性的。

（三）研究的内容、思路、方法

1.研究的内容

（1）"学案导学"对构建生命化课堂的作用研究。对"学案导学"在构建生命化课堂中的作用进行理论研究、调研与观测。

（2）学案编写的探索。就学案的意义、作用，组成的要素、编写原则进行讨论交流。

（3）教学组织和实施的实践研究。在使用学案导学的过程中转变原有的教学观，构建符合生命化教育理念的课堂形态。

2. 研究的思路

研究思路为：调研—分析—设计—实验—总结—再设计—再实验—总结—推广。

（1）调查研究，发现问题。通过对学习理论的比较研究，开展大范围的学习现状调查，发现制约学生自主学习的各种关键因素。

（2）理论研究，设计方案。通过对调查结果的分析，对问题进行全面分析，寻找解决的可能方法，然后设计实施方案。

（3）设计学案，开展实验。组织学习如何设计编写学案，包括学案编写的基本原则、包含要素、具体内容等，设计出一系列学案初稿，进行第一轮教学实验与研讨。

（4）不断改进，完善学案。根据第一轮教学实验的问题，修正、调整、完善学案之后，进一步开展实验。

（5）研究提炼，教学策略。根据小学数学各课型的特点，摸索一系列适合"学案"的教学组织与实施策略。

（6）理论总结，进行推广。对实验进行理论研究和归纳分析，提出本课题的结论，面向全体学生、促进学生素质全面发展，然后进行推广。

3. 研究方法

主要采用行动研究法、案例研究法等，通过分析学生学情，制定研究方案，并在实践研究中不断地进行反思，调整研究的实践措施，逐步实现本课题的研究目标。

(1) 调查研究法。发放问卷、采集数据、走访座谈等。

(2) 行动研究法。本课题将对设计的学案进行教学实验。实验教师按照预先设定的学案，立足课堂，开展实践研究，对教师及学生参与课题实验的行为过程进行跟踪、观察、调查、分析。其要旨是反思。

（3）案例研究法。记录课题研究过程中典型案例，进行分析、反思，并针对多个典型活动案例的具体分析作比较，从中发现或寻找规律性的特征和原则

（四）学案导学教学模式的探索

在课题研究的初始阶段，我们就以学案为载体，进行了变"教"为"学"，变"讲堂"为"学堂"的实践探索：

1. 构建学案初步框架

经过一系列的研究与改进，我们对学案的意义与功能有了更进一步的认知，初步认为学案应该具备：激活已有经验、指引学习路径、经历探究过程、练习拓展检测四个基本功能。据此，将学案的基本框架设置为 8 个模块，即：

（1）学习目标。

（2）学习重难点。

（3）知识链接：根据本课所学的知识，设计一些问题，帮助学生回忆相关的知识或链接相关知识，有助于学生积累自主探究的资本。

（4）自主探究：以问题为载体，结合教学过程，为学生的自主探究提供学习材料。内容设计时应关注探究过程的四要素：获取基本的知识，体会数学思想方法，感悟数学的思维方式，积累数学活动经验。

（5）基本练习：包括尝试练习和巩固练习。结合本课的学习任务，参照教材中的练习，选择有代表性的题型，达到巩固的目的。

（6）拓展延伸：此环节是举一反三、触类旁通的知识迁移、发展学习的过程，要分层设置，分层要求，使之具有层次性、综合性、启发性、和创造性，既能巩固知识又能拓展运用。

（7）当堂检测：需根据本节课的学习重难点，设计有一定梯度的检测题，检查学生课堂学习的情况，便于教师和学生查缺补漏。

（8）问题反馈：还存在什么问题不明白，在学习过程中遇到了什么困难。以此作为教师进行二次备课的依据。

2. 学案的设计与修正

根据上述框架组织课题组教师对三至六年级的教材进行学案设计。组织交流与反馈，然后投入使用。在实践过程中，出现并解决了几个问题：

（1）在学习目标的设计上，不论是描述的方式与呈现的内容，都应与教学目标相区别。某些情况下，学生在使用学案时或者不看学习目标，或者看了学习目标，但因为根本还未开始本课的学习，所以对学习目标不知所云。如"经历除数是整十数的笔算过程，初步掌握用口算法试商的方法，正确进行有关的笔算。"作为阅读学案时的第一句文本，学生难以完全理解，对接下来的学习也并无太大意义。

也有老师反映，某些时候学习目标会提前暴露了一些东西，反而降低了学生学习的兴趣，有些"机灵"的学生试图直取结果，跳过了探究和验证的一些过程。

　　另外，在学案使用的时间点上，原本采用的是在课前预先发给学生展开自学的方式，后有所调整。调整过后，对于学生而言，"学什么"，常常是通过教师创设的情境，设置的问题，以及逐步的探究中加以明确的。学习目标这一模块的功能不明显，但作为研究的素材与成果，其又是文本中所必须存在的一环。因此，一方面我们在编写学案的框架中保留了"学习目标"这一模块，删去了与其基本同质的"重难点"这一模块；另一方面，在交给学生的学案中，允许教师根据实际情况选择不出现。

　　（2）在学案编写时，就有教师提出，基本练习这一模块，与教材中的习题是重叠的，可直接使用，如果重新罗织，则有浪费时间与资源之嫌。而且，当堂检测的题目往往又和基本练习相类似。在实践中，不同的教学内容展开时，练习出现时机也不尽相同。练习题上，教师需有所准备，但未必需要以固定形式出现在学案里。因此，我们删去了基本练习这一模块。

　　另外，问题反馈这一模块也被删去，在实践中，我们发现有过半的学生不知如何填写，让小学生对自学和合作过程中出现的问题加以总结并形成文字，确实有些勉为其难了。

　　（3）最大的问题出现在自主探究模块。这一模块本身就是学案设计的重中之重，同时也是最有难度的一环。在工作伊始，有的学案中的自主探究模块简直就是课本内容的翻版。同时，教师的观念还未完全转变，设计的出发点还是从自身的教来思考。经过实践与反思，我们根据不同课型，总结出了三种自主探究模块的结构形式：

　　核心问题式——采用开放的情境，抛出核心问题，再辅以充分素材与学习资源。例如《求不规则物体体积》一课，围绕"如何选择和利用合适实验工具测量物体的体积？"展开探究。又比如《位置》一课，提供不包含坐标与方向的方格图，并提出："假设你位于 A 点，而小明位于 B 点，你能否用简洁的语言告诉小明你所处的位置？"这一问题，引发学生诸多方法，再加以梳理总结。此形式较适合于要求学生通过自己再发现知识形成的步骤，以获取知识的发现式探究学习。

　　问题串式——采用阶梯状的问题串，引导学生逐层深入探究。以《圆的面积》为例：知识链接模块提出 2 个问题："请用一句话来表述什么是面积？你还记得如何用割补的方法推导出平行四边形的面积吗？"自主探究模块提出 3 个问题："你觉得圆可以割补成我们已经学过的图形吗？如果你觉得可以，想割补成什么图形？如果你觉得不可以，请说明理由。观察一系列圆的割补图，你发现了什么规律？"

问题串的结构形式，较适合应用于公式推导、解决问题、计算教学中算法的总结等。

质疑反思式——先通过自学课本或适当讲解等的方式让学生对知识有个初步的了解，再通过学习过程中的"纠错、反思、总结、提升"螺旋上升的多次循环，完成知识建构。以《倒数》一课为例：自学课本中倒数的概念，包含"分子分母交换位置"和"乘积是1"。学生觉得而很容易理解，但需通过三个问题进行质疑和反思：质疑1：分子分母交换位置是不是乘积就一定是1。质疑2：之所以叫做倒数，正是因为它的分数形式有分子分母倒置这一特征，可定义时却不以此为标准？质疑3：找一个数的倒数用"分子分母倒置"还是"用乘积是1"？

质疑反思的结构形式，较适合应用于一些"看似简单"的概念教学，以及一部分计算教学的算理和算法的梳理。

3. 相关配套的开发与使用

在实践中，学生自学的一些发现按要求记录于学案中，但在讨论过程中出现争议或者形成新的结论，需要以小组为单位的过程记载。因此，我们在一些课例中，增加设计了《小组活动记录单》，如阶段后期推出的公开课《植树问题》就采用学案＋小组活动记录单的形式。（附录1）

4. 教学的组织

在组织学案编写的同时，我们展开了操作层面的研究，初步制定了《学案操作模式》：上课的前一天将"学案"发到学生手上，要求其进行课前自学（知识回顾、自主探究、自学课本）。上课前，老师将部分学生的学案收齐进行批阅，并进行针对性"二备"。上课时，围绕学案展开教学（主要在于小组交流与汇报）。

下课前，学案基本要完成到"当堂检测"板块，立即收回，批阅。

以此形式组织教学，出现了以下问题：学生在课前独立完成学案遇到了不少困难，并且很难寻得帮助，同时，教师也完全无法监控学生的自学过程。学案的篇幅有限，如果在课前使用，教师很难提供太多素材与配套资源，这又增加了学案编写时的难度。

另外，授课环节出现了两种不好的情况：一是教师如同讲评练习一般，就着学案开始讲授，相比过去的教学方式，反而更多地照着原定方案实施教学，开了倒车；二是过度依赖小组汇报，在学生面临困难时或者强势地介入恢复成完全接受式的模式，或者游离于学生的学习之外，期待学生能够"自行"解决问题。

因此，我们不再要求学案在课前下发并完成，并初步建立起了以学案为载体的一般情况下的课堂教学组织形式：

（1）自主探究。通过知识链接与导学问题的设计，辅以相关情境或相关资源，引导学生对新知识做初步的探索。（包含引入环节约10分钟）

（2）组内交流。教师提出明确的合作任务或讨论重点，学生展开组内交流。（约10分钟）

（3）汇报点拨。对汇报过程做出规范，教师引导点拨与评价穿插其中，帮助学生完成知识的建构。（约10分钟）

（4）检测练习。先检测，后练习。检测难度统一，练习分层设计的方式。（各为5分钟，共10分钟）

以上1、2、3环节根据学习内容的不同，作用时间可进行调整，但原则上必须保留10分钟检测与练习时间。

四、实现转变，打造焕发生命活力的课堂

华东师范大学教授周斌曾说过："真正焕发生命活力的课堂，并不是教师个人的精彩课堂，也不是学生个人习得学科知识的课堂，而是教师与学生借助课堂教学这一活动与平台，在教师的精彩教学中，在学生的学科知识的习得过程中，体会人与人之间的情感共鸣与知识共享的乐趣的课堂。"而要焕发课堂的生命活力，需要实现由教向学的转变，由被动接受向主动体验转变，由封闭向开放转变：

（一）课堂从教向学转变

1. 以教为中心的课堂

教与学，是贯穿于整个教学过程中的最基本的一对关系。在传统的教学中，以教师的教为中心，学围绕着教转。教师是知识的占有者，是课堂的主宰者。所谓的教学就是教师将知识传授给学生。教学关系成为我讲你听，我问你答，我写你抄，我给你收。教代替了学，学生是被教会的，而不是自己学会的，更不用说会学了。以《三角形的高》一课为例：

老师一：开始上课了，老师创设情境了：有一个三角形的房子，我们都知

道长颈鹿个子很高，那么它待在哪里最舒服呢，请同学们指出来？学生七嘴八舌，都说的不是老师想要的答案，于是老师只好自问自答，开始给三角形的高下定义了。学生是一脸的无奈和困惑。有的老师说数学来源于生活，其实这是典型的脱离生活，因为为了自己的需要，虚构了这样的场景。

老师二：今天我们来学习三角形的高，请大家拿出纸和笔。先画线段 BC，在 BC 上找出一点 D，通过 D 作垂线段，在垂线段上选点 A，连接 AB、AC，则 AD 就是三角形 ABC 的高。哪怕从讲授的角度上来看，老师讲清楚了吗？三角形的高是这么来的吗，是这样定义的吗？高就这一条吗？概念都是我们老师抽象出来的，都喜欢在一个具体情境中抽象出概念，然后让学生辨析记忆概念，然后在利用概念去解题。

这样教学，毛病多了，学生就不知道过 B 的高，过 C 的高呢。教师的思维单一了，学生也就会形成单一的认识，学生只认为高只有一个，下次进行中角平分线教学的时候，学生很容易画出过 A 点的中线和角平分线。学生是一个容器，今天告诉你高，明天告诉你中线，后天再告诉你角平分线，你都装进去了，这只是知识的累积，能力根本没有。老师变成了搬运工，把知识搬来搬云。

2. 以学为中心的课堂

建构主义学习理论认为，学习是学生自主建构知识意义的活动。学习不是教师向学生传递信息、学习者被动地吸收的过程，而是学习者在现有的知识经验和信念基础上对新信息进行主动选择加工、从而构建新知识意义的过程。学习是一种创造性的认识和实践活动，学生是教学活动的主体。同样以一节概念课《小数的意义》为例：

学习任务一"自主学习"

请同学拿出学案，先独立完成，再小组核对，讨论，小组汇报。教师引导：把 1 米平均分成 10 份，1 份可以有哪三种方式来表示？

以分米为单位是？用分数表示是？用小数表示是？

把 1 米平均分成 10 份，3 份怎么表示？7 份怎么表示？

谁还能找出其它的小数？

这些小数都是 1 位小数，他们有什么共同特点？

小组讨论，汇报梳理出：一位小数，表示几个的十分之一，计数单位是十分之一，写作 0.1。

学习任务二"尝试探究"

师：刚才我们通过一米长的线段来研究了一位小数。如果是一个正方形，你觉得 0.01 要怎么表示。

在组内个人单独汇报，引导学生说明理由。质疑争论，得出"平均分成100 份"每份用分数表示是？用小数表示就是 0.01。

师引导：如果让你涂出 0.04，你会涂吗？涂的方式不一样，但是都是涂了几格？也就是几个几？涂出 0.12 呢？谁会说 0.12 表示（　　）个（　　）。

谁还能出个数字考考大家？

学生归纳总结出：两位小数，表示几个的百分之一，计数单位是百分之一，写作 0.01。

学习任务三"知识迁移"

教师指着刚才板书的内容，一位小数，两位小数，三位小数呢？为什么是千分之一？引导出：相邻两个计数单位的进率是 10。同学们太棒了，能不能用一句话概括总结以上我们得到的结论。

评析：小数的意义是一节概念课，导学案将本课的学习分解为三个任务，学生先通过交流归纳出一位小数的意义。再将探究的方式拓展到正方形，针对两位小数的意义展开自主探究。最后再通过迁移类推，得出小数的意义。教师不再是知识的直接提供者，而是一个"协助者"，通过学案为学生搭建了学习的支架，制造认知冲突，以引导、支持、帮助学生通过自主活动区组合、批判和澄清新旧知识的差异，进而建构起自己新的认知结构，使学生成为学习的主体。

（二）学生从接受向体验转变

生命化教育理念下的课堂教学过程应该是学生生命体验的过程，学生在体验中不断获得发展自己的动力。从教育心理学角度来看，体验是指学生以认知为基础，以教学内容为中介，通过亲身经历或在特定教育情境中的内心反省、内在反应或内在感受，获得对教学内容的新的理解的过程。体验有认知成分，但不是一种单一的认知活动，而是一种理解活动，一种个体生命的整体运动。

1. 传统的以接受为主的课堂

在原有的课堂中，甚至在刚开始以学案导学为载体进行生命化课堂的构建过程中，课堂教学中"替代思维"的现象非常普遍。学生基础性资源匮乏（老师替，学生替，组长替，相互替）。看似公平的课堂，其实是真正的不公平。小组讨论若题目简单就变成了对对答案，小组讨论若题目有点难度，就变成了不会的同学抄抄答案，小组讨论若遇到开放性的题目，就变成了凑凑答案，最后得到锻炼的不是小组长就是好学生。而我们一些老师的课堂,用的语言大都是这样：现在打开书（拿出学案）自主学习一下,现在请同学们小组合作讨论一下,现在请分组展示一下。这三句话,甚至可以用录音机录下来,到时候在规定时间让学生放一下就可以了。导学案不能变成练习纸。课堂的改变不是仅仅是形式,不是用了某种模式就可以称之为新形态的课堂、生命化的课堂。课堂教学要使学生从被动地接受转向主动地体验。体验是指以学生认知为基础,以教学内容为中介,通过亲身经历或在特定教育情境中的内心反省、内在反应或内在感受,获得对教学内容的新的理解的过程。

2. 以体验为主的课堂

认知过程必须融入生命体验,同时知识经由体验才能获得生命的意义。因为"知识本身并不具有生命价值,只有当学习知识的人理解了知识的意义,有了深切的体验,那么知识才能变成更多的、长久的、终身受益的东西,这就是学生内在的情感、态度和人格"。以《植树问题》一课为例：

创设情境：

师：最近我们学校正好要植树来美化环境,想不想成为小小设计师,帮我们设计一下呢？我们一起来读读具体的设计要求：学校有一条30米长的小路,计划在小路的一边植树,每隔（　）米栽一株。需要多少棵树？

尝试探究：

学生选择一种植树方案,及自己设计的间隔长度,列式计算所需树的棵数,填入学案。并向老师领取相应的"树苗",贴在学案的设计图上。

植树验证

小组成员汇报自己的植树方案及棵数的计算方法。出现争议的,通过在设计图上"植树",进行验证。汇总3种方案的棵数算法,填入学案。

汇报交流：

教师在学生汇报中追问诸如："30除以5得到的6代表什么？是6棵树吗？6个间隔在哪里？为什么要加1棵？为什么这里要减1棵"帮助学生对知识进行批判与澄清,正确地抽象出模型。

评析：在设计上,教师对原有的教材做出了一些调整,整个绿化设计是完全开放的,学生设计的间隔、棵数、栽法不尽相同,虽然这样设计在教学中会出现一些不可预见的情况,但能够使学生更完整地体验"植树"这一实践活动。学生"设计、计算后领取相应的树苗粘贴"真正地体验"植树"的过程,当计算出的树苗在实际"种植"后,与原有的想法出现差异时,学生就能够主动思考，主动探索，完整地经历猜想、实验、推理等数学探索的过程，并从中提取出隐藏在不同设计中的相同的规律。

3. 替代性经验的补偿

虽然我们反对教师的思维代替学生的思维，但也并不是要把某个知识形成的全过程都让学生"体验"一遍。很多时候，经历了活动，并不等于获得了经验。特别是一些学生较难独立完成或者学案上较难体现操作过程的问题上，教师未必一定追求由学生"自主"完成。可以提供示范性的操作，对学生经验的获取也是一种有效的补偿。

戴尔的"经验之塔"理论指出：观察的经验作为"替代性经验"可以弥补、替代直接经验的不足。数学学习中，有时候并不需要也不可能事事都让学生"亲力亲为"。由教师提供直观可视化的材料，学生对此进行观察、思考也可以获得替代性的经验。以《三角形的面积公式》一课为例：

初始学案规划的活动路径是：1、剪2个完全相同的三角形。2、试着拼一拼，能够拼成什么我们学过的图形？3、拼成的图形和三角形有什么关系？

修改后的学案的活动路径是：1、观察图1，长方形的面积是三角形的（　）倍。线段 a 是长方形的（　），是三角形的（　）。线段 b 是长方形的（　），是三角形的（　）。2、图2里平行四边形和三角形有什么关系？3、画一画，将图3的三角形转化为平行四边形。4、这三组图形关系中有什么不同的地方，有什么相同的地方？

图1　　　　　　　图2　　　　　　　图3

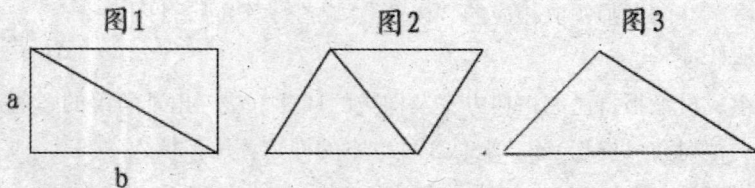

修改的目的与达成的优化：

三角形面积公式推导，如果在开始就完全放手让学生去想象去探究，在"割补法"的原初经验上，学生很难想到用"两个完全一样的三角形来拼摆"的方法。而在这里，拼摆法也确实比割补更容易理解。因此，本课中教师对活动的路径和范围有所规划是必要的。

平行四边形的面积公式推导中，学生可以通过操作活动，生成"割——形状改变，补——面积不变、长度不变"这样的经验，从而感知到平行四边形与长方形之间的联系。但三角形面积公式的推导与之不同，学生在动手拼摆的活动中，形成的多是操作的经验，至于三角形面积与平行四边形的关系，更多的是要通过观察和思考。

初始学案中，规划的路线看似逐层递进，但实际操作时，在步骤二，学生有可能想不出、拼不成。加之学案"先学"的特点，教师只能在后面"导"的环节进行补偿，学生在自学时获得的直接经验可能近乎于零。在修改后的学案中，学生的数学活动路线重新规划为观察——思考——操作：用观察来替代单纯的操作，从较易观察的长方形与直角三角形入手，再拓展到一般的锐角三角形，最后再进行操作。此时的操作，不再仅是直观的拼摆，而是带着前期观察和思考经验的进一步探究活动。另外，用画的，自然就需要涉及"底"和"高"，可在操作的同时触及本课的核心问题。

课程中所包含的知识，只有与学生的体验相融合，才是真正的活的知识，才是真正有意义的。当知识进入个体的经验，成为经验的一部分时，知识才在个体的生活中是生生不息的、活的知识是生活的知识，即生活的智慧。我们通过生命化教育理念所构建的课堂，应该关注学生在教学中的体验，促使他们理性与感性的和谐发展是生命化课堂教学的根本目的。并且，体验还消融了课堂教学中教师和学生主客体的两极对立。互相沟通、彼此理解，使课堂真正成为师生生命成长的乐园。

（三）问题从封闭向开放转变

1. 封闭的或者假开放的问题

过去的教学中，教师设计的问题往往是比较封闭的，在以生命化教育作为学校特色理念之后，教师的相应观念与行为有了一定的转变，但在问题的封闭性上，仍存在许多不尽如人意的地方，以《喜爱音乐的白鲸》一课为例：

师：课文中描述了哪些人分别用什么方式救白鲸的？请大家仔细阅读，然后回答老师提出的这个问题。

不到一分钟，学生都放下了课本。看出学生事先都预习过了，否则不会那么快，还有一种情况就是学生只找到一个答案，没有去找更多的答案。

师：你请说。

生一：政府，飞机巡视、派破冰船打通航道。

师：你来说。

生二：村民，用工具，太寒冷，效果不好。

师：还有吗？

生三：猎人，最先发现，报信。

师：还有没有？

生四：船员，放音乐。

教师板书：　　人们 方式

　　　　　　猎人 报信（最先发现）

　　　　　　村民 用工具（太寒冷、效果不好）

　　　　　　政府 飞机巡视 破冰船

　　　　　　船员 放音乐（引领白鲸）

教师的板书并不与学生回答的同步进行，等到学生"回答到一定程度"或者说到了符合教师所预设的"条理"的时候，教师开始了条理清晰的，让学生"一目了然"，甚至能够"举一反三"的板书。教师为什么这样板书，其实我们的老师平常都是这样板书的，因为我们评价的标准是条理清晰，逻辑严密。这就是假的开放，不能真正促进学生发展。学生的思维水平就在那里，我们为什么要拔高，要那么的有逻辑，有条理。学生的思考不完整，老师就逼着去完整。课堂教学混乱都是教师随机随意造成的，但老师调整板书，就是为了不乱，非要把学生单一的思维、简单的思维变成教师自己复杂的、有条理的。

原因很简单，教师的行为受习惯的束缚，行为背后的观念就是要找到老师所需要的答案，也就是说我们的老师是为找到标准答案而教的，根本不是为学生而教的。因此，老师的认识要改变，不能为答案而教学，单一、混乱到齐全、完整、有条理，可以让学生自己完成。上述案例可以改变为：请同学们拿起铅笔（工具），仔细阅读课本（方法），找到一个结论就用一个序号标注出来，看谁找的多。这既讲明了手段又讲明了方法、目的。教师可以巡视指导，发现学生在阅读过程中，找答案可能出现的问题，比如，把政府漏掉了，学生考虑政府不属于人的范畴。老师的思维和学生的思维可以发生碰撞，因为政府是靠人去管理和执行的，也可以把它算做人。

2. 开放式的问题

以《三角形的分类》一课为例：本课的教学，教师往往提供了若干三角形给学生，让他们"根据角或者边的特征进行分类"。学生活动得不亦乐乎，似乎很开放。然而学生分类的素材，是教师经过"精心挑选的"、"具有代表性的"，不论是以边的特征为分类标准还是以角的特征为分类标准，各种类型齐全且尽量不重复。再加上教师提出了明确的分类标准，学生操作起来似乎相当容易，教师再提出所谓"锐角、直角、钝角三角形"，水到渠成。

　　在我们的导学课堂上,《三角形的分类》一课是这样进行教学的:

　　课前由学生自己去剪三角形,每个人剪2、3个,可以是自己喜欢的,或者觉得比较特别的。每个小组都将剪好的三角形全部贴在小组的白板上。

　　师:看着这么些三角形摆在一起,你们想不想做点什么研究呢?

　　师:这些三角形,都一样么?完全都不一样么?

　　师:把相同特点的放在一起,这种研究方法我们称作什么呢?

　　师:分类肯定要按照一定的标准,请看下列的学习要求:

　　观察三角形,确定分类的标准,并按照这个标准进行分类。如果组内提出了不同的标准,可以逐一进行,保留意见。

　　分类的时候边核对,是否符合你们分类的标准。

　　分类完后,讨论:如何用简练的语言描述你们所分的类型?可写在白板上。(注意组内成员互相补充)

　　学生出现了以下几种情况:

　　前期剪的三角形的种类不够完全,缺少某一类三角形

　　分类不充分(只分两类,比如直角一类,其它一类的)

　　分类错误(分了三类,但有钝角的混在锐角或直角里面)

　　分类过多(除了按钝角、直角、锐角分,还按照等角进行分类的)

　　小组汇报:按什么标准?分几类?简练描述你们所分的类型。

　　在出现"等角"的这种分类的时候,教师引导同学质疑。得出:这些三角形也可以归为前面那三类中。当然,它们确实有自己的特别之处,数学家们在研究的时候和你们一样,也发现了这点,为了避免混淆,从"边"的方面来研究。

　　教师再次质疑:还有没有别的可能?会不会有我们没想到的,没剪出来的三角形,不属于这三类的?比如会不会有2个直角的?学生质疑、讨论。得出结论,就只有这三种类型。

　　教师再次质疑:会不会有一个三角形,同时属于2个类型?比如既是钝角三角形、又是直角三角形?如果用一个圆圈来表示所有的三角形,那么其中可以分成几个部分?这几部分互不相同。我们用这样一个图,来表示(出示维恩图)。

　　刚才有同学发现了一些特殊的三角形,我们一起来研究一下,他们特殊在哪?当学生提出等边、等腰、或者等角等词语的时候,引导他们进行测量(或者对折)。

　　腰?是什么意思?你们的三角形中,有没有等腰三角形?

学生质疑、讨论、举例。

我们发现了等腰三角形这种特殊的三角形，它有两条相等的边，还有没有更特殊的呢？

学生：三条边都相等。

师：这样的三角形，我们把它叫做"等边三角形"你们手中有等边三角形吗？（介绍你一下你是怎么想的）等边三角形的三个角有什么特点？它一定是锐角三角形吗？……

评析：在这节课中，学生不再是借助教师提供的，经过挑选的三角形进行分类，而是用自己剪出的三角形进行分类，虽然会出现"缺少某一类"的情况（学生没剪出某一种，恰恰说明他对这种三角形的生活经验和感知较少），通过小组合作，组间交流，他们对自己缺少的那一类三角形恰恰有更强烈的感知。另外,分类的标准也不是由教师制定的,学生分类的方法五花八门，再通过质疑、交流进行梳理，除了掌握本课的知识外，学生更进一步掌握的分类的思想方法。

（四）整体变化

进行生命化课堂的构建研究以来，课堂教学结构在质上得到了改善。教师"一言堂"、"满堂灌"的弊病被修正了，代之以学生自主学习，畅所欲言，教学面貌焕然一新。从学生参与状态看，学生学习积极性高，课堂气氛活跃。从学生参与广度看，人人参与学习，没有被遗忘的角落。从学生参与方式看，有独立学习，有同桌相议，有小组探究，有全班讨论，符合学生的年龄特点和心理需要。学生学习的时间和空间在量上得到了保证。课堂真正回归主体。学生能自己学会的，教师绝不越俎代庖，"学案"实施中，每一个需要学生动眼、动脑、动手、动口的环节，教师都千方百计调动全体学生参与，尽量避免被少数几个人包揽。

以教师为主导学生为主体的课堂模式得以建立。提高了教学效率，使每位学生学有所得，不断感受成功，学习兴趣大大提高。由于优化了课堂教学结构，学生积极参与，学生每节课所学知识当堂掌握的程度大大提高，教学质量得到了保证。

学生良好的学习品质逐步养成,被动的"要我学"转到"我要学"上来了。自学能力、操作能力、思维能力、合作精神等得到了不同程度的发展。通过实践和创新，不但能把基础知识掌握的牢靠灵活，还能在此基础上进行一定的深化和提高。

启示：特色课堂的共性与个性的统一

在特色理念下创新课堂教学的道路上，我们且行且思，曾经最为困扰我们的问题就是：所谓"特色课堂"与"其它类型的优质课堂"的区别是什么？其本质就是辩证法中的普遍性与特殊性，即共性与个性的统一。在学校特色课堂的创建中，这是一个不可规避的问题。

经过实践探索，我们认为，所谓"特色课堂"是在遵循"以学生为主体，以学习的需要确定教学的内容和方法"这一共性的前提下的通过教师、学生富有学校文化特色的群体化个性来实现的，而这一实现并不绝对依赖某种教学模式，而是来自于两个层面的推进：1、学校特色文化的逐渐形成；2、教师专业素养的不断提高：

如果特色学校的创建只是自上而下的行政行为，而不是采取一种在主体中蔓延浸润内化的形式，又或者这种内化还没在师生群体中逐渐完成。那么所构建出的"特色课堂"就是主观臆造出的某种"标签"，哪怕在某节课上实现的教学效果足够好，却也只能呈现出优质的共性，而不能称之为"特色课堂"，这也是在特色学校创建初期，会产生前述困惑的原因。

另外，教师作为一个综合的、生动的生命体，其成长经历、家庭背景、性别特征、身体状况、现场情绪、个性倾向、学术偏好、情趣爱好、价值取向等等，无不对课堂教学产生影响，可以说，任何一位教师的课都带有鲜明的教师个人特征，每一节课都在教师教学风格背景下呈现动态的个性特征。学校的"特色课堂"也不仅仅是某些教师的"特色课"。我们所说的个性，不是某一个教师或者学生的单独的个性，而是浸润在学校特色文化下的一种群体化的个性。当然，仅有个性也未必能成事，教师的专业素养如果落后于其理念，比如拥有民主的意识，能够耐心地倾听学生的发言，却缺乏抓住其中关键问题加以引导的能力，一样难以实现课堂上师生有效的对话与互动。

因此，特色课堂的创建，是课堂教学的基本原理、教师的专业发展等共性与学校特色文化下师生群体之个性这二者的有效融合与统一。

第四章　开发校本课程　特色学校建设的主渠道

　　有着什么样的教育理念就会有什么样的教育课程。课程是体现学校办学理念和办学特色的主要渠道。我们不断地挖掘了"生命化"教育理念的内涵,在"让绿意点亮生命"的特色办学理念的指引下，整合学校各方面的资源，逐步形成以培养学生"珍爱生命，个性飞扬，生命充满自由和灵动"为课程目标的"多元校本课程体系"。多种课程项目的实施，大大地激发了学生的学习兴趣，丰富了学生的视野，也激发了学生的创新发展能力。

一、追根溯源，开发绿色生命化课程势在必行

（一）新课程改革的指引

　　当今，校本课程的开发已成为各地、各校基础教育改革的重要内容，是新一轮基础教育改革的特色之一。《国家基础教育课程改革指导纲要》指出："建立国家、地方和学校的课程三级管理模式"，使学校真正拥有了对课程的选择余地，因此，此课题的确立将弥补单一国家课程设置的不足，满足学校和学生的具体需要，以开阔学生的眼界和思路，提高他们学习的兴趣，凸显学校办学特色，促进学生个性健康、多元化发展。

（二）学校特色办学的支撑

　　我校于地处厦门老城区，是一所有着八十几年历史的老校，其建筑地是明朝时期古厦门城的北门。学校周围矗立着的百年古榕，是园南八十几年的历史见证，已经自然地成为园南的象征，是一张独特的校园名片。古榕博大的浓荫和奋发向上的特性启发我们思考榕树的精神，我们梳理榕树的生态特征、挖掘榕树文化内涵，寻找其中的精神性启迪，并将之融入到教育教学的全过程。根

据学校自身的特点，确定了"让绿意点亮生命"的特色办学理念。课程是体现学校办学理念和办学特色的重要载体。基于这一办学理念，校本课程的开发与实施是基础教育课程改革的一个亮点，也是打造特色学校品牌新的生长点。因此，我们确立了"生命化教育理念下校本课程开发与实施"，使其成为学校文化建设的重要环节。

二、理念指引，构建绿色生命化课程体系

生命化教育致力于学生生命的发展，生命化教育主张体验的课程观。校本课程的设计应从关注知识到关注生命，课程设计凸显生命的自由、创造和灵动，以生命为核心，使课程成为生命展现的历程。

我校在特色学校创办的道路上，坚持以国家教育改革与发展基本精神为指导，逐步形成以培养学生"珍爱生命，个性飞扬，生命充满自由和灵动"为目标的和谐绿色的"多元校本课程体系"（如图1）。课程我们分为三类：第一，课堂以"珍爱生命"为核心的思想心理和环保类课程，在国家课程的基础上我们新开发了《榕品人生》、《我是绿色小卫士》教材。第二，以"个性发展"为核心的综合类课程，包括体育类足球，艺术类合唱，舞蹈，提高学生素养类课程诵读经典、品味书香；第三，以"榕"为载体将国家课程校本化的创生课程，包括知识文本类的语文课程，综合类课程科学、信息技术、美术和音乐。其特征是着眼于学生身心和谐发展，为学生的终身幸福奠定基础；着眼于学生个性的健康发展，为提升学生的生命质量奠定基础；着眼于增强学生在自然和社会中的实践体验，为营造健康和谐的生命环境奠定基础。是学生成为具有"榕树"品格的社会有用之人，让学生认识生命的独特性、感受生命的意义，培养学生尊重爱惜生命的态度，进而学会对他人的尊重、关怀和欣赏，理解生命的价值，提高生命质量。

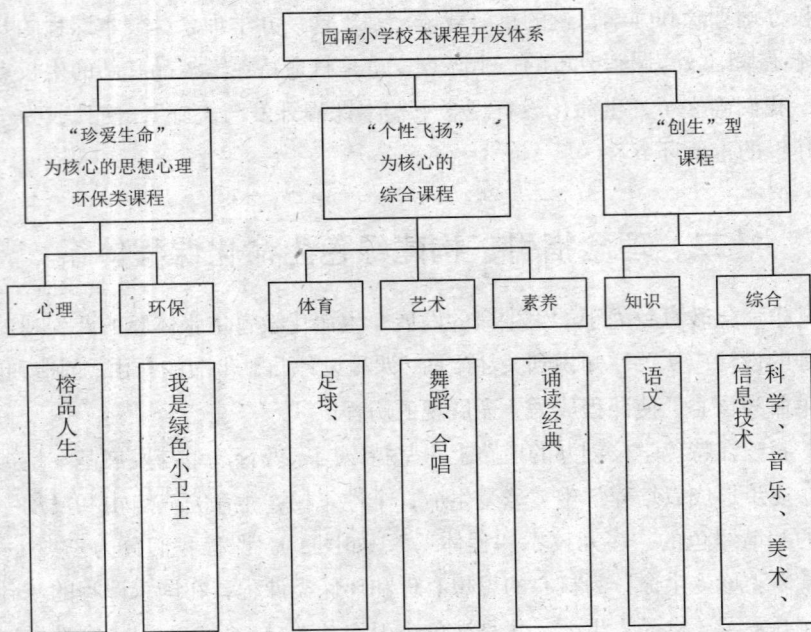

（图1）

三、整合资源，丰富绿色生命化课程

（一）珍爱生命，让孩子健康阳光成长

生命的健康是人类优质生存的基本前提，青少年是祖国的未来、民族的希望。青少年如何善待生命，怎样在更安全的环境里更好地获得身、心、灵的全面发展，是我国教育所要共同关注和解决的重要问题。生命的价值高于一切，生命教育就是要教会学生认识、尊重、珍惜、热爱生命，提高生命质量和美好人生价值的教育是一切教育存在并发挥作用的根本前提，是教育本源的理性回归，是关爱未成年人幼小生命健康成长的重中之重的教育。于是，我们设立了《榕品人生》心理类校本课程和《我是绿色小卫士》环保类校本课程。

1、关注健康心理——《榕品人生》教材的诞生

伴随着对特色办学理念的解读更加深入，我校确立了"像榕树一样蓬勃生长"的校训。榕树，它总是叶茂如盖，四季常青，不畏寒暑，坚强地向上生长。

我们从榕树身上凝练了六种精神：脚踏实地的务实精神；蓬勃向上的进取精神；坚韧不拔的顽强精神；独木成林的开拓精神；生生不息的自强精神；包容豁达的协作精神。我们把它贯彻在育人目标中，就是要把学生培养成像榕树一样具有务实、进取、顽强、开拓、自强和协作精神的人。本着这一育人目标的确定，为了孩子健全人格的发展，我们探索开创了新的课程——《榕品人生》。

　　陈莉老师在编写教材中这样写道：
　　生命是教育的原点，教育是为生命自由、完整、充分地发展而服务的。在我校特色办学理念的指引下，我开始更深入地思索心理学科如何更好地践行生命化教育理念。我想贴合学校榕树精神的课堂是诗意的、是灵动的、是生机盎然、朝气蓬勃的；而绿意浸润的心理课堂更具有一种积极向上的特质，学生在这种向上、温馨的氛围中去体验、去感悟，去谱写生命的绿意，去创造生命的诗意。充满生命朝气与活力的课堂应该始于教材，虽然心理学科是一门新学科，但是心理健康活动课注重通过主体性活动唤醒学生内心深处的心理体验，进而在分享交流中领悟、探究、实践，从而促进学生良好心理素质的形成。这正与生命化课程不谋而合。如何根据不同学段的学生心理特征和需求将我们学校提炼的榕树精神"脚踏实地的务实精神、蓬勃向上的进取精神、坚韧不拔的顽强精神、独木成林的开拓精神、生生不息的自强精神、包容豁达的协作精神"更好地融入心理课堂，把学生培养成像榕树一样具有务实、进取、顽强、开拓、自强和协作精神的人？正是基于这样的思考，我尝试设计了一至三年级的"榕品人生"心理校本课程。在一年级课程设计中，主要侧重孩子的入学适应问题，依据孩子童真童趣的年龄特点，带领孩子在熟悉校园环境的基础上，把自己当成一颗小小的榕树，慢慢扎根园南这片沃土，学会适应小学生的生活，明白交新朋友的方法。二年级的课程设计中侧重孩子的责任意识，融入坚韧不拔的顽强精神和脚踏实地的务实精神，指导孩子养成做事有始有终的好习惯。三年级的课程设计中侧重孩子在学校生活中学会更好地展示自己以及与人友好相处，学习并融入榕树"包容豁达的协作精神、蓬勃向上的进取精神"。虽然在整个设计校本心理课程中，深深感受到自己的专业素质受到了极大的考验，在这样的压力下我也明晰了生命化的课程以及绿意心理的内涵。榕树的精神大而广，可供挖掘的方面很多，但是实实在在地落在心理校本课程上，它很简单，只需要为学生的绿意盎然的生命播撒一颗颗积极的种子。我想，把简单的事情做好，便不简单。

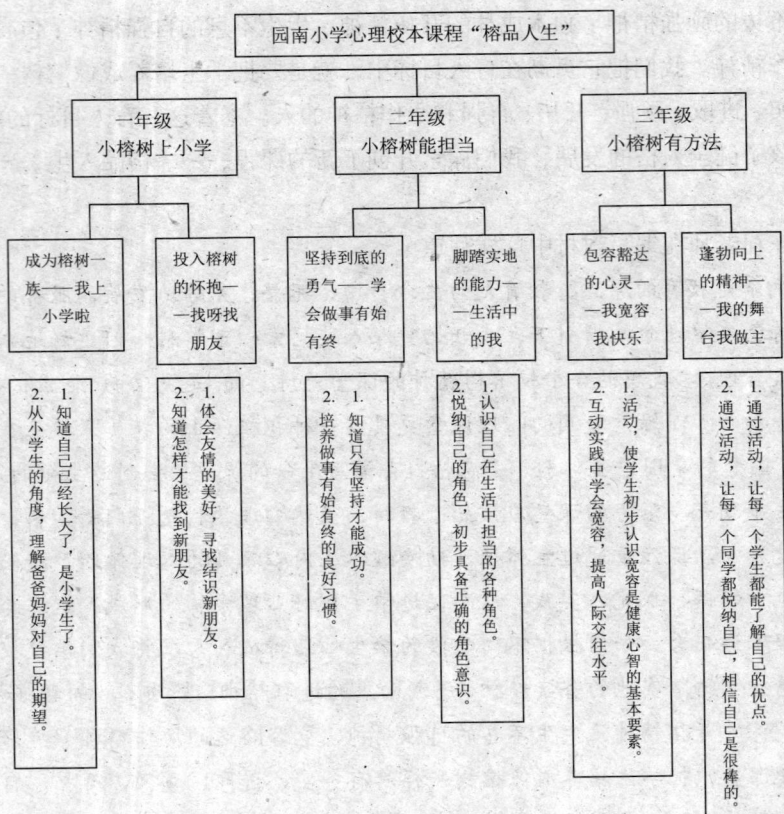

园南小学心理校本课程"榕品人生"

一年级 小榕树上小学 | 二年级 小榕树能担当 | 三年级 小榕树有方法

成为榕树一族——我上小学啦 | 投入榕树的怀抱——找呀找朋友 | 坚持到底的勇气——学会做事有始有终 | 脚踏实地的能力——生活中的我 | 包容豁达的心灵——我宽容我快乐 | 蓬勃向上的精神——我的舞台我做主

1. 知道自己已经长大了，是小学生了。
2. 从小学生的角度，理解爸爸妈妈对自己的期望。

1. 体会友情的美好，寻找结识新朋友。
2. 知道怎样才能找到新朋友。

1. 知道只有坚持才能成功。
2. 培养做事有始有终的良好习惯。

1. 认识自己在生活中担当的各种角色。
2. 悦纳自己的角色，初步具备正确的角色意识。

1. 活动，使学生初步认识宽容是健康心智的基本要素。
2. 互动实践中学会宽容，提高人际交往水平。

1. 通过活动，让每一个学生都能了解自己的优点。
2. 通过活动，让每一个同学都悦纳自己，相信自己是很棒的。

图2

"心理"课程课例：

我的舞台我做主

班级：三年三班　　任教教师：陈莉

教学目标：

1.通过活动，了解每个人都有闪光点。

2.在活动中，积极展示自己，获得展示的快乐。

教学重点：

了解每个人都有闪光点。

教学难点：积极展示自己，获得展示的快乐。

教具准备：闪光点绿叶

教学过程：

一、暖身操

二、我们的舞台精彩纷呈

1. 展示班级同学在"我的舞台"中展现的精彩照片。

2. 随机采访：（1）喜欢"我的舞台我做主"这个节目吗？为什么？

（2）表演前和表演后各有怎样的感受？

（3）如果你还未上台展现过自己的精彩，请告诉我为什么？

三、我们的榜样济济一堂

同学们，从身边榜样的经历中，你有什么体会？

四、我们的"闪光点"郁郁葱葱

1. 认真搜集自己的闪光点，用心将它们写在闪光点绿叶上，让它们帮我们提高信心，快乐成长！

2. 说一说：向组内同学展示你的闪光点绿叶。听一听：同伴补充提出你的闪光点。

写一写：补充填写到闪光点绿叶上。

五、我们的展现精彩绝伦

1. 请带上闪光点绿叶到"阳光舞台"上向伙伴和老师夸夸自己。

2. 一起动起来。

教师教学后记这样写道：

"我的舞台我做主"课题的提出与实施，实实在在地贴近了学生的学校生活，也与学校特色发展提炼的蓬勃向上的精神相吻合。本节课用轻松的暖身游戏进行导入，"我很棒，我真的很棒，我真的真的很棒"，配以相应的身体动作，在创设轻松课堂氛围的同时，对学生起了心理暗示作用，为下一环节起了铺垫的作用。第二环节利用照片与学生们一起重温了"我的舞台"的精彩，而三个问题很自然地激发学生对自信心的探索。从身边榜样的经历中，学生更加相信每个人都有自己的闪光点，关键在于如何把握机会坚持不懈地努力。而我们的"闪光点"郁郁葱葱，让学生们静下心来寻找自己和同学的闪光点，在互动交流的过程中，闪光点在各自内心绽放。最后一环节，让学生们主动参与展示，并适机给予鼓励，重在学生敢于迈出展示自己的第一步，发现自己的小进步，获得展示的快乐。对学生自信心的培养需要多方的力量，而心理课只是一个小小的起点，在温暖轻松的氛围中能够相信每个人的闪光点，能勇于展示，能从自己和他人的展示中获得快乐，就等于播下了一颗自信心的种子，经过各种因素的努力，终会绽放自信生命的美丽。

学生们喜欢这套新教材，看到书中的一景一物都来自于自己身处的校园，孩子们是感到如此的亲切，他们为有这么一套教材感到骄傲。

我们的孩子在上完"榕品人生"课后写下了这样的体会：

"榕品人生"这本书里我处处都看到了我们美丽的校园和可爱的同学们，这跟我的其他学科的课本真不一样，我非常地喜欢它。每次上完这节课，我总能感受到与我们朝夕相伴的大榕树身上那顽强的生命力，我要好好向榕树爷爷学习，做个脚踏实地、蓬勃向上的园南学子。

2、关注绿色生活——《我是绿色小卫士》教材的诞生

生命化教育理念下的课程观强调"是为了生命的课程，生命的发展是课程存在的基本依据"。"以生命为中心的课程要走出单一的知识人的误区"，"生命作为一个完成的统一体，是有知识、有理性、有情感、有德行、有追求、有创造、有生活的活生生的、各具特色的个体。"开展环境教育，培养学生热爱大自然，热爱家乡，热爱自然，热爱地球，热爱生命。

当今世界的环境问题日趋严重，生态环境的恶化已经给人类敲响了警钟，环境保护是全人类必须共同面对的课题，也是每个人所应该具备的基本素养和基本技能。我校是厦门市首支"全国李四光中队"的基地校，同时与市国土资源局、质检局、地震局等相关部门建立长期的共建与"团带队"的关系。在校本课程开发的初期，学校对环保教材的编写已经有了初步的探索，积累了一定的素材资料。因此，在环境保护教材具备丰富的科目开发资源。《我是绿色小卫士》的校本课程开发与实施水到渠成。

我们依据办学理念和本校资源特点的考虑，将教材定位为：符合生命化教育理念，设计时要把学生的生命作为课程的原点和核心，把学生的生活经验作为教材编写的内容和资源，彰显学校的办学特色；

围绕校园周边的环境资源和已有相关教学资源，进行加工和创造，作为教材的基本素材。

我们的《我是绿色小卫士》校本教材具有以下的特点：

主题鲜明，内容生动。课程内容以主题单元的形式呈现，每个主题单元包括两大部分：环保知识学习和实践活动，融知识性、趣味性、实践性于一体。打破传统的"灌输式"，更注重学生的参与和实践。培养学生热爱大自然、热爱家乡、热爱祖国、热爱地球的高尚情操，使学生从小养成自觉保护环境和资

源的美德。我们的特点是：第一，选取学生身边的典型事例或者场景融入教材中，使教材贴近学生的生活实际，提高了教材的实效性；第二，将特色活动与教材紧密联系，各班主任、各科教师科依据学科特点及校本课程内容，创设有特色的教育教学活动，如："文明弯弯腰"、"争当环保小卫士"、"雏鹰假日环保小队"等，将班级管理、日常行为习惯养成与教材内容紧密结合，真正成为孩子们的成长手册。

形式活泼，图文并茂。我们依据小学生心理和生理的特点，结合教材大纲的编排要求，选取了形式多样的教材编排方式。还为孩子设计了课外知识链接：低年级孩子的童谣，中年级孩子的故事会，高年级孩子的诗歌，丰富了学生的课外知识。形式上不单单是统一的 40 分钟课堂授课制，我们要创建了丰富的综合实践活动，主要是以下几个类型：专家讲座：聘请环保专家对全体师生进行环境知识，环保知识，环境态度及环境参与等方面的培训。座谈交流：可以让学生把搜集整理的环保资料、环境知识等拿来相互交流，拓宽视野，提高认识。

竞赛展览：开展环保知识知多少比赛，进行环保小报展评、环保网页制作等活动，激发学生的学习兴趣，巩固学习效果。调查分析：让学生参与社会调查，亲自去感受真实的情况，自己去分析、判断并选择解决问题的方法，提出环保建议。实地考察：让学生走出校门，自己去发现环境的变化，感受自然的美好，激发他们参与环保的动机。让学生参观中山公园、植物园、污水处理厂、生态园、海底世界、自来水厂、清洁楼等，开阔学生的眼界。环保体验：引导学生从生活入手，主动参与环保实践，亲身体验、感悟，增强环保意识，提高环保能力，如："与动物、植物交朋友"、使用"环保铅笔"、"生活废品再利用"、"我的垃圾，我分类"等。

激励评价，和谐发展。校本课程的评价方式多种多样，最基本的是观察法，通过观察记录和描述学生在活动过程的表现，并以此作为评价学生的基础，此外，还可以采用调查法、反馈法、展示法和自述法（自我评价）等方式。标志类：如小红花、小五角星等。园地类：如少先队阵地、环保教育宣传栏等。语言类：来自学生自己、同伴、教师、家长评价。包括口头评价、书面评语等。行动类：建立环保卫士军衔制，根据学生的行动授予学生一定的军衔。资料类：如成长记录袋、环境资料袋等。目标类：与少先队雏鹰达标争章活动相结合，学生争戴环保章、文明章、卫生章。

绿色小卫士军衔制的评定标准（做到以下其中一条加颗星，两颗星可以加一杠，最高级别为四杠 2 星）

1、爱护环境卫生，不随地吐痰，不乱丢杂物，不乱涂墙壁。有痰要把痰吐到痰盂中，没有痰盂的地方，可把痰吐到废纸里，扔进垃圾箱；在公共场所要丢废纸杂物，可带一个塑料袋，将要丢的杂物放入袋中，然后丢入垃圾箱内；不用粉笔、铅笔等在墙面上涂涂、画画，更不能将墨水、颜料、污物泼到墙上，养成爱护公物的良好习惯。

2、爱护花草树木和文明古迹，做到不攀折、不刻画。我们要保护绿色，不践踏草皮、不攀折花木，不在草地上乱扔杂物，不刻画树木，不在树上牵绳子玩，不摘花。

3、能说出厦门市的市花、市树、市鸟；说出厦门市三个自然保护区；说出两个以上厦门市获得环境荣誉场所的名称。

4、能说出三种污染空气或水质的现象。如：看到工厂烟囱大量排放黑烟、排放污水造成湖水黑臭、燃烧垃圾、树叶等都是污染现象。

5、能提出一个美化环境的建议。以平时细心观察和关注群众反映的情况，从当时当地的实际出发，提出切实可行的建议。

6、能参加两次环保劳动或宣传，为保护环境做好事。

7、能查出本市一种以上空气、水质污染源、保护动物生存受到威胁，向环保部门报告。

以下是在课程组全体老师的努力下设立 1-6 年级课程框架，具体安排如下：

一年级上学期		
单元	课程内容	课程目的
我们的大家园	认识校园	1、熟悉学校的环境，能说出校内各地方的名称，能带爸爸妈妈到自己的班级。 2.了解学校的环境设施、设备，部分懂得使用。
	探索学校	1、培养学生的好奇心和观察能力，使学生对新的环境不再感到陌生。 2、学生能主动地探索学校，认识学校的各个方面。
	活动：爱护班级，人人有责	1、对学生进行热爱班级，净化教室，美化教室的教育。 2、有维护环境卫生的愿望和行动，增强责任感和主人翁精神。

	探索社区环境	1、知道居住地的生活环境。 2、初步知道绿地、花草树木、空气、清洁楼等环境设施。 3、提高学生的环境责任感。
美丽的校园	校园的花卉	1、认识校园的花卉，初步知道花卉的名称、产地。 2、知道如何照顾校园的花卉。
	美丽的树	1、引导学生观察学校的大榕树、感受树的形态美。 2、培养爱护树木的情感。
	各种各样的树叶	1、认识几种常见的树叶形状。 2、初步了解植物种类的多样性及其对环境的作用。
	与花草交朋友	1、爱护学校的一草一木，不随意践踏攀折。 2、培养爱护花草树木的情感。
	活动： 文明弯弯腰	1、巩固所学知识，并以实际行动来倡导"爱护校园环境"。 2、培养学生热爱学校，爱护身边一草一木的主人翁意识。

1、		
单元	课程内容	课程目的
向往绿色	春天来了	1、寻找校园的春天，感受春天带来的变化。观察校园内各种植物的变化。 2、培养学生对自然的热爱。
	认识市树、市花	1、知道市树是凤凰树、市花是三角梅，并实地观察它们的形态。 2、爱我市树、市花和市鸟，知道它们的生长、生存与我们的生活环境密切联系。
	我的花	布置学生种植一株花苗，学会照顾自己的花苗，记录花苗的生长情况，感受开花的喜悦。
	活动： 亲亲大自然	1、利用身边的自然环境设计活动和游戏，使其初步认识各种环境问题。 2、让学生体验自然，感受自然的美好。

走进动物世界	小鸟的歌声	1、养成认真倾听的习惯。体会小鸟的美丽和可爱，知道小鸟是环境的组成部分。 2、认识到保护小鸟，不伤害小鸟，不破坏周围的环境。
	认识市鸟	1、知道厦门的市鸟是白鹭，初步懂得白鹭生长与环境的关系。 2、培养学生关心自己居住地的环境，增强爱鸟、护鸟的意识。
	小白鹭建新家	1、通过白鹭在重建新家的故事，教育孩子环境保护的重要性。 2、激发热爱家乡的感情。
营造安宁环境	寻找校园的声音	1、懂得寻找声音，初步知道校园中有哪些是噪音。 2、初步了解悦耳的声音和刺耳的声音对生活的影响。
	不同的声音	1、通过对学校、公园、家庭等处所不同声音的比较，让学生初步懂得噪音对生活的影响。 2、认识到有哪些声音因素会影响环境。
	校门口的发现	1、了解校园门口周围的声音环境，懂得营造安静的环境。 2、激发学生关心校园、改善环境的思想。

二年级上册		
单元	课程内容	课程目的
走进动物世界	鸟类——人类的朋友	1、了解爱鸟周（4月底5月初），知道鸟类是人类的朋友，是保护农作物的卫士，是消灭害虫的能手。 2、根据自己的实际情况提出保护小鸟的措施并实行。
	百鸟音乐会	1、从百鸟婉转悠扬的欢唱中，知道有关鸟类知识。 2、感受大自然的美好，激发爱鸟、护鸟的热情。

走进动物世界	（环保小品）开办小鸟医院	1、通过小品表演，知道基本的鸟类护理知识，当小鸟受伤时要怎么处理。 2、懂得多为鸟类的生存创造好的环境。
洁净城市	我的垃圾，我分类	1、知道垃圾分类的意义，懂得可回收垃圾是活用的资源。 2、养成垃圾归类收集的自觉行为。
	制作分类垃圾箱	1、开拓学生创作思路，培养学生的设计意识和动手美化环境的能力。 2、训练学生发散思维，按自己的意愿设计和制作美观实用的分类垃圾箱。
	口香糖残渣问题	1、从学校地上、墙角边的口香糖残渣入手，让学生知道乱扔口香糖残渣会造成环境污染。 2、培养学生良好的习惯，知道"爱护环境，从我做起"的环保理念。
	游戏：变废为宝大行动	1、激发学生对各种废弃物再利用的兴趣。 2、收集各种废弃物，发挥学生的想象，再利用废弃物制造各种玩具进行游戏。
拥抱蓝天	观察云彩	1、观察天空各种形状的云彩，感受蓝天白云的美好。 2、激发学生热爱大自然的情感。
	空气	1、认识到空气的作用，不同的空气对人们生活的影响。 2、通过实验观察，明白空气是宝贵的资源。
	新闻发布：本月空气质量	1、收集本月份空气质量情况，进行比较。 2、懂得关心空气质量——我们时刻在呼吸，知道保护大气的重要。

二年级下册		
单元	课程内容	课程目的
向往绿色	人类的保护者——树	1、利用我校树木繁多的特点，明白树木是人类的"卫兵"、"消音器"、"报警器"、"过滤器"。 2、懂得爱护学校树木，不让树木受到损伤。

向往绿色	亲亲草地	1、引导学生用不同的方法接触草地，能说出对草地的感觉。 2、培养学生对自然的体验，初步了解保护草地的知识。
	植树光荣	1、使学生认识到树木和自己一样是一个生命体，能和树木成为朋友。 2、知道植树节（3月12日）的意义，积极为绿化出份力。
	课题研究： 中山公园的植物	1、调查公园主要植物种类，对美化公园的作用。 2、培养热爱美好环境的情感。
生命之源水	世界水日	1、知道为什么要设立世界水日（3月22日），了解当年的世界水日的主题。 2、懂得水是宝贵的不可替代的资源，水对人类的重要意义。
	（实验） 水与生物的生存	1、通过实验，让学生了解水是万物不可缺少的物质。 2、培养珍惜用水的意识。
	我们的生活离不开水	1、从个人用水、家庭用水调查，了解水与人们的生活息息相关。 2、知道节水可从身边做起，培养节约用水的好习惯。
走进动物世界	参观动物园	1、了解动物园里动物的名称，生活习性及生长状况。 2、懂得动物是人类的朋友，知道保护动物的重要性。
	专家讲座： 厦门的特色动物	1、了解中华白海豚、文昌鱼、白鹭等厦门特色动物。 2、了解这些动物在厦门的历史、市民对它们的态度和这些动物的生存现状。
	我的动物朋友	1、向同学介绍自己喜欢的动物（带来或者是出示相关的资料）。 2、说出自己喜欢的理由。

三年级上册	
课程内容	课程目的
小试验 蔚蓝天空	1、通过试验，了解天空的颜色，培养动手实验的能力。 2、让学生懂得从小关注自然现象，树立保护环境的意识。
生命的保护伞 ——臭氧层	1、知道国际保护臭氧层日（9月16日）的内容，知道什么是臭氧层，臭氧层对地球的作用。 2、了解哪些物品会对臭氧层造成破坏。
"保护蓝天，人人有责"活动	用实际行动对行人进行呼吁：使用环保用品，保护大气。
小调查：生活中的空气污染	1、调查日常生活中的各种空气污染：如厨房的空气污染；清洁剂杀虫剂等对空气的污染。 2、通过调查，知道保护环境的重要性。
世界动物日	1、了解世界动物日（10月4日），知道世界动物日的产生和内容。 2、根据世界动物日的精神设计自己的行动并实施。
饲养小动物	1、饲养一只小动物，并做好观察日记。 2、把自己饲养的小动物带来，介绍给同学认识。 3、培养学生对动物的关爱心。
（环保小品）动物法庭	1、认识到各种动物没有绝对的好坏之分，都有存在的理由。 2、各种动物相互依存，不可分割。
参观清洁楼	1、了解现在垃圾的处理方法，理解环卫工人的辛苦。 2、知道生活垃圾分类收运情况，懂得垃圾分类的实际意义。
小调查：垃圾分类	1、周围的人对垃圾分类的认识，是否懂得对垃圾进行分类。 2、培养学生自觉进行垃圾分类。
动手做：模仿开店——利用废物	1、利用废品进行小制作，把制作的作品以商店的方式展示出来。 2、培养学生的动手能力和想象能力、实际生活能力。

三年级下册		
单元	课程内容	课程目的
向往绿色	参观万石植物园	1、参观植物园，认识多种多样的植物。 2、对植物情况进行调查，初步了解植物与环境的关系。 3、懂得万石植物园是厦门市的肺叶，对厦门环境起着重要的作用。
	植物调查报告活动	1、对植物的调查情况进行汇报。 2、通过活动，使学生懂得植物对环境的保护作用，培养学生热爱大自然、热爱家乡的美好感情。
	开展"爱绿、植绿、护绿"活动	1、了解城市绿化的作用，培养学生的社会责任感和主人翁精神。 2、结合植树节，开展植树活动，锻炼实践能力。
我们的大家园	奇妙的地球环境	1、了解我们居住的地球给人类万物生存提供四件宝：即大气圈、水圈、土圈、岩石圈。 2、懂得只有这四件宝，人类才能生存并持续发展，我们应该保护它们。
	地球是人类的唯一家园	1、通过观看录像片《地球只有一个》，了解我们居住的地球是宇宙间唯一的绿色家园。 2、让学生懂得有责任、有义务来关心和保卫我们赖以生存的唯一家园。
	世界地球日	1、知道4月22日是世界地球日，了解地球日的产生。 2、根据当年的主题进行讨论，能提出自己的看法。
	活动：我们都是地球的孩子	1、知道地球为人类提供生存资源，养育了地球上所有的生物。 2、懂得善待地球上的一切资源，培养保护地球环境的意识。
生命的摇篮土地	我们的土壤妈妈	1、通过朗读高士其爷爷所作的《我们的土壤妈妈》，理解土地与人类的密切关系。 2、知道土壤妈妈对人类的重要作用，应当关心和爱护自己的妈妈。

生命的摇篮·土地	中国土地日	1、知道 6 月 25 日是中国土地日，懂得土地日的内容。 2、了解土地是动植物的摇篮，是地球的胃和地球的百宝箱。
	小调查：我国的土地资源状况	1、通过调查，了解我国土地资源状况，特别是水土流失、土地沙漠化已对人类生产造成影响。 2、引导学生懂得珍爱土地，它是地球万物生命的源泉。

四年级上册		
单元	课程内容	课程目的
人类的宝库·海洋	拥抱大海	1、引导学生回忆海边观海的感受：碧蓝的大海、赤褐的礁石、金黄的沙滩等，体会大自然赐予的美好环境。 2、大海潮起潮落，孕育生命，是生命的摇篮，是我们的家。
	富饶的海洋	1、知道海洋具有广阔的空间：海域、海岸带、岛屿等。 2、懂得海洋是巨大的宝库，不仅有动物、植物，还有多种矿产、许多元素等，激发学生热爱大海的情感。
	活动：还大海一份清洁	1、从海上的漂浮物、沙滩上堆积的垃圾与杂物谈起，知道人类对海洋的污染、破坏已是触目惊心。 2、通过活动，使学生树立海洋环境保护意识。
绿色生活	认识环境标志	1、知道中国环境标志图形的内容及意义。 2、懂得节能标志、绿色食品标志、可回收标志的图形，及其图形代表内容。
	商店小调查：多少商品是绿色商品	1、知道绿色商品是经过中国绿色标志认证会认证的环保产品,这些商品出售都贴有"中国环境标志"的标志。 2、通过调查，了解商店里出售产品的名称、商品的种类及成为绿色产品的原因。 3、懂得进行环保选购，选择绿色消费的生活方式。

纸	珍惜纸张	1、知道纸张的用途、制造纸张的材料是树木；知道造纸过程会排除废水，污染河流。 2、懂得珍惜纸张就是节约木材，保护森林、保护河流与湖泊不被污染，养成节约用纸的习惯。
	参观造纸厂	1、通过参观造纸厂，知道造纸的生产过程，以及在造纸过程中产生的副产品或废物，对环境所造成的影响。 2、增强学生的环保意识，懂得节约用纸就是减少环境的污染。
	废纸回收	1、知道废纸可以用来再造纸，用废纸造纸能节约木材等原料，还能节约能源，减少环境污染。 2、调查同学、班级、学校是否做好废纸回收。
	动手做：用我们身边的植物造纸	采集植物的叶片，动手学做造纸，懂得造纸的原理，培养学生动手能力。

四年级下册		
单元	课程内容	课程目的
美化校园	讲座：学校的花草树木	1、了解植物学方面的知识：如学校花草树木的名称、科目习性、用途等，花的种植、养护等。 2、通过讲座，激发学生爱护学校花草树木的情感。
	给学校花草树木挂牌建档	调查校园的花草树木的名称、科属、性质、种植方法、经济价值等后，给校园的花草树木分门别类建立档案，再用档案资料制作牌子，插在花草树木上。
	制作树花盆景	1、教给园林技艺知识，初步懂得学会制作树花盆景，为绿化校园做贡献。 2、培养学生的动手能力，激发学生热爱绿色的情感。
拥抱蓝天	大气污染物	1、了解大气污染物的种类及有害人体健康的污染物。 2、知道这些污染物的主要来源，产生的严重后果。

拥抱蓝天	汽车与环保	1、了解世界汽车发展的概况，人们对汽车的心理。 2、调查汽车带来的环境问题：消耗资源、大气污染、噪声污染、占据城市土地与空间。 3、了解汽车尾气排放情况，知道汽车尾气是城市大气污染的重要污染源。懂得汽车尾气对人体健康的威胁。
	讲座：大气污染与气候变化	通过讲座，列举翔实的材料，让学生知道大气污染对气候的影响和防止污染的重要意义，增强环抱意识。
生命之源 水	地球上的水资源	1、知道地球上各种各样的水及水资源。 2、明白水资源是有限的，我们应该保护有限的水资源。
	小试验： 模拟水循环	通过实验，了解水循环的过程。

五年级上册		
单元	课程内容	课程目的
拥抱蓝天	温室效应——全球性环境问题	1、知道温室效应的作用是保持地球生命生存的稳定温度。 2、通过列举事例，了解全球气候有变暖的趋势，成了全球关注的重大环境问题。
	可怕的臭氧洞	1、知道什么是臭氧洞，臭氧层被破坏的后果是影响植物、影响海洋生物、影响动物以及对人的影响。 2、懂得臭氧层破坏带来的连锁反应，以及地面臭氧增多的危害。
	活动：选用无氟制品——保护臭氧层	通过活动，知道氟利昂中的氯原子对臭氧层有极大的破坏作用，因此在选择物品时，应选用无氟制品。
走进动物世界	了解珍稀动物	1、了解国家重点保护野生动物的名称及生长的地方。 2、懂得动物是人们的朋友，珍稀动物是全人类的财富，要爱护它们。

走进动物世界	鸟类是重要的自然资源	1、知道鸟类的用途、野生鸟类的重要价值。 2、通过事例，明白鸟类正面临着灾难，部分鸟类已经消失。 3、通过学习，增强爱鸟、护鸟的意识。
	研究课题：灭绝动物的死亡原因与濒危动物的保护	1、从本单元学习重点进行课题研究，让学生学会探究环境问题，培养创新精神和实践能力。 2、初步培养学生对大自然的责任感，初步体验科研的方法、步骤。
绿色生活	调查：小小绿色消费者	1、通过问卷调查，了解平时学习生活消费的观念：少用一次性物品；买环保电池；选绿色包装；买无公害食品；自备餐盒等，从2、身边小事做起，争当环保小卫士。
	实验报告：黄豆苗的生长	观察黄豆苗在有磷洗衣粉溶液、无磷洗衣溶液、清水中各自的生长状况。

五年级下册

单元	课程内容	课程目的
人类的宝库——海洋	海洋的红色警告	1、知道海洋的重要作用——是重要的运输通道；是巨大的牧场；对全球气候有着重要影响。 2、通过收集材料，列举具体事例——赤潮等，了解海洋环境污染对生物的影响。 3、懂得海洋是生命的摇篮，是全人类的共同财富，我们要关心爱护它。
	参观厦门海底世界	通过参观，知道一些海洋知识、海洋水产，生态保护等内容，领略神奇的海底世界，激发学生的海洋环境保护意识。
	考察：中华白海豚省级自然保护区	1、知道白海豚是国家一级保护动物，有"海上大熊猫"之称。 2、了解中华白海豚自然保护区的范围及保护状况。

洁净城市	垃圾的危害	通过调查，收集资料，知道垃圾的危害，不仅侵占土地，破坏环境，而且是大气和水体的主要污染源。
	变垃圾为资源	1、垃圾治理已成为人类社会发展要解决的一个重要课题。 2、懂得垃圾分类有利于垃圾在再生与处理，变垃圾为资源，减少环境污染。
	活动： 减少废物，美化校园	1、通过考察学校目前环境状况和废物管理情况以及学到的知识，培养学生保护环境和为环保做实事的意识。 2、树立"减少废物，美化校园"实行"垃圾分类回收，循环再生"的意识。
我们的大家园	学习《拯救地球行动纲领》	1、通过学习，知道联合国确定的《拯救地球行动纲领》的意义，懂得地球资源、地质环境对人类生存和可持续发展的重要意义。 2、树立保护地球资源、保护生存环境的意识。
	手抄报： 地球与环境	通过活动，知道地球是人类的摇篮，保护地球就是保护人类自己，增强保护地球是责任感。
	讲座： 海湾型生态城市规划	通过讲座，了解我市。

六年级上册

单元	课程内容	课程目的
绿色生活	家庭生活中的电磁辐射	1、知道电磁辐射的污染，电磁场对人体健康的影响。 2、懂得在家庭生活中应减少电磁辐射，选择绿色生活方式。
	调查：家用电器使用	通过调查，知道家里的电器使用所产生的电磁辐射对人体健康的危害；懂得为减少电磁辐射，应提高电器的性能，初步养成环保从使用家电开始。

绿色生活	吸烟与环境问题	1、了解烟草烟雾对人体的健康及环境的影响，提高学生对禁烟问题的认识及环境保护意识。 2、懂得吸烟的危害性，预防吸烟，同时能劝导家里人不吸烟。
营造安宁环境	噪声对人的影响	1、通过交流，知道生活中离不开声音。 2、了解噪声对人的影响，噪声是现代生活中对人类影响最大的环境问题之一。
	体验：安静环境与噪声环境	通过学生试一试，亲身体验在安静和有噪声的环境中背诵一篇课文进行比较，明白噪声影响我们的学习与生活，损害人们的健康。
	研究课题：噪声的产生与防治	1、通过调查，知道影响人们生活的噪声有许多种，主要分为四类：工业噪声、建筑噪声、交通噪声、生活噪声。 2、培养学生清晰表达自己探究收获的能力及对大自然的责任感。
人类的宝库海洋	考察：文昌鱼市级自然保护区	1、知道厦门文昌鱼自然保护区范围；文昌鱼的样子及生活习性，是五亿年前脊椎动物的始祖，素有"活化石"之称。 2、懂得由于海洋环境污染，文昌鱼的生态环境正恶化，激发学生从小保护海洋的意识。
	研究课题：关于西海域综合整治	1、选定环境治理的热门话题进行研究，让学生初步学会从多种渠道获取与自己研究专题有关的信息，尝试分析、整理、利用信息。 2、培养清晰表达自己观点的能力。

　　随着课程的深入实施，我们的教师记录下了许许多多的课程小故事，一个个故事揭示着孩子和教师们在教材实施中的满满收获。

【课程小故事】

人类和小鸟共同的家园

鸟类是人类的朋友。围绕着"鸟"这一主题开展了各种各样的活动。这个城市不仅是我们的家园，也是各种鸟类的家园。

故事1：小鸟的语言

在我们的学校里，不仅校园中有美丽的大榕树，在校园外面的围墙上，也生长着好几棵大榕树，很多小鸟在树上做窝，以树为家。我带领学生们到树下倾听鸟鸣。一分钟、两分钟……时间一点点的过去.啾儿……啾儿……、啾儿特、特、特……、唭……唭……，渐渐的，在树上传来各种小鸟的叫声，学生们伸长了耳朵仔细地聆听。小鸟们发现我们并没有伤害它们的意思，伸出小脑袋呼朋唤友，在树叶与树枝之间穿梭。学生们仔细地聆听，记下听见的不同的声音。

在下一次课，学生们互相交流自己的观察结果，模仿自己听见的小鸟的叫声："唧唧、啾啾。"二年二班的晗其惟妙惟肖的学着麻雀的叫声："啾儿、啾儿"，全班同学和我都忍俊不禁地笑了起来。渐渐的，黑板上写满了各种的拟声词，或长、或短、或缓、或急。这时我才发现，小鸟和我们一样，有着各种不同的"语言"。接着、学生们就小鸟的叫声代表什么展开了热烈的讨论。最有权威性的是滨宏找到的相关的网页，上面介绍了各种小鸟叫声的含义。大家清楚了：啾儿……啾儿……，间隔2--3秒叫一声，声音平静,那意思是说："我在这儿"。啾儿特、特、特……这是表示威胁，意思是说："不许靠近！"唭……唭……声音平缓,意思是说："我不想打架。"

我们一直以为自己是万物之灵，只有我们自己才拥有语言和情感。通过聆听小鸟的叫声，孩子们和我意识到普通的小鸟和我们一样也是有它们自己的"语言"，有各种各样的叫声，来代表各种不同的情感。我站在树下想：我在观察小鸟的同时，小鸟是否也在观察我们呢？

故事2：小鸟的生活

观察完校园里和校园周围的鸟类，学生们的视野不断的开阔，从校园周围拓展到我们的城市，在我们的城市里有哪些鸟类，这些鸟类生活在哪里呢？以"城市中的鸟类"为主题，组织学生们做一次调查。孩子们设计调查表格，在周末到城市的各个角落去调查。在城市的灰色森林中，平时我很少看到什么鸟类，最多也就是几只鸽子、麻雀，我很担心学生调查不出什么。可学生的调查却大大出乎我的意料，在他们的名单上有：白鹭、麻雀、野鸽子、燕子、喜鹊、野鸭、海鸥。住在山脚下的学生甚至看到了老鹰。在课堂上，学生们七嘴八舌的介绍他们的见闻。有的说在他家的窗外就可以看到大群的鸽子在天上飞翔；有的到白鹭洲，在滩涂上看到了白鹭、小白鹭，发现我们的市鸟是如此的漂亮；一位学生住在虎溪岩的学生发现在对面的屋顶经常有小鸟光顾。屋顶上的一洼积水就是各种鸟类的澡堂。向大家描述了各种鸟类是怎样在水洼里扑棱着翅膀。这些生动有趣的描述连我也听得入迷。我在黑板上写着小鸟的名称，互相说一说这些小鸟是什么样子的？还有一些小鸟，学生只能描述它们的外形，连我也说不出它们叫什么。

这时，我发现，这座城市不仅属于我们的，也属于其他生物的。只要我们能停下来静静地观察，就会发现小鸟的生活也是如此丰富多彩。学生获得了鲜活直观的体验，各种鸟类不再是书上的一个影像，而是和自己充满活力的生命一样会开心、一样会忧伤……

故事3：小鸟的家

在我小时候，楼房都用钢筋水泥构造，外墙大多是一层粗糙的贝壳。燕子很容易上面做窝，经常走在路上，在不经意间就可以看见一个燕子的窝。现在的建筑越建越美，越建越高，也越来越不适合鸟类生存。在高楼大厦光滑的玻璃墙上是看不到燕子窝的。在城市发展的同时，鸟儿减少了，它们失去了它们的家。要为鸟儿们做一件实的事就是帮它们建一个家，帮它们制作一个鸟巢。学生们带来了各种工具，在课堂上叮叮当当的制作起各种各样的鸟窝。有的用纸，有的用木头。大体完成后就开始检查各种细节，是否坚固、是否防水、小鸟住着是否舒适、前面的门大小是否合适、边缘会不会粗糙……终于，一个个鸟窝呈现在我的眼前。学生们把加工好的鸟巢摆在自己的课桌上，互相欣赏着作品。接下来，就是讨论鸟巢的安放地点，学生热烈的讨论着，选择合适的地点来安放自己的鸟巢。有的主张放到植物园，有的认为要放到公园里面、有的认为应挂在自己家附近。

过了一段时间，孩子们制作的鸟巢开始有了自己新的主人。孩子们拍下照片带到课堂上向同学们介绍自己的观察结果。在课堂上，孩子们向其他同学介绍自己的鸟窝挂在哪里，有几只小鸟住进去了。在里面居住的小鸟是什么样子的，叫什么名字，看到这些小鸟是怎样建设自己的家的，小鸟们都做了些什么……虽然有的照片很模糊，虽然有的鸟窝放了许久依然空空如也。但看到自己亲手制作的鸟窝有小鸟住进去了，孩子们的喜悦仍然溢于言表，在这过程中得到酸甜苦辣是任何课本都无法比拟的。

看到小鸟待在窝中的照片，我深深地体会到生命的意义。通过制作鸟巢使学生认识到自己的所作所为是有意义的，保护环境，不仅仅是大人们的事情，只要愿意做，我们可以给身边的生物带来巨大的帮助。

教学感言：鲜活直观的体验，让学生深切地感受到：保护环境，爱护其他生物的生命。生活这本巨大的教科书，给予学生一次最生动的教育。

自我校校本课程开设以来，学生学习方式最重要的改变就是一个字"活"，国家课程重在专门性知识，按一定逻辑顺序将知识分门别类，而校本课程则淡化了知识分割，淡化了学科间的界限，以兴趣为中心，将知识学习融于各种活动之中，因此通过校本课程的开发与实施，学生可以将所学的知识融会贯能，活学活用。

在上完"我是绿色小卫士"的课程后，学生写出了这样的心声：

四（1）学生说：学习"绿色小卫士"以前，我认为环保就是不随地吐痰、不随手乱扔垃圾、爱护花草树木……慢慢地，我的环保知识更丰富了，视野更开阔了。而且，我懂得了保护环境和我们每个人生活的好坏有很重要的关系。

家长看"绿色小卫士"：

如何让我们的下一代能够认识环保的重要，如何让孩子通过自己和学校等不同层面学到环保知识并运用到实际生活中，逐步养成爱护环境的良好习惯，是这门课程要解决的问题。我看到，这门课程在由浅入深地突出知识性、趣味性，让孩子轻松地掌握环保知识，从而争做一名合格的环保小卫士。

（二）个性飞扬，成就独一无二的自己

1、基于学生个性发展的课程——足球、艺术、科技

我校足球队始建于上世纪60年代，至今已有四十多年的历史，作为"全国先进体育传统项目学校"，我校的足球队在全国、省、市、区的足球比赛中取得辉煌的战绩：三十几次赢得厦门市小学生足球赛冠军；八、九十年代参加全国小甲A足球赛获得冠军。园南足球队俨然成为学校的品牌项目，而足球运动顽强、拼搏、进取的精神也引领着一代代的园南人努力前行。我们采用梯队式培训方式，从一年级开始培训队员，每天下午，队员均有训练，而且教师把足球教学也融入日常的体育课教学之中，作为一项基本内容，普及全校学生。

除了足球项目家喻户晓，我校也是"厦门市思明区青少年宫"驻点校，多年来一直与厦门市青少年宫合作，合唱多次获得厦门市合唱比赛金奖。舞蹈队参加各级各类比赛均获高级别的奖项，舞蹈队成员每周三次的训练时间固定，因此，合唱和舞蹈特色课程持续开展。

21世纪科技迅速发展，学生是祖国的未来，普及科技知识，引导学生树立科学精神，掌握科学方法，形成学科技、用科技的良好风尚，提高他们的科学素养具有十分重要的作用。因此，我们在近三年的时间里，针对这一目标，设立了科技的相关活动课程，学生在各类比赛中也取得了一定的成绩。

学校近三年荣誉足球、科技、艺术获奖统计

项目	时间	内容	备注
足球	2012.5	厦门市足球联赛三等奖	厦门市教育局、厦门市体育局
	2012.8	思明区足球联赛一等奖	思明区教育局、思明区文体局
	2012.9	厦门市中小学生足球锦标赛第四名	厦门市教育局、厦门市体育局
	2012.11	2012年思明区中小学生沙滩足球比赛第二名	思明区教育局、思明区文体局
	2013.8	2013年思明区中小学生足球比赛冠军	思明区教育局、思明区文体局
科技	2010.12	姜涛、张景曦获"我爱祖国海疆"航模市赛小学男子组"自由号"第一名	厦门教育局、体育局
	2011.7	"我爱祖国海疆"航模市赛、省赛小学男子组"自由号"第一名：温正源、徐子清、陈煜麟	福建体育局
	2011.7	"我爱祖国海疆"航模市赛、省赛小学女子组"自由号"第一名：林倩雯、王妤珊、陈淳	福建体育局
	2011.7	"爱海疆"省赛小学组遥控赛团体第一	福建体育局

科技	2011.8	"爱海疆"全国赛小学女子组遥控绕标赛 银牌：陈静仪、铜牌：杨骏芃 "770导弹艇"制作赛金牌：陈煜麟 绕标赛二等奖：陈凯辰，三等奖：陈凯威、陈欣怡	教育部 体育总局
	2011.11	"飞向北京"空模 "美佳欣"直升机模型任务 金牌 陈衣仪	市教育局 体育局
	2013.6	"爱海疆"市赛"自由号"水上足球赛 第一名 陈静仪 杨骏芃 肖辰睿； "河垃级"导弹艇制作赛 第一名 陈煜麟 "极光号绕标赛"第二名 郑宇舜 "极光号绕标赛"小学女子组 第二名 项梓烨	福建体育局
	2013.7	"爱海疆"全国赛 小学女子组极光号 金牌 陈静仪； 小学组自由号水上足球 铜牌 陈静仪 杨骏芃 郑宇舜； "河垃级导弹艇"制作赛 金牌 陈煜麟、 二等奖 郑宇舜 三等奖杨骏芃 肖辰睿	教育部 体育总局
艺术	2011.8	舞蹈"玩小丑的气球"获得第六届 "小荷风采艺术展演"一等奖	中国舞蹈家协会
	2013.8	舞蹈"七彩的梦"获得全国第四届 中小学生艺术展演一等奖	中国教育部
	2012.4	思明区小学生合唱比赛二等奖	思明区教育局

2、立足提高学生文化素养的课程——诵读经典

我国是一个诗的国度，自古以来就有诗教传统。诗歌具有弘扬民族精神，提升师生的文化品位和道德修养，拓展学生的思维的想象空间等作用。新的课标也十分注重继承与弘扬中华民族的优秀传统文化，充分肯定了中华诗歌在母语教学中的重要地位。中华古典诗歌兴趣的萌发应在少年时期埋下种子，将来这种子定会在孩子们的心中生根、发芽，开出绚丽的创造之花，结出甜美的创

新之果，无形中陶冶着人的情操。学生通过形式多样的活动形式，感悟古典诗词的内涵，感受中华文化的博大精深，增强学生的传统底蕴，培养了学生的汉语语感，全面提高了学生的人文素养，个性得以发展。

学生在与经典古诗歌对话的同时，结合自己的亲身经历，制作了课件，当起小导游，畅游在经典的国度里，以下是孩子活动过程的实录记载：

主持人：宋词是什么？宋词啊，是一种让人读起来朗朗上口的东西。哦！对了！你知道唐诗吗？宋词和唐诗都是中国古代文坛中的奇葩。不瞒你说，外国人还闹不清楚词和诗呢！不知你是否认为宋词十分精炼、生动？我想你们应该这么认为吧。苏轼、李清照、辛弃疾等词人，大家一定熟悉不过了，是吗？再来说一说宋词给我们带来的好处：NO.1 宋词可以培养我们的修养。NO.2 宋词给我们带来了美的享受。NO.3……

林路悦：学宋词的 5 大好处。你学宋词了吗？如果学了，一定有体会，那让我们交流一下吧！如果你还没学，没关系！就让我当你的导游，带你进入神奇的宋词世界！宋词的好处很多很多，我想了一些宋词的好处，正等着与你分享呢！1.陶冶情操：当你学会一首词之后，或许你会被词中的内容所震慑哦！你不信？试试就知道了呀！2.令他人惊讶不已：如果你背了很多很多的词，当然要学会应用！要应用在平时与别人的谈话中。我想，在你与别人谈话中，忽然冒出一句与"明月几时有？"类似的词，对方有可能会吓一跳哦！3.长了好多知识：宋词是中国古代文化一颗璀璨的明珠。多背一点宋词就多长一些文化知识。有如老舍说的那样：多学一些知识绝不是坏事。不是吗？4.当一位大诗人：其实，只要你多读一些宋词，知道词的节奏你就可以作词（或作诗）。练着练着，你离大诗人的水平就不远了！5.让别人佩服：当别人与你对话时，你用一口流利的宋词与他对话，别人不羡慕你才怪呢！怎么样？不错吧！你是不是仿佛进了一个奇妙的世界呢？记住我的话："宋词是一种文化，如果你想成为一个有文化的人，那就多背点宋词吧！"

黄婧颖：唐诗和宋词一直都是我们班的强项，现在我来谈谈我学词的体会。我小的时候就喜欢背词，因为词和诗一样，是我国古代重要的文化遗产，读起来朗朗上口。现在我们正式学词，才知道了一些关于词的事。我知道了词起初称"曲子词"，后来又称"乐府"。每曲词都有一个曲牌，叫词牌。词根据长短分为小令，中调和长调。通过对词的学习，我才知道，词是美的，有的抒发豪情壮志，有的表达离情别绪，有的吟花咏月赞美自然，有的描绘风物人情。篇篇词作，韵味无穷，值得反复诵读。

廖子力：我的体会是：诗词真是一种可以陶冶人们情操的东西。在背诗词的过程中，我们可以了解到许许多多的东西。比如说：你可以感受到大自然的美丽，作者把自己所看到的、听到的、感受到的，用诗词把它记录下来。也可以感受作者想要表达的各种各样的思想和心情。背诗词还能提高我们的写作能力，因为诗词里常常能读出一些真理来，这些道理往往能使我们在生活中懂得怎样去做人，做一个有出息的人。是诗词让我对语文产生了很大的兴趣，因为诗词等等文学中，还有许许多多的东西等着我们去发现，等着我们去挖掘，去探索。背诗词真的可以改变一个人，同学们，让我们一起融入到诗词的海洋中吧！

谢昆翔：读宋词，背宋词，可以陶冶我们的情操。我喜欢宋词，因为我认为诗词更有"味道"。在作文中，写上几句宋词，既能体现你的水平高又能让人看后"回味无穷"。不仅仅如此，宋词虽然比不上唐诗的整齐，不过宋词让我越看越爱看，爱不释手。而且宋词知识面广，不同于唐诗的单方面，在宋词中，有借物喻人的，有爱国者宁死不屈的……许许多多，各有长处。读宋词，朗诵得顺，不会"咬舌头"。如果深入思考，了解它的注释，会使你领略到各地的田园风光，到自然中去。也可能随着宋词的字眼起伏，心也会随时上升，多少爱国者宁死不屈。多少宋词告诉人们珍惜时间，等于珍惜生命。这并不是小题大做，而是对宋词的一种敬佩之情。古人能用这么精妙绝伦的笔记创造出一首又一首扣人心弦的宋词，能不使人感慨，感到震撼么？尽管从前我对宋词一问三不知，不过，我如今体会到了宋词里隐藏深远意义的词句，令我大为惊叹！平时我最多只能提提小笔，写出几个字，几句话。哪能像宋词流传得那么久，能在家里听到几句赞扬的话，就已经满足了。（宋词的作者），他能把春天描绘得百花齐放，百鸟争鸣，如画一般。夏季中他又可以用简单的句子写出烈日当空。秋，是丰收的季节，他能使到处喜气洋洋。严寒中，他又可以把一丝丝的绿意伴着笔尖带进去……创作宋词的人多么伟大，使我得到了好多课外知识，难道不是吗？

李奕贤：啊，原来词也是这么的奇妙，是这么美丽。唐诗、宋词、元曲是中国文学史上三座绮丽的高峰，是中国古典文化的精华。其中词是我最喜欢的。词的数量浩如烟海，词其中的奥秘令人心折。比如，有的表达了自己精忠报国，恨敌入骨的情感，有的表达了自己思怀故乡，归家无计的烦恼，还有的表达了对其燃升爱慕之心和敬佩之情……总之，词给我们带来的知识是无穷无尽的。

苏伟杰：春风吹放了元宵的火树银花，还吹落了天上的如雨彩星——燃放的烟火。游赏灯景的男男女女，骑着宝马，乘坐着漂亮的车子，一路飘香。人们载歌载舞，凤萧悠、扬动人。皓月皎洁，鱼灯龙灯舞动流转，长夜不息。游女们雾云上戴满了元宵特有闹蛾儿、雪柳等首饰，说着笑着走过去，还有衣香在暗中飘散。在如海似潮的人流里千百次地寻找意中之"她"，猛一回头，眼前一亮，那人不就在街残灯疏落的地方吗？读了这首词，我感到这首词读起来非常舒服，我非常喜欢这首词，而且这首词里的每一句话我都非常喜欢哦！

通过学生精彩的发言，我们深刻感受到校本课程的扩宽了学生的知识面，开阔视野，提高学生的学习能力，提升了学生的综合素养，陶冶了人的情操。

（三）快乐学习，让生命充满自由和灵动

"让绿意点亮生命"的特色办学理念践行于学校各个方面的发展，榕树的形象深入园南学子的心田，为了将具象的榕树与校本课程能做到有机的结合，我们一直再寻找校本课程的定位。校本课程一般可分为两类，一是根据学校需要对国家课程和地方课程进行再加工、再创造；二是学校自行设计开发新的课程。于是，我们提出了我校的校本课程定位是介于两者之间：围绕"榕树文化"创作和搜集教学资源，再将之作为基本素材，投入到国家课程的再加工、再创造中。以求找到一条既能符合学校办学特色与核心理念，又能与国家课程紧密结合的道路。以"榕"为载体设计的"创生"型校本课程孕育而生。

课程设计思路：以人为本，淡化课程的学科性，关注人的成长和发展，提供时间条件，创设创新情景，是校本综合课程设计思路的重点。

课程目标：开展与榕树相关的各项主题教育，培养学生热爱大自然、热爱学校、热爱家乡的高尚情操；使学生能形成富有生命力的成长态势。

（1）对学生进行基本知识的教育，感知榕树的外观与结构；在头脑中建立榕树的表象。

（2）引导学生了解榕树的生命特征，体会榕树的精神，树立正确的价值观和人生观。

（3）尝试用不同方法进行探究活动、尝试进行创作，培养学生的动手实践能力，积极主动的参与各项活动。

（4）面对学生的学习生活环境，帮助学生体验生活并学以致用，推进学生对自我、社会和自然之间内在联系的整体认识和体验，培养学生热爱大自然和社会的责任感。

课程的实施：根据各年段学生年龄特点与国家课程中各学科的目标要求，

进行校本教材的编写。每学年校本教材中涉及的各学科任课教师，根据教学目标与课时要求展开教学，以一、二、三、四年级为试点年段。（具体内容附后）

学科	所属年级	单元主题	误题名称	课程目标
语文	一	大榕树下，我美丽的校园	认识校园	1、熟悉学校的环境，能说出校内各地方的名称。2、初步了解榕树精神。
			我有好习惯	培养孩子的学习好习惯，为培养"榕树精神"打下基础。
			寻找校园的春天	1、感受春天带来的变化，感受生命的成长。2、培养学生对生命的热爱。
			榕树精神：脚踏实地	通过文本交流，班级讨论，让学生初步懂得"脚踏实地"的含义，并学会从小事做起。
	二	生命成长初体验	秋天的收获	感受秋天带来的变化，感受成长带来的收获的喜悦。
			榕树精神团结互助	1、懂得什么叫"团结互助"2、培养学生团结互助的榕树精神。
			生命成长初体验	通过种植的体验活动，从中体会到生命成长的过程，并能简单地说说自己的感受。
			榕树精神：宽容、包容	1、懂得什么叫"宽容、包容"2、培养学生"宽容、包容"的榕树精神。
	三	诵读经典热爱生活	"春之诗"诵读活动	1、积累、背诵、整合关于春天的古诗词，通过对以"春"为主题的诗词感受，与春天对话，体验到与大自然和谐相处的快乐，激发热爱生活的情感。2、引导学生感悟春的意蕴，让学生在反复诵读与融情想象中，感受诗歌的情绪和意象，激发学习古诗词的兴趣，受到心灵的熏陶和滋养，得到人生启发。
			由图画书爱上阅读	1、认识图画书，了解它的发展变化过程。2、欣赏图画书《猜猜我有多爱你》、《爱心树》、《爷爷一定有办法》等，激发阅读兴趣，从中受到爱的熏陶。

语文	三		"我爱榕树"诗歌朗诵会	1、挖掘榕树精神，欣赏泰戈尔散文诗《榕树》，查找赞美榕树的美文。 2、诵读赞美榕树的诗篇，感受榕树的精神内涵，培养学生对生命的热爱，激励自己像榕树一样蓬勃生长。
			"我在成长"故事会	1、结合语文单元主题拓展开来，讲一讲自己成长中最难忘的一件事、最难忘的一次郊游或最难忘的集体活动等，在回顾中体验成长的快乐与感动。 2、指导学生收集成长过程中的精彩作品、奖状、照片等，编写目录，整理成长资料袋，并在分享交流中感受生命的成长，从而热爱生命，热爱生活。
	四	传承经典 热爱生命	了解我国的"世界文化遗产"	1、结合四年级上册语文第五单元内容进行拓展，查找并了解我国的世界文化遗产，激发热爱自然，热爱生活，热爱祖国的思想感情。 2、以小组合作形式交流讨论，制作手抄报，并展示收获，培养责任心，激发热爱祖国的自豪感。
		诵读经典 感悟真情 ——古诗词 诵读活动课		1、诵读活动分"劝学篇、亲情篇、友情篇、爱国篇"四个篇章，目的对诗词进行适度归类，促使学生能举一反三，学以致用，为以后学习打下扎实基础； 2、使学生感受诗情画意，受到美的熏陶，进一步增进学习古诗词的兴趣，引导学生感悟诗词表达情感的魅力。
			"榕树情"写作、朗诵活动	1、结合四年级下册第一单元习作《我们的校园》，观察校园大榕树，感受榕树之美，挖掘榕树精神，写一些我心中的榕树，激发热爱校园之情。 2、诵读赞美榕树的美文或自己的习作，感受榕树的精神内涵，培养学生对生命的热爱，激励自己像榕树一样蓬勃生长。

语文		阅读指导课——爱上儿童文学	1、了解什么是儿童文学，引领学生走进儿童文学，感受美好的精神家园，从而热爱阅读，热爱生活。 2、指导阅读《安徒生童话》、《夏洛的网》、《小王子》等经典书籍，激发学生在纯美的语言文字中感受生命，感受美好的情谊。

学科	所属年级	单元主题	课题名称	课程目标
综合实践	三	榕树的秘密	制订小组活动方案	制订的方案分工明确、合理，看计划是否周全。
			收集榕树相关资料	培养收集信息的能力，与组员交换、分享信息。
			组织学生实地参观榕树	认真观察，做好笔记。
			展示与交流	试总结研究成果，口头说明详尽生动，态度大方自信。
	四	榕树的启示	制订小组活动方案	制订的方案分工明确、合理，看计划是否周全。
			指导制作树叶标本	动手制作的能力。
			讨论小组开展宣传活动的形式	小组合作 合理，形式多样、有创意。
			引导学生用合理的形式宣传榕树文化	文字资料、手抄报和图片分类整理、摆放好，是否大方地介绍宣传。

学科	所属年级	单元主题	课题名称	课程目标
美术	一	美丽的大榕树	观察美丽的榕树	到操场观察榕树，说出榕树的特点。
			美丽的大榕树	抓住榕树特征，简单画出榕树。
	二	手掌树	好玩的陶泥	了解陶泥。认识简单的陶艺工具。
			我的手掌树	学习制作手掌树。
	三	美丽的榕叶	美丽的榕叶	树叶拓画。利用榕树的叶子进行拓印制作。
			榕叶贴贴	树叶制作。把榕树叶子、根须，进行裁剪，粘贴，制作作品。
	四	榕叶笔筒	陶板陶板	1、到操场收集美丽的榕树叶子。2、学习初步的陶板压制。
			榕叶笔筒	将在校园收集的树叶制作榕叶笔筒。
学科	所属年级	单元主题	课题名称	课程目标
科学	三	植物	新生命的起跑线	现代植物种子的存在和意义。
			种子要发芽	植物的种子能够孕育生命。
			叶 * 问	叶子是植物生命的能量来源。

	三	植物	花——不仅仅是漂亮	花是植物繁衍下一代的重要器官。
科学	四	植物*昆虫	植物和我们	植物对人类的重大贡献。
			我们来养蚕	养蚕知识、领略生命的神奇与伟大。
			养蚕日记	观察、描述蚕的生长和变化。
			给蚕茧抽丝	学习抽丝、感受生命创造的奇迹。

学科	所属年级	单元主题	课题名称	课程目标
信息	三	我手绘榕树	设计我心中的榕树	欣赏园南学子所做的榕树绘画作品，谈谈生活在美丽的校园中，榕树的品格给了自己怎样的影响，初步设计出自己想描绘的关于榕树的场景。
			描绘我心中的榕树	教师做简单的技能复习之后，学生动手利用画图程序绘制我心中的榕树。
			赏析我心中的榕树	展示学生的绘图雏形，互相评价后做进一步的完善修改。
			歌颂我心中的榕树	聆听校歌，把自己对榕树的喜爱之情书写在自己的画作上。
信息	四	我眼中的榕树	捕捉榕树的"身影"	学会相机的基本使用，到校园的各个角落去捕捉榕树的"倩影"。
			学习处理数码照片	学习照片简单的处理方法，并为榕树的剪影做对应的处理。
			制作电子小报	搜集榕树的相关资料，配以榕树的照片制作成以榕树为主题的电子小报。
			赏析电子小报	完善修改电子小报并交流展示。

学科	所属年级	单元主题	课题名称	课程目标
音乐	一	感受校园	感受、学唱	谈对校园的感受、学唱校歌《像榕树一样蓬勃生长》。
			表演	学唱、表演校歌《像榕树一样蓬勃生长》。
			演绎	结合校歌，画画、剪剪学校的大榕树。
			活动	开展以校歌《像榕树一样蓬勃生长》表演比赛（地点：校榕树下操场）。
	二	歌唱生命	温习	复习、表演校歌《像榕树一样蓬勃生长》。
			学唱	识谱知识：学唱歌曲《大榕树》。
			表演	表演唱歌曲《大榕树》。
			活动	与爸爸妈妈上网查找有关榕树的歌曲，开展以榕树为主题的表演活动（地点：校榕树下操场）。
	三	赞美生命	温习	复习、表演校歌《像榕树一样蓬勃生长》。
			学唱	音乐知识：符点四分音符"X·"、附点八分音符"X·X"；学唱歌曲《榕树爷爷》。
	三	赞美生命	表演	表演唱歌曲《榕树爷爷》。
			活动	上网查找榕树有关知识、歌曲，开展以榕树为主题的活动（地点：校榕树下操场）。
	四	热爱校园	温习	复习、表演校歌《像榕树一样蓬勃生长》
			学唱	音乐知识：四分休止符"0"、八分休止符"0"；学唱歌曲《榕树下》。
			表演	表演唱歌曲《榕树下》。
			活动	上网查找榕树有关知识、歌曲，开展以榕树为主题的活动（地点：校榕树下操场）。

课例：陶艺——榕叶笔筒

第一课时：好玩的陶艺

执教：周静芬

教学目标

1. 结合对陶瓷艺术的认识和感受，努力以创作表达自己的认识与感受。

2. 重点学习与陶艺创作相关的基础知识，了解和感受陶艺创作的特点和乐趣。

教学重点

初步掌握泥板成型、泥条成型、拉坯成型的几种基本技法。

教学难点

了解陶艺与其他艺术门类的关系，认识陶艺创作与生活的关系，使学生更加热爱生活。

教学准备

陶艺创作的工具；陶泥；示范作品及课件。

教学过程：

一、组织教学

二、新课

1、以提问导入

师：你们知道"中国"的英文是什么吗？

生：China！

师：很好，那么为什么我们中国被叫做"China"呢？

生：因为"China"是陶瓷的意思，陶瓷是中国发明的。

师：恩，陶艺是中国的传统古老文化。中国的英文名称叫 China，意思是陶瓷。陶艺是一种人工形态。陶瓷形态的基本材料是土、水、火。瓷器是中国古代的一项伟大发明。世界各国的制瓷技术多是从中国传入的。在古代，外国人称中国为"瓷器之国"。

实物区分陶器和瓷器

师：平时我们常说陶瓷，为什么出现了陶都（江苏宜兴），还有景德镇外有六个瓷都，而不称陶瓷都？陶与瓷不是同一种东西，是有差别的。

实物欣赏用陶土和瓷土制作出来的作品

师：通过欣赏观察，你们能说出两类原料制作出来作品的差别是什么？

生：用料不同，陶器用陶土，瓷器不是。陶器厚，瓷器薄。

师：同学们的观察很仔细。陶器与瓷器的作胎原料不同：陶器一般用黏土，少数也用瓷土，而瓷器是用瓷石或瓷土作胎。此外，烧制温度不同，陶的烧结温度低，而瓷的烧结温度高。胎色不同，釉的种类不同（釉就是陶瓷表面具有玻璃质感的光亮层），吸水率不同等。通常瓷器看起来要比陶器晶莹，薄脆。但是真正鉴别是陶还是瓷必须综合以上的特点来区分。

3、揭示课题

师：陶土和瓷土，它们的区别就在于陶土较瓷土来说成本低，较容易取得，其作品给人的感觉较为朴拙，看起来很亲切。今天开始我们学习《好玩的陶艺》，让我们一起走进陶艺的世界。

4. 欣赏陶艺作品的图片资料

师：中国陶瓷在几千年的发展历程中，装饰和器物紧密联系，形成了独特的陶瓷文化风格。现代陶瓷艺术装饰更加强调作品对人的精神和心理产生的作用，且艺术家用自己的设计理念，将更多新的内涵融入到陶瓷艺术装饰作品之中。你们在生活中有见过什么样的陶艺作品？

生：花器、餐具、茶具、陶瓷刀等。

师：现在市场上陶艺装饰品很流行，而且还有专门体验陶艺制作的小店，称为"时尚陶吧"，人们可以在这里体验回归泥土的质朴气息和满足自我的创作欲望。在美术课上我们也来学学捏陶，你们有兴趣吗？

生：有

5、实物、图片介绍陶艺工具

师：陶艺工具一般文具店都有卖，成套的，雕塑刀，竹片刀等等，也可以自己动手做。生活中好多东西都是可以用来做工具的，像会员卡就可以用来刮平，抹平，砂纸可以用来打磨，抹布可以沾水来表现肌理效果，甚至麻布，等等，要看情况了。建议自己动动手，到时候自然有办法。

6、课件介绍陶艺成型方法

师：（课件显示）成型方法与相对应的图片资料陶艺作品是怎样制作出来的？

介绍：a、手捏成型法 b、泥条盘筑法 c、翻模法 d、泥板成型法 e、拉胚法

7、师示范讲解陶艺技法

师：所有的作品都尽量要空心的，泥的厚薄尽量一样，衔接处要粘牢。搓泥条：泥条要柔软、粗细要均匀，这样作品不易扭曲、倒塌，而且外观整齐漂亮。泥条粘接要捏牢固，每盘筑几圈，需要整理外形，加固。装饰可以是压印、划刻、上色、贴花等。

8、生尝试制作

师：刚才我们不仅欣赏了陶泥作品，而且还研究了它们的创作方法，现在大家想不想也来亲手试一试？

学生操作，师巡视

三、成果展示　互相点评

1、学生互评：把每小组的作品展示在桌面中间，同学起立相互欣赏，选出认为最优秀的一件作品。

2、教师点评，提出优点与不足，鼓励学生的优秀表现，培养学生继续学习的兴趣。

四、布置作业

1、请每组派一位同学设计一个笔筒。

2、准备相应的材料、收集榕树树叶。

课时2：榕叶笔筒

教学目标

情感发展目标：通过本课教学，培养学生良好的劳动习惯与意志品质，培养学生的审美情趣，陶冶学生的情操。

认知目标：通过本课教学，使学生掌握多种制作笔筒的方法。学会泥板和泥条的衔接方法及笔筒各种部位的制作方法。

能力目标：通过本课教学，培养学生动手操作能力、丰富的想象力、旺盛的创造力和空间思维能力。

重点：不同形状笔筒关键部位的制作方法。

难点：不同形状笔筒关键部位泥条的衔接。

教学准备

陶艺创作的笔筒、示范作品及课件。

教学过程：

揭示课题　展示各式笔筒

师：（课件演示）同学们，我们学校在榕树的怀抱下，每天你们上学放学都要从大榕树下经过。它既能在酷热的夏天为我们挡太阳，又能给我们带来阵阵清凉的风；既能在寒冷的冬天为我们遮挡寒风，又能让我们在他那茂密的树枝下玩耍。榕树是我们学校的特色，你们喜欢大榕树吗？课前周老师布置大家去收集榕树叶，你们知道要做什么吗？

生：榕叶笔筒。

师：是的，我们今天的主题是制作榕叶笔筒。（点击课件）

首先，我们先来欣赏一下学校陶艺社团同学的笔筒作品。其中有周老师和王老师的作品，你们猜一猜哪一个是王老师的作品啊？

生竞猜

师：呵呵，你真棒猜对了，这个就是王老师的作品，上面有她的头像标志。那哪个是周老师的作品呢？

生竞猜

师：猜不到吧，其实一走近看，你们就会发现了，上面有周老师刻的名字和制作时间。

师：所以等会你们完成的作品上也可以刻上你们小组的名字。

二、展示每组同学的设计稿

师：那么我们先来看看，上节课周老师布置各个小组选出一位设计师，设计属于你们小组的榕叶笔筒，现在请小设计师们把你们的设计稿，贴到黑板上。

师：哇，太美了，你们都很有创意，那么哪一位设计师愿意来解说他的设计。

请两生说

师：恩，设计得真好，用叶子设计的小金鱼很形象，也很可爱，颜色搭配也很和谐。

师：是啊，你们的组员各个都很精神，像榕树一样蓬勃生长，虽然是黑白线稿，但看起来是这么精致。

我们大家把掌声送给这些小设计师们，你真棒。

师：那么想把你们的设计稿变成现实呢，让我们一起来学习如何把普通的陶泥变成笔筒吧。

课件示范　笔筒制作方法

师：睁大眼睛，我们一起来看看制作流程。

师：以王老师的笔筒为例，我们一起来看看泥板法的制作过程。

1、取一团大小合适的陶泥，揉搓。

2、将陶泥压成泥板。

3、注意薄厚一致，表面平整。

4、取一团陶泥，用掌心揉圆。

5、压成泥饼，准备制作笔筒底部，注意不要太薄。

6、将收集的榕树叶子铺在桌面，注意间距。

7、将刚才压好的泥板放在榕叶上，用手均匀的压一遍。

8、将泥板小心的翻过来，你会发现神奇的美丽。

9、将叶子小心的挑起，注意保持轮廓的完整。

10、在矿泉水瓶上包上报纸。

11、将做好的泥板绕瓶子一圈，把多余的部分去掉。

12、接口处用陶针刮粗糙。

师：同学们这个是难点，请你们看老师示范：接口处用陶针刮粗糙，是为了让两边接合得更紧，接合后，还要用手按一按，确保没有缝隙。

13、将筒身放在刚才的泥饼上，接好，然后去掉多余的部分。

14、为笔筒加上一只蝴蝶，是不是更加的美丽呢？

师：再来看看第二和方法，泥条法。

1、我们先把泥拍成椭圆或圆形，做个底板。

2、再搓两个一样泥条，注意粗细一致。

3、将两个泥条卷成麻花的形状。

4、把泥条轻轻压扁。

5、把泥条缠绕在底板上形成筒形。

6、注意接合处也许用手按压，才不会倒塌。

7、如此重复，直到你需要的高度。

师：泥条法还有另外一种更为简单的方法，你们看，直接是圆形底板，泥条不需要搓成麻花，直接绕上去，

师：示范讲解但是要注意每绕一层，就需要用陶针将泥条刮粗糙，以便于接合、叠加。

四、小组讨论分工　领取材料

师：学习了制作方法，是不是每个小组都跃跃欲试了呢？先等等，你们大家要先讨论下分工。有了明确的分工才能事半功倍。

课件出示分工要求

师：你们根据先讨论是想要用泥板法还是用泥条法制作笔筒，然后根据周老师的提示，讨论具体的分工。明确每个人的分工的小组，组长可以上台领取材料。

生上台领取材料，师协调分工。

五、学生集体创作　师巡视指导

师：播放播放音乐。教师到学生当中及时指导、点拨，强调安全操作。

教师在巡视时，发现动手能力差的学生，要面对面地指导，并鼓励使其增强自信心。指导学生相互指点，相互帮助。形成良好的学习氛围。

师：教师指导学生操作时，发现共性问题及时提出：

1、作品有弧度的地方为什么有裂纹？——泥太干

2、泥模为什么不容易取出来？——没有包报纸，不好取出

六、成果展示　生谈感受

师：好了，时间到，各个组长小心地把你们的作品拿到展台这边。

师：我们大家来谈一谈这节课的感受，你们组合作得怎么样？制作笔筒好玩吗？你们小组没有完成为什么？你遇到什么困难？

生：谈谈制作笔筒的感想，引导学生谈小组合作情况，珍惜劳动成果。

师：大家都有自己的想法，周老师希望所有的小组都能齐心协力，完成老师布置的任务。

七、整理工具　布置作业

师：周老师等会儿，会把各组的笔筒拿到后面展示柜风干。下节课，我们将学习榕叶笔筒的上色，你还可以根据小组的设计，添加上一些装饰的元素。看到了吗？等这个单元结束后，我们将会进行一张展示会，届时会评出这些奖项。而且以后这个笔筒就放在小组的桌子上，大家一起用，加油哦！

师：现在请你们分工

1、2个同学将剩余的陶泥材料融合起来，放到整理箱。

2、1个同学将木板放到架子边，摆好。

3、1个同学收拾好工具，整理好工作台。

4、另两个同学推好椅子。

5、下节课要求带水彩颜料、画笔、调色盘、海绵。

学生上完"榕树笔筒"四（1）梁璟岚学生写下这样的分享文章：

"听说这次去陶艺室是去做笔筒，我真想知道是什么样。"……在同学们叽叽喳喳的议论声中，我们走进了陶艺室的大门，一个对三年级时的我们认为神奇也很神秘的地方。

我们刚刚坐下，周老师像变戏法一样从讲台"变"出了一个"泥巴团"。原来这就是所谓的"陶泥"啊！看起来硬巴巴的陶泥在周老师手上就变得乖巧听话了。瞧，它一会儿平躺在老师的手背上，一会儿又翻滚在老师的掌心里……不一会儿，一个圆形笔筒的雏形就做好了！真简单啊！大家都跃跃欲试。"那么，"周老师微笑着说，"我宣布，榕树笔筒制作现在开始！"

班级里又恢复了"叽叽喳喳"的原始状态。"嘿，借我一把雕刻刀。""老兄，你的花纹印错了！"这样的声音络绎不绝。过了好久，我们小组才完成了一个笔筒的雏形。真是看起来容易做起来难呐！可我们毫不气馁，依旧继续装饰我们的"榕树笔筒"。雕刻、上色、印花纹……每一项工程都需要极大的耐心与细心。又过了很久，我们才完成了作品——海豚榕树笔筒！总而言之，这个笔筒是我们小组最最骄傲的产物！

现在，我的脑海里依然清晰地浮现那个笔筒的样子，好像一闭上眼就能看得见。是什么让我念念不忘呢？是那一刻，小组团结的感觉！是榕树身上团结向上的协作精神感染着我们园南小学的每一位孩子！

四、坚守理念，绿色生命化课程效果显现

近两年，我校校本课程建设坚持以人为本的理念，关注课程本身的生命价值，着眼于学生健康身心的培育和完全人格的塑造，关注每一个教育对象的个性发展。我们采取了学科渗透、学科整合等方式，让学生根据自身不同的特点选择合适的课程，改变了接受学习的状态，让学生在实践与学习中得到真实的感受和体验，取得一定的效果。主要表现在下面几个方面：

（一）来自学生的效果评价

每个人都是独一无二的，因而每个人都应当有自己的独特个性，教育既是培养人的活动，更是发展人的活动，关注学生的发展成为教育的最终极目标，而课程是为培养人服务的。

1. 发展学生的兴趣与特长，张扬学生的个性。

校本课程开放中，学生是第一受益人，他们的兴趣得到培养，个性得到发

展，特长得到展示。这是因为，一方面，活动课是他们自己选定的，另一方面，由于教师的有效教学。所以每到校本课程时间，学生的兴趣大增，校园各个教室、功能室、操场都呈现出一片生机勃勃、兴趣盎然的景象，校本课程成了学生一周中最期待、最有意义的课程。

兴趣是最好的老师，在校本课程实施过程中，学生激情迸发，全心投入，在获取知识提高能力中享受着自主管理、自主实践、自主学习、主动发展所带来的喜悦。兴趣促使校本课程成果显著：他们制作的各类精美的手工艺品令家长爱不释手；语言表达、社会交往能力获得发展。学校足球队继续蝉联各项足球比赛的冠军宝座，舞蹈和合唱等艺术类项目参加各级别比赛活动大奖，并参加厦门市举办的各类大型演出，获得一致好评。这些成绩的获得，源于校本课程的开设，它为孩子们的个性发展注入新的活力。

2. 丰富的课程，多彩的活动，让孩子们快乐的追求，健康的成长。

自我校校本课程开设以来，学生学习方式最重要的改变就是一个字"活"，国家课程重在专门性知识，按一定逻辑顺序将知识分门别类，而校本课程则淡化了知识分割，淡化了学科间的界限，以兴趣为中心，将知识学习融于各种活动之中，因此通过校本课程的开发与实施，学生可以将所学的知识融会贯通，活学活用。

在以往的课堂教学中，课堂以尖子生为主的局面在校本课堂上再也见不到了，因为校本课程的开发尽最大限度地满足了学生们的需求，让大多数学生都找到了自己学习的方向，找到了自己感兴趣的科目，所以现在的课堂上，人人都是课堂的主人，人人都有施展的空间，原本那些在课堂上不愿学习的学生，在校本课堂上都学的兴趣盎然，例如：某年级的一名同学，他以前在课堂上不是搞小动作，就是睡大觉，常常受到老师的批评，但是他对电脑特别感兴趣，自从参加微机校本课以来他的特长得以发挥，他设计的动画常常得到老师和同学的表扬，身为微机班的"尖子生"他找到了自信；同时也深深体会到被表扬的幸福，于是回到班级课堂上，他不再睡觉和搞小动作了，认真听起课来，可以说是校本课的开发，让这样一批所谓的学困生，发现了自身的闪光点，找到了自己努力的方向。

3. 扩宽了学生的知识面，开阔视野，提高学生的学习能力。

学生的成长，需要实践的沃土，我校的办学理念是"让绿意点亮生命"。创设符合生命成长的各项条件，使孩子蓬勃生长。

（二）来自教师的效果评价

教师在开发校本课程的同时，也实现了自身专业的变革与发展。直接参与和领导特色校本课程开发的教师，其潜能和专长首先得到了充分的挖掘与发挥，而其他教师则在校本课程的实施以及学校文化的塑造中，获得了专业素质的普遍提升。校本课程也提高了教师的课程实施能力和课程创生能力。

（三）来自学校的效果评价

课程是体现学校办学理念和办学特色的重要载体，我校校本课程的开发与实施是基础教育改革的一个亮点，是学校利用本校及社区资源为学生选择课程的支撑点，也是打造学校特色擦亮学校品牌的新的生长点。

校本课程既是学校文化的载体，又是创建特色学校的突破口。学校利用校本课程的开发实施，带动学校其它工作的全面改革与发展，提炼和提升学校的文化精神和思想理念。校本课程开发也是实现特色学校可持续发展的重要途径之一。我们知道，特色学校的办学特色是在长期的办学实践中不断探索、总结和提炼形成的，其创建是一个永无止境的过程。

启示：特色课程的开发在动态中和谐发展

校本课程开发是特色学校建设题中应有之义。校本课程开发既是挖掘和发挥教师专长、促进学生特长与个性发展的重要方式，也是塑造学校文化、实现特色学校迈向品牌化的必要途径。

1、特色课程建设是学校文化的传承和创新。

作为校本课程的核心理念，在国家课程的原则指导下，因地制宜和因校制宜地选择和探索是最为关键的，因此学校的校本课程建设不是孤立的，需要与学校的办学理念、办学目标紧密相连。

学校特色课程的开发必须凸现了学校办学特色。学校是否具有旺盛的生命力和良好的社会声誉就要看是否有鲜明的办学特色，而校本课程的开发是学校办学特色的集中体现。学校有什么样的办学理念，想办出什么样的特色，直接决定了其校本课程的开发方向。我校因地制宜，开发了以绿色环保特色为中心的校本课程，"榕文化"特色成为我校的一大特色，促进了学生德、智、体、美、劳全面发展。

2、特色课程建设是动态发展过程，是不断生长变化的过程。

"学校是真正发生教育的地方"，而课程是"由师生交互作用而产生的一种不断生产的建构"。因此，理想的课程应当是在与学校、教师、学生的现实进行对话和协商中得以发展，并发挥最大的教育功能。

校本课程的优势是课程开发者与实践者联系更为直接，调整更为容易，更能够跟上时刻变化的社会经济发展与学生的实际需要。因此，学校课程不要过分追求正规化，不要一定向标准教材看齐。我们学校《绿色小卫士》的校本课程开发，就是充分利用之前设立的大纲，根据现今学校资源和学生的实际情况，进行重新的整合，开发相应的配套教材。

3、特色课程建设是为了促进学生个性特长的发展。

学生的兴趣需要是开发校本课程的重要依据。在校本课程开发中，根据学生个性潜在的独特领域和生长点，承认学生的个性差异，尊重学生的不同兴趣爱好，自主学习，使不同个性、不同层次的学生都有所发展，这正是新课程所追求的理念。

在校本课程开发的道路上，在全体教师的共同努力下，我们不会消极等待，我们将继续求索，奋力拼搏，理论上求"新"，实践中求"真"，方法上求"活"，抓好校本课程的开发和实施，形成关注学生个性和全面发展的校本课程，让校本课程之花在我校灿烂开放。

第五章　创新德育体系　特色学校建设的重要途径

德育创新是基于学校文化传承和发展定位、基于学生问题解决、遵循道德教育的内在规律和学生身心发展的规律。在"让绿意点亮生命"的办学思想的指导下，我们不断求索着学校德育创新发展之路径，并在特色学校创建过程中发挥起重要的作用。

一、现实的诉求：生命化德育的提出

（一）分析现状，直面德育问题

为了保证我国人才培养的质量，长期以来党和国家十分重视在学校加强学生的道德教育，出台了许多相应的文件，保证德育"首位"的落实。然而从实践来看，现代学校德育仍然处于"说起来重要，干起来次要，忙起来不要"的尴尬境地。

1、德育目标脱离学生实际。

传统德育目标要求远高，与现实生活严重脱节。1998 年国家教育委员会所制定的《中小学德育工作规程》是这样表述的："中小学德育工作的基本任务是，培养学生成为热爱社会主义祖国、具有社会公德、文明行为习惯、遵纪守法的公民。在这个基础上，引导他们逐步确立正确的世界观、人生观、价值观，不断提高社会主义思想觉悟，并为使他们中的优秀分子将来能够成为坚定的共产主义者奠定基础。"这样的目标存在着理想化，缺乏对个体生命成长的关注，更缺少对个体幸福的关注。过分地致力于对学生思想道德政治觉悟的培养，而忽视对学生良好的思想品德、心理素质和行为习惯的塑造，无法激发学生接受道德教育的动机与热情。

　　传统的德育目标缺乏层次性。"爱国主义"、"集体主义"等主义的终极性目标对各个年级的要求都是一样。德性的成长是具体的、有阶段性的，如果不分德育阶段，不关注德育对象的年龄阶段，把终极性的德育目标当作每一个阶段的德育目标，那就违背了德育规律，将会"欲速而不达"。这样的道德教育只是停留在口号的宣传和灌输阶段，没有把中心落在道德的实践环节上，没有让学生在道德的具体实践中去领会，去成长。

　　2、德育对象缺失主体地位。

　　德育的根本目的，是让学生的德性充分地、生动活泼地发展。而当前，我国学校的德育主要为一种知性论的德育范式所统摄，强调以统一性地强制训练和灌输为主，热衷于道德法则和知识的掌握。在这种德育模式下，教师往往无视于学生的真实感受，无视学生生活其中的活生生的世界。学生的主体性被彻底地泯灭了，自觉性和能动性遭到了压抑。

　　我们现在的道德没有活的生命意识，只是把古今中外的美德与规范收集起来，装入一个袋子，上课时拿出来欣赏一番，下课就把它装入袋子里去了。教师花了精力，学生无动于衷。大多学校的德育活动通常是在教师、家长和社会的要求下，从上而下、自外而内的单向地组织或发起，并要求学生参加。这种参加在很多情况下是被动的。教育者为学生安排好活动的一切，包括认知活动的过程和结果，实际活动的内容、手段、时间、地点、空间等，全然不顾活动过程的组织引导、内涵提炼和评价内化。学生是"参加"而非"参与"，在整个过程中只是消极被动地在活动中接受教育，犹如例行公事。

　　3、德育方法简单枯燥。

　　德育方法是实现德育科学化的基本条件，是完成德育任务、实现德育目标的关键因素。当前学校德育工作的方法很多，但是这些工作仅把个体思想品德发展过程视为认知发展的过程，把德育过程看作是对学生施加外部道德影响的过程，忽视了个体思想品德发展中的情感、体验与实践，从而使学校德育知识化。实践中，往往将德育过程视为灌输过程，仅仅注重对学生进行正面教育，有时将德育方法简化为道德知识地传授，有时候甚至采取惩罚的形式代替德育。

　　2011年12月，厦门日报一篇报道引起了人们的震惊，题目为"岛内一名校老师罚学生画800个香蕉，只因答错一道题"，内容是"某家长的儿子在岛内一所声名远扬的小学，在市民心中等同于名校。这位要求匿名的家长Y爸爸从香蕉开始讲起。香蕉来自儿子数学考卷上的一道数学题，题目大概是多少乘以多少,乘数和被乘数用香蕉代表。Y 小朋友答错了。老师开出的罚单是:抄 50 遍!而且,必须连题目一起抄。Y 爸爸说,我简直不敢相信自己的耳朵!这是厦门的学校?还是名声那么好的小学?但是,老师的话不能不听,Y 爸爸决定替孩子来接受这个惩罚。他说,不是我溺爱孩子,而是我觉得让孩子画那么多香蕉,有什么意义呢?他大概数了下,一共画了 800 多个香蕉。"用体罚,变相体罚来处罚学生,试图以此来促进学生的精神成长和知识学习,这种教育方式能获得怎样的效果,我们可想而知。

4、德育评价形式单一。

如何进行德育评价一直是一个难题。目前小学德育评价体系存在的问题表现在:德育评价目标不明确,评价标准不客观,德育评价方法简单化,德育评价主体单一。目前学校德育评价即班主任评价,认可教师,学生家长基本不参与,学生是被评价的对象,更是无权参与对自己的评价。老师在用规范来表扬和指责学生的行为时,往往不注重学生的个性和选择的权利。我们总是认为那些"听话"的学生才是好学生,而稍有个性的学生常常被看作差生,更不用说那些极具个性的学生了。评价的内容模糊,学生评语一般是从德智体美劳进行评价,语言老套,如尊敬师长,团结同学,热爱集体,文明礼貌,学习努力,成绩优秀等等。这种德育不是人性的塑造、养成,而往往是一种改造和压制。

(二)德育创新,提出生命化德育

基于对现代德育问题的剖析,我们认为问题的根源就在于对生命本身的漠视,我们把目光投向了生命化德育。南京师范大学冯建军教授在他的《生命化教育》一书中提出了生命化德育的概念。生命化德育是超越于现代德育的功利主义倾向,从德育的知性化走向对现实生活的复归,使道德生命自由、自主和自觉地成长,真正实现道德与生命融合的德育。它关注个体生命存在、体现人本化的道德建构必将成为学校德育的新走向走向。生命化德育尊重每个学生的生命发展,以每个学生的人生幸福为价值取向等主张与我国基础教育新课程改革的理念"一切为了每一位学生的发展"是一致的。开展生命化德育研究把道德教育融入学生的生活世界,运用人性化的德育方式和途径,力求真正实现道德与生命的融合,使学校德育内容符合学生身心发展规律,贴近学生生活。在生命化德育里,学生的素质能够得到全面的发展。它将彻底变革传统的德育,从教师的引领到学生的道德自主建构,从道德知识接受到体验道德情感,从弓本走向生活，还学生精神生命发展的主动权，让德育真正焕发生命的活力。

（三）明晰理念，引领生命化德育实践

1、生命化德育的内涵

生命化德育，从本质上说就是一种认识生命无限性和寻求生命意义的德育，它的目的在于让每一个人懂得生活的意义本身不因肉体的消亡而消亡，自我的精神满足才是生存的本质所在。

生命化德育，从形式上来说是一种主动关心学生，尊重学生个性和人格独立的德育形式。生命化的德育将学生看成一个有血有肉有思想感情的道德生命体，将德育视为寻找生命本义的必由之路，与学生的生命和生存意义直接相关，使德育过程不再是一种简单的知性化处理，而走向与学生日常生活的融合，使道德教育发生在生活的每时每刻,而不是只局限于封闭课堂教学中的抽象教条。

生命化德育与现代德育的根本区别在于：生命化德育是基于生命，关注生命，涵养生命，满足生命的需要，提升生命的意义，完善生命的品格。

因此，生命化德育是以尊重每个学生的生命发展为前提，以每个学生的人生幸福为价值趋向，把道德教育融入学生的生活世界，运用人际化的德育方式和途径，真正实现道德与生命融合的德育，构建生命化教育理念发展下的德育观。

2、生命化德育的特征

生命化德育是上升到人文关怀层面的伦理教育与道德教育，是对当今道德教育的超越与提升。生命化德育追求的是一种充满生命体验与生命关怀，感悟生命意义，富于生命活力的德育境界。

（1）生命化德育关注生命的意义

何谓生命之"意义"？德国历史和文化哲学家同时也是生命哲学奠基人的狄尔泰认为，意义就是生命的体验，是生命的本质力量在克服一切障碍，创造属人世界中的自我肯定自我确证。

对意义的追寻，是人的生存方式，是人之生命独特性的特征。赫舍尔特别强调，"探索有意义的存在是实存的核心。"我国著名哲学家高清海教授更是把人的本质看作超越生命的意义，强调意义对人的本体价值。冯建军在《生命教育在于唤醒人的生命意识》一文中指出，"青少年自杀现象最大的问题就是生命意识薄弱，他们不懂得生命之可贵、可爱，人生之价值、意义。我们的教育

没有引导学生去认识生命的尊严、理解生命的价值，培养出来的人仅仅学会了一些知识，掌握了一些技能。"

我国生命化教育的倡导者张文质说"教育的最高境界就是要培植每一个人对生命的敏感，对生命的珍视，包括对生命的敬畏。"生命的真谛，就在于它明确的目的性，正是这种目的性，扬弃了生物本能的冲动，在生存与生活基础上，追求更高层次的"意义"，超越生命的有限，趋于精神的永恒。生命化德育所指向的是我们生存的内在精神和终极目的，就是要通过对意义的发现，培植对生命的珍爱，意识到生命比一切都更重要，生命只要存在，就能朝着各种可能无限的发展，从而把生命引向精神的内在存在，为生命意义的获得寻求精神支撑。

（2）生命化德育关注人生的幸福

怎样的教育才算是成功的教育呢？现代社会，教育的评价标准似乎也与时俱进了，和其他的产业没有任何区别——看"产品"。我们的孩子也列入其中，标签上的内容便是——分数，获奖情况等等。"成功"的教育便是可以使孩子的"标签"上有着光鲜照人的内容。但"生命化"教育却告诉我们"所有的教育问题一定要回到孩子是否过得幸福这个基础上来"。真正成功的教育下的孩子一个显著特征就是他们有幸福的体验，并从内心渴望幸福，而且自信有能力获得幸福。教育的终极目的是幸福，为学生的终生幸福服务。故生命化德育应该成为幸福化的德育，一个重要使命，就是要引导学生认识和善待自己的生命，认识并勇于超越自己，从有限的生命中获得永恒的幸福。

童年的幸福是人生幸福的基础，"等待、宽容、同情、理解、尊重"都是生命化德育的关键词。把孩子身上最好、最具潜力的东西"挖"出来，这是生命化德育最大的收获。每一个生命都是奇迹、都是极致、不可复制的。让每一个生命能够按照自己的样子成长，让每一个生命都因为自己的形态得到尊重，让每一个孩子能够充分地成为自己。

（3）生命化德育关注生活世界

如果我们回溯道德教育的历史，就会发现人类最初的道德教育是与生活紧密联系的。但是随着教育与社会生活和生产领域的分离，德育渐渐被变成一种专门化和制度化的体系，道德教育越来越成为社会工具价值的附庸，而失去其自身的本体价值。这一转变是无视其与生活的紧密联系的结果。德育的外延与生活的外延是相等的，生活是德育的家园，道德又是生活的目的系统，是一种目的行为，它所指向的是生活的展开与提升，是更为合理的生活方式，更为完善的生命实践。关注生命的教育必然是富有生活性的教育。生命化德育致力于使道德教育回归生活的整体性，真实性，使德育真正关注学生的生活，从而彻底摆脱道德教育的困境状态。

在生活世界里，人既是一个现实性的存在，又是一个可能性的存在，这在客观上决定生命化德育首先必须关注学生的现实世界，不断扩展和充盈他们的现实生活的丰富内涵和意义，引导他们体验和理解现实生活中的美好和快乐，从而促进他们的身心得到生动活泼、充分自由的发展。其次，生命化德育必须对于学生的现实生活进行规范和提升，对学生的现实生活有所批判和适当超越，积极引导学生不断地超越自己现实性的生存和发展状态，帮助他们建构一种更有意义，更有价值，更为美好和更符合人性的完满的可能生活。因为"可能的生活世界可以定义为每个人所意味着去实现的生活"。在德育活动中只有将关注学生的现实生活和建构完满的可能生活有机地统一起来，才能真正实现其唤醒人的生命意识，建构人的精神世提升人的生活意义和生命价值的理想目标和价值追求。生命化德育对于学生生活世界的关注，将使学生成为道德教育的真正主体，使整个德育走向对生活的复归。

二、让生命自主成长：生命化德育的核心目标

生命化的德育，是一种主动关心学生，尊重学生个性和人格独立的德育形式。它强调了"让生命自主成长"，提出了"不再约束生命、限制生命，而是回到生命、保存生命并引领生命自由健康成长"的核心理念。我们认为每个学生都是重要的，每个学生都是独特的，每个学生都是变化的，每个学生的教育起点不同，作为教育者，在学生培养过程中我们要尊重每一个生命，把学生当成真正的人，承认并尊重人的差异，真正做到因材施教、扬长避短，尊重并激发学生自主发展的动力，让学生在多元的评价和自主活动中体验成功的自信，看到自己的成长，形成新的发展动力，为学生的幸福人生奠基。

"让生命自主成长"是我校生命化德育的核心目标，是整个生命化德育的出发点和归宿。要使生命化德育的目的落到实处，真正得以实现，就必须对道德教育目标作层层的分离解析，使之"具体化"，成为一个多层次、多方面的道德教育目标体系，变成具体的教育教学目标，这样才能使道德教育目的得以顺利实现。

学校进一步构建了生命化德育的实施框架。

确定一个核心	强调两个尊重	落实三个改善
强调"生命"的主体，倡导对生命的成全。	尊重学生个体发展差异，努力去成全所有生命各不相同的发展目标。	改善对学生的评价
	尊重成长的规律，耐心地引导生命和谐、充分、富有个性地发展。	改善与学生的交往
		改善教育教学策略

三、成全每一个生命：生命化德育的实施路径

（一）学科德育渗透，改善教学策略

课堂教学是德育的主阵地，学科课程本身蕴含着丰富的德育资源。任何空洞的说教都是苍白无力的，不但不能引起共鸣，反而招来学生的反感。教师在课堂教学中结合学科特点和内容，以生命化教育为指导，充分挖掘各门学科中丰富的人文和德育资源，有目的、有计划地对学生进行生命化的德育渗透，才能引起学生的共鸣，从而达到落实情感态度与道德教育的目的。

1、挖掘教材的生命化德育资源

无论什么形式的德育，都必须有良好的素材作为平台或者载体。我们因地制宜地将校园的榕树精神教育引入了引导心理校本课程的教材。在挖掘教材里的生命化德育资源过程中，我们还注意到一个这样的现象，如果只用名人、伟人的先进事迹等对学生进行标榜式德育教育，让学生按照这种模式来规范自己的道德行为，检验自己的思想品质，不仅使学生产生距离感，也难于使学生准确理解，甚至产生诸如"我不是名人、伟人，不必那么做"的想法，自然很难起到真正的教育效果。针对这种情况，我们采用了用学生身边的榜样教育学生的方法，使心理校本教材更贴近学生生活，贴近学生的情感体验。

如二年级的心理校本的教材中的"脚踏实地的品格——学会做好生活中的我"，通过引导学生通过了解家人、朋友眼中的自己，全面客观地了解自身的优点与不足，正面认识自己。并通过表演，换位思考，反思在生活中，作为父母的孩子、同学的朋友、老师的学生时，哪一个自己是做得最好的。思考如何做得更好，学会从生活的细节出发，脚踏实地地做好生活中的我，表里如一、

健康向上。这将榕树精神潜移默化地渗透到学生的学习生活和行为习惯之中。

三年级的心理校本教材中有一课"情景剧场"，则是通过排演学习生活中会遇到的同学间有矛盾、有争吵的情景，来客观评价剧中人物的做法，体会宽容的好处。

同学们，刚才我们已经了解到如何原谅别人。现在我们一起想一想遇到下面情况你会怎么做？

a 下课了，同学们都在玩，小强无意中撞了玲玲一下。玲玲不问缘由，就跑去向老师报告，说小强打她，急得老师放下要批改的作业本，去处理这件事。

b 活动室里，同学们正在排练节目。这时，小微一不小心踩了小欣的脚。小欣生气地使劲推了小微一下，头一甩，生气地说："你把我的新鞋踩脏了，不跟你跳了！"说完就跑到外面去了。

说一说：

a 说说玲玲和小欣这样做对不对？为什么？

b 如果你是玲玲和小欣你会怎样做？

c 表演天地：情景剧场中的小主角们应该怎样做才能展现宽容，才能不跟好朋友们闹矛盾呢？请你邀请你的好朋友一起演一演。

这些学生生活中就会遇到的例子，大大拉近了学生与课本的距离，贴近学生的实际生活，使学生更能通过情景再现，客观对待与同学出现争执和矛盾时应该如何处理，有目的有计划对学生进行德育渗透，促进学生的品格养成。

2、优化生命化的德育课堂情境

要增强生命化德育的实效性，就必须优化课堂情境。教师创设让学生"身临其境"的情境和氛围，让学生把自己融入教材，才能更好地体验道德情感。在我校校本课程的心理健康课程中，就针对不同学段的学生，进行了不同的情境创设来渗透德育。一年级的心理校本教材中，我校针对一年级学生从幼儿园到小学的学段转变，设计了适合一年级新生的心理课程，创设了帮助学生更快融入新的学习环境。作为开篇的导入，心理校本课程为新生创设了一个有趣的童话情境，将学生自然而然地带入榕树下的园南。"亲爱的小朋友们，欢迎你们成为园南小学的一分子。相信你们已经发现我们美丽的校园里有几棵独具特色的大榕树，而我就是其中的一员，我的名字叫绿榕宝宝，很高兴认识你们。我最喜欢做的事就是陪着你们一起脚踏实地地蓬勃生长。为了让投入榕树怀抱的我们彼此更加熟悉，我们来个互动游戏吧！"当学生听完这样富有童趣的介绍，激发兴趣后，马上就能积极投入到接下来的学习中。

生动有趣的班会课，则是通过让学生动手体验，亲身实践的过程，去体会和感悟生活中的道理，从而优化课堂情境。去年12月1日，我校少先队总辅导员曾婕薇老师参加了由福建教育杂志社和福建省教育学会主办的"育人杯"首届全国优秀班主任研修论坛，为百余位来自全国各地的老师带来了一堂精彩的班会课。

"有你，真好！"是曾老师本次班会课的主题，旨在培养和锻炼学生积极参与、合作共赢的能力。如今社会中，个人能力强的人不在少数，可一旦到团体行动的时候，却往往容易产生分歧，各自为政，形成"3个诸葛亮不敌一个臭皮匠"的尴尬窘境。曾老师从这个角度出发，利用多米诺骨牌这一非常需要团队合作的游戏，来培养学生间的合作。在摆骨牌的过程中，有的小组通力合作，摆出了造型惊艳的骨牌阵，有的小组则发生了争执，导致了骨牌中途倒塌，有的小组在就要成功时，功亏一篑，却相互鼓励，最终完成了合作……

《有你，真好！》简单的主题，生动的班会，热火朝天的时光，深刻的教育意义，孩子们从中收获了团结，鼓励，合作，欣赏，宽容……

有你，真好！

授课者：厦门园南小学　曾婕薇

活动目的：

电子产品普及的今天，不少孩子不善与人相处，不敢积极主动地展现自我，不懂欣赏他人的优点。在本次班会课中，通过自荐、合作、讨论、竞赛等环节，引导学生积极主动地参与到活动中，感受到不论是发挥优势，还是配合、协作，抑或是欣赏、鼓励，你都是团体中不可或缺的一分子。

活动过程：

课前游戏：口声锣鼓

一、视频导入

师：孩子们，你们知道多米诺骨牌吗？18世纪由中国传入意大利，由28张一套的骨牌演化而成。你们了解过骨牌倾倒的瞬间，凝聚着多少搭建者的努力与坚持吗？今天，我们就从一段成功的多米诺作品开始。

播放团队共同完成多米诺骨牌搭建的视频。（视频中有配乐＋文字）

师述：（在每一次出现团队画面时）

＊这是一次团队协作的战役，是一场恒心与毅力的考验，每一个人都积极参与其中，他们努力、坚持，他们向着同一目标携手共进。

＊要知道，骨牌不同于其他，只要一个不小心的转身，或是一次意外的震动都可能会使几天的努力付之一炬。面对失败和挫折，他们相互鼓励，给予对方鼓励，他们发挥各自的优势，通力合作。

＊终于，胜利的喜悦将他们包围，激动的泪水盈满眼眶，他们知道这一刻包含着多少不容易，包含着多少与同伴共同的付出。拥抱，庆贺，要告诉并肩的同伴，在这个过程中，有你，真好！当我失败时，是你的鼓励让我重新启航；在这个过程中，有你，真好！在我成功时，你的喝彩，让我更加自信；当然，我们也曾有过矛盾，你的忍让，让我知道了什么是协商、配合……

＊孩子们，在这个游戏中，每一个人都是主角，都是重要的！

二、道具动手做　班会我当家

1.今天，我们就将与身边的伙伴以小组的形式并肩作战。今天，我们将用海洋球来计算小组的得分。

第一个挑战来了，放置海洋球的计分道具需要大家现场制作，限时只有 5 分钟。每组都有包括塑料板、胶纸在内的 7 样材料，合理地使用，让你们的积计分器更出色。

2.好，准备，计时开始。

3.①最快的小组说说自己的成功要素。

②最慢的小组分析下失败原因。

③其他小组评议，看到他们的优势，也看到自己的优势。

④再一次我们会注意什么。

用欣赏的眼光观察，找到小组中默默无闻的……

孩子们在讨论中，归结出以下词语，并让孩子写在黑板上的拼图中。

（恒心、坚持、毅力、协调、合作、肯定、忍让、协作、赏识、赞誉……）

亲爱的孩子们，你是小组里不可或缺的一份子，就像刚才的制作过程，有的同学发挥了他的领导才能，帮助小组进行合理分工；有的同学绘画特棒，拿起画笔为小组的作品锦上添花；出现矛盾的时候，有人忍让，使小组更和谐，制作完成时，有人喝彩，让大伙儿更自信。

（指着黑板）不论是发挥优势，抑或者是配合协作，都是积极参与的主角意识。在你的小组里，你就是主角，你身边的同学都能感受到"有你，真好！"带着这些要素，让我们进入到大家期待已久的多米诺骨牌游戏环节。

不论你在小组中是发挥了自己的优势，还是配合协作，抑或者是及时地给予队友肯定与鼓励，只要你积极地参与其中，你的团队将会更和谐，因为你

是小组里不可或缺的一分子。(老师补充学生没有提到的团队中的品质)

在不同的情况下，你在团队中扮演的角色不同，手工是你的优势那么刚才的制作环节你就是主角，而在现在，或许你只是默默地用铅笔将白纸上的格子打好，因为小组里有同学字比你写得好，有同学比你能说会道。请不要忽略，你的配合，你的付出，是小组获得胜利不可缺少的。

4. 把你手中的红太阳，送给身边默默付出的同学吧，告诉他，有你，真好！

四、多米诺骨牌(每个袋子里有骨牌 30 块 + 机关一个)

想不想体验下视频中看到的多米诺骨牌。

1. 根据海洋球的数量决定上来抽取的先后顺序。

2.2 分钟的时间让大家试验下直线。

3. 限时 5 分钟，完成骨牌的摆放，并要求必须要启动一个机关。

4. 完成后小组展示。

在一个集体中，每个人扮演的角色都不相同，发挥优势，还是配合、协作，抑或是欣赏、鼓励，只要积极主动地参与了其中，你一定能够得到同学的认同，让伙伴们感觉到"有你，真好！"

生命化德育的课堂渗透就是让德育浸润在学科教学中，通过学科教学的方式来实现。德育不是当作标签贴上去的，而是当做雨露"滋润"在课堂里面的；不是当做彩笔点缀上去的，一句话，德育不仅仅是偶然生成的，更是在课堂教学这片土壤上潜滋暗长起来的。

(二)多彩德育活动：提供发展平台

我校的生命化德育遵循了"以学生发展为本"的教育理念，并从德育内容、德育方法、德育过程上进行创新，为学生的自主建构创造条件。丰富多彩的德育活动是每个学生体验生命成长的重要途径，是学生道德形成发展的原动力，是学生自我教育与发展的基础。我们每一个活动的主角都是学生，他们或展现能力，或张扬个性，尽显魅力。当我们把选择和自主的权利还给学生时，他们获得不仅仅是一种暂时的快乐，更多的是一种生命自主成长的长久幸福。

1、社团活动

生命化德育主张每个学生都是一个独特的生命体，学校道德教育必须充分尊重他们的自主性。每个学生都有独一无二的智能结构，每个学生都有着不同的发展需求。针对学生们丰富多彩的兴趣爱好，学校努力倡导协调各科老师并引外援开发多种教育途径。学校成立了近三十个社团，合唱团、舞蹈、手风琴、儿童画、手工纸艺、硬笔书法、跳绳、羽毛球、中国象棋、中国围棋、英语阅读、科学实验、航模制作、电脑制作、跆拳道等社团，给孩子搭设彰显个性的舞台。

三年1班陈旻瑄同学写道："社团真的是一个很奇妙的地方，原本素不相识的同学们进入了社团之后，渐渐地由原来的局促变得和乐融融，友情在社团之中快速地萌发。"

五年2班的同学参加了羽毛球社团后有这样的感受："我感觉羽毛球社团给予我的不仅仅是对身体和球技上的某些好处，更多的是精神的一种锻炼。羽毛球教会我一种永不服输的精神，羽毛球的魅力让我在场上不断顽强地拼搏，打出激情。在场上，经过努力，一次次超越自我，也让我这个很内向的人更加自信了。"

六年级记者团的学生写道："社团活动缤纷多彩，充满挑战。在那时间不多的社团活动时间里，我学到的是远在课本之外的人生哲理。那就是，生活不仅仅是一个不断地布置作业、完成作业的过程，更重要的内在意义是让人能够互相交流，在沟通的过程中获得益处。在这个过程中，除了锻炼了我的文字表达能力，也锻炼了我的交流沟通能力，更是辅助我成长的推动机。"

我们深深地感受到"学生做任何一件事，都应该使他们自身觉察到心灵中有种美感、幸福感、自豪感。这种美感、幸福感和自豪感就能成为学生的动力源泉。"

2、校园主题文化活动

（1）"生命文化节"

为了焕发学生之精神生命，感受生命的积极状态，继首届"品百年古榕，塑绿榕品格"的校园文化节之后，学校开展了"生命·成长季"文化节活动，学生在活动中讲述自己的第一次成长经历，叙述成长的喜怒哀乐；制作感恩卡，感谢在成长路上给予真挚帮助的人们；整理记录自己成长的照片，留下那精彩的瞬间。学生在午间格言赏析中，了解了生命格言背后那不屈的人物，拼搏的故事；在诗朗诵会上，热情地讴歌生命；在"我的舞台"个人专场中绽放自己的生命。各年级还围绕不同的生命主题进行体验活动，低年级走进海沧花圃，走入植物的世界，认领属于自己的绿芽，带回家呵护，从小芽的成长中感受到生命的力量，生命价值的存在。高年级走进特教学校，这是一个生动的课堂，特殊学生背后的故事启发学生思考生命存在的价值，如何关爱他人，感恩生活。全校各班一起阅读生命教育小学读本——《生命因成长而美丽》，阅读后在"班级漂流本"写下自己的感悟,随着漂流本在班级中传递。在丰富的体验活动中,学生懂得了欣赏生命的多姿, 发现生命的意义价值, 珍爱生命, 享受生命的快乐和幸福。

园南小学第二届校园文化节系列报道一

记录成长　感悟生命

——第二届校园文化节"生命成长季"启动

一粒貌不惊人的种子, 往往隐藏着一个花季的灿烂;一条毛毛虫, 可能蜕变成一只五彩斑斓的彩蝶。为了践行生命教育的理念, 让学生感受生命的神奇多姿, 发现生命的意义价值。继首届校园文化节"品百年古榕塑绿榕品格"之后, 我校第二届校园文化节"记录成长　感悟生命"生命成长季在周一拉开了帷幕。

在"生命成长季"中, 学生将一起分享成长的第一次故事, 制作感恩卡,感谢成长历程中给予真挚帮助的人们;校园文化墙成了生命成长墙, 绽放学生的笑颜;班级生命走廊, 将写满学生对生命的感悟……我们还将带领各年级的孩子走出校门开展不同特色的体验活动, 从中感悟生命之绚烂与顽强。

全校从今天开始了漂流阅读的奇妙旅程, 同学们阅读生命成长书籍, 在漂流本写下阅读日志, 一个接一个依次传递下去……

让生命破茧成蝶, 一个灿烂的花季已经来到我们身边。

园南小学第二届校园文化节系列报道二

个人专场　生命绽放

深秋已至, 热情未褪。冬天将来, 园南仍绿。我校第二届校园文化节就在这凉凉深秋中热烈开幕。"记录成长、感悟生命", 我们要在这个微凉的季节,逆生长, 绽放生命。

今天下午我校举办的一场激动人心的"我的舞台——杨鑫个人专长"表演会, 正式打响了校园文化节的第一炮, 发出了00后的表演最强音! 同时也吸引来了《小海豚》节目组的支持和参与。

四年3班的"全能小明星"杨鑫在一片欢呼声中闪亮登场, 在"我的舞台"

上，他时而伶牙俐齿地说着相声，时而有模有样地演着小品，时而帅气时尚地跳着"江南STYLE"，用他全能的才气，全部的朝气感染着每一位师生。精彩纷呈的节目引来台下同学的阵阵潮涌般的热烈掌声与惊叹。台上尽情挥汗绽放，台下尽情呼喊回应，热情随着每一句欢声笑语汇聚成了这个秋天最强大的暖流，冲淡了习习凉风，浓烈了深深绿意。

孩子们充满羡慕的眼神里，映着这个充满魔力的舞台。如果没有这个舞台，有谁知道身边再平凡不过的同班同学，原来是个多才多艺的"全能王"？如果没有这个舞台，谁能看到他们风光的背后付出了多少艰辛？如果没有这个舞台，他们就少了一次找到自信，勇敢绽放的机会。这定将是他们生命中，浓墨重彩的一笔辉煌。

正如校长所说，从这场精彩演出里，我们感受到了生命绽放的力量，生命因绽放而美丽。生命的精彩不仅在于每一次绚烂绽放时，更在积蓄能量准备绽放的艰辛中，在静候生命花开的耐心里。

这个充满魔力的舞台，将有更多自信的身影，在这个生命绽放的秋季……

园南小学第二届校园文化节系列报道三

笑容让生命充满力量
——走进特教学校感受生命的力量

我校第二届校园文化节已进入第二周，生命不断成长，绿意继续蔓延。参与过生命的绽放，记录过生命的成长，畅谈过生命的教育，这一次，我们要感受生命的力量。

每个生命都值得被尊重，即使残缺，仍然美丽，依旧顽强，这就是生命的力量。今日，我校中年级学生就经历了这样一次难忘的生命之行——走访厦门市特殊教育学校。

不同于以往的出行，这一次，孩子们有种特殊的心情。

一下车，我们就感受到了一种特别的安静：许多学生在操场打着篮球，但，得分后的相互击掌声、篮球不断的触地声、脚步与地板的摩擦声，这些平日被淹没在欢呼声里的声响在看似热闹的操场上，响亮得更显安静。孩子们竟不自觉地慢下脚步，放低音量，轻轻地走进这个无声的世界。

参观教学楼时，刚上完课的学生好奇地站在走廊，他们虽与我们素不相识，但远远望见我们，他们便隔着中庭，热情地向我们招手，带着灿烂的笑容，我校的孩子也自发地"组团"挥手，我们每走一层楼，孩子们就相互挥手一次，陌生的友谊越过了距离和语言，搭成了一座最美的桥。有的孩子甚至热情地跑过来搭着我们的肩膀，从始至终跟随着我们，直至我们离开。

各式各样的教室里，学生们在专心致志地画画，画笔下勾勒出了一个个美好的世界。"他们真棒！画得像真的一样！我绝对画不出这么美的画。"孩子们发出了由衷的赞叹。几个学生在仔细做着手工，各种可爱的公仔在她们手中精致得似乎有了生命。连男生都情不自禁地说，"太可爱了！"烘焙室中，阵阵香气扑鼻而来，把孩子们馋得直流口水。不知不觉中，他们学会了脱口而出的称赞。

互动环节里，几位学生耐心地教着大家简单的手语。当我们的孩子能有模有样地比出"你好"、"我们是好朋友"的时候，特教学校的孩子们开心地笑了，激动得比起了手语。我们虽然看不懂他们的手语，但笑容永远是解除沟通障碍最好的良方。相视一笑，两个陌生的世界变得那么近，一个微笑，让他们成了好朋友。

孩子们说，笑容是他们对这所学校最深的印象。

"他们总是在笑！"

"我交到了新朋友！"

"他们笑得特别灿烂"

这笑容无声，却有无穷的力量。用笑容与人沟通，用笑容面对困难，用笑容给生命力量，让笑容伴生命成长，绿意生命。校园文化节，微笑进行中……

园南小学第二届校园文化节系列报道四

生命不息　奔跑不止
——记园南小学"佳片共赏"活动

这个礼拜，园南的孩子当了一次不一样的观影人。园南小学的第二届校园文化节"生命，成长季"把电影院搬到了学校的多媒体教室。全校所有的孩子分五个下午，在梯形教室齐聚一堂，一同欣赏，由老师精心为他们挑选推荐的励志影片《跑吧，孩子》。

一双破鞋子，两兄妹共穿。不自卑，不放弃，走过成长的崎岖，跑出生命的不屈。

这便是此次同学们要共赏的佳片——《跑吧，孩子》。它是第一部提名华语金马奖的新加坡电影，也是首部获得国际电影大奖的新加坡电影。它的好不是因为它得了奖，而是因为它的真诚和简单。这是一个因鞋子引发的故事，也是一个孩子们的故事，更是一个关于爱的故事。

同学们揪着一颗心跟着剧情起伏跌宕，在看影片时不停地许愿：就给小芳一双合脚的鞋子吧！却每次都因为出现转机而狂喜，又因失败告终而颓丧。而片中的阿坤和小芳却坦然地接受命运的"挑战"：她们没有因为鞋子而放弃前进的步伐。

看完电影，孩子们被深深地打动了。有的说他看到那双破旧不堪的鞋子便很心疼这对兄妹；有的说，这个哥哥太伟大，他太感动了；有的说，他喜欢这一对不畏惧困难，不放弃努力的兄妹；有的说，好几次，他们离鞋子已经很近很近，可是最后又失之交臂，但是他们从未放弃过，他们在坚持着，努力着，寻找鞋子，是兄妹俩人的信念，跑吧，是不放弃的决心；有的说，他喜欢影片的主题曲"我们什么都没有，也没有轻易地低头，我们什么都没有，也没有放弃的念头……"

观影后，在同学们神采奕奕的脸上，是更多影片带给他们的震撼和品悟，是关于生命更深刻的理解和思考。正像影片中歌词写的那样，"不管路要怎么走，不管是谁牵着谁的手，只要我们的心紧紧相扣就什么都拥有。"是的，相信风雨过后就会看到彩虹，相信生命因爱而温暖，生命因执著的追求而精彩……

园南小学第二届校园文化节系列报道五

用行动感悟生命　小生命之初体验
——记认领植物活动

低年级的孩子就像一颗颗刚破土的绿芽，沐浴阳光蓬勃生长，他们又如何体会生命的成长呢？这一次，我们将在他们心里，种下生命的种子。在我校校园文化节进入第三周之际，一个特别的体验活动，让孩子们用行动体验了一回对生命的期待。

"我要好好照顾它，让它健康长大！"

"我想给它起个好听的名字！"

"我保证以后每天回家第一件事就是去看它！"

……

你相信吗？这些像是出自为人父母之口的温馨话语，竟是一个个稚嫩天真的低年级孩子，奶声奶气却一本正经地说的。是什么活动让这些被照顾惯了的00后像小大人一样愿意这样去呵护和付出？这便是校园文化节中又一项生命体验活动——认领多肉植物。

由于每位孩子都能认领一颗属于自己的多肉植物种子，活动前，每个孩子手里都拿着一个小花盆。这些充满童真、形状各异的花盆，都是由孩子们亲手精心制作的。小小的花盆装着孩子们满满的欣喜和期待。活动过程中，孩子们被各种各样美丽的多肉植物深深吸引，认真地听着老师介绍多肉植物的知识和养护方法，积极地交流互动，生怕漏掉一点一滴讯息。

认领环节，孩子们更是小心翼翼地接过种子，轻轻地把它放进早已为它准备好的"小家"，当他们终于能捧着属于自己的"多肉宝宝"时，每个动作，每个神情，都充满了对新生命的爱与期待。有了自己的"多肉宝宝"，本来热闹的操场出奇的安静，孩子们不再交头接耳，而是好奇又仔细、期待又疼爱地看着自己的"宝宝"，就像父母看着怀里刚出生的婴儿。在这些可爱的新生命前，孩子们仿佛瞬间长大了。那种细致，那种疼爱，让人不禁忘记了，他们还只是乳臭未干的孩子。

是生命让孩子期待，是爱让孩子行动起来。孩子们也将通过"我的养护日记"来记载生命的成长。用行动感悟生命，用行动记录成长。生命成长季，继续进行中……

园南小学第二届校园文化节系列报道六

漂流的图书　流动的生命
——记园南小学图书漂流活动

南下的冷空气带来了冬的信息，天气渐渐变冷，但是在园南小学的校园里却依然活跃着夏天的热情。"生命成长季"第二届文化节的各项活动继续如火如荼地开展着，孩子们感受着文化节浓郁的氛围。

阅读是一件悦心养神的事，更是文化节里的一个重要组成部分。在学校的文化节活动中，持续时间最长的是阅读活动了。早在文化节开始，学校就给每个班级准备了一本盈满生命感动的书——《生命因你而美丽——生命教育小学生读本》，孩子们在感受生命感动的同时，也把自己对生命的领悟写下来，一个一个地往下传，传递各种感动、各种心情。在孩子们书写感动的同时，老师们也人手一本《生命因你而精彩——生命教育教师读本》，感悟生命的精彩，带给孩子们成长的力量。

上周五，德育处迎来了一次特殊的"总集合"仪式，十八本写满孩子们感受的本子终于"重聚"在一起了。孩子们或写或画，形式多样，有的是孩子自身的感悟，有的是亲子共读，家长和孩子一起读完后一起写下对生命的感悟，有的则组织班级共读，老师和孩子、家长一起将读完某一篇生命之文的感受用各种形式记载下来，生命的感动在多样的阅读交流中逐渐延伸开去，流淌成一条条美丽的生命之河。打开笔记本，孩子们的感触或深或浅，宛若一株株小嫩芽，在雨露的滋润下，诉说着生命的感动。

笔记本的漂流之旅结束了，但这本带给孩子们无数感动的《生命因你而美丽》却还在继续漂流，继续延续流动的生命，继续在孩子们的心田上诉说着生命的美丽……

园南小学第二届校园文化节系列报道七

生命如歌　走出雨季
——《生命如歌》诗歌朗诵会

持续一周的雨水，虽是冬雨，却同样滋养了生命，绿意了成长。园南在这样的绵绵雨季中，因生生不息的成长而更显生机。

校园文化节第三周之际，孩子们又迎来了一场别开生面的"生命成长季"主题活动——"生命如歌"诗歌朗诵会。

诗歌朗诵会的倡议激起同学们的无限热情。孩子们纷纷表示要用自己喜欢的形式歌颂生命。他们积极利用课余的时间，拉伙伴，找诗歌，写文章，甚至拜托有经验的老师帮自己排练，就为了在舞台上呈现精彩的三分钟。台上的精彩来自台下的汗水。果不其然，在学校搭建的这个"生命舞台"上，精彩持续上演。

"生命是一本厚厚的书，只有封面和封底由别人设计，而内容需要自己去书写，若没有奋斗的汗水，那么这将是一本乏味的书。

生命是一条河，有时浑浊、有时清澈。只有那弯弯曲曲的河道是人生可歌可泣的曲折。诚然生命有挫折，也有泪水。但正因为这些历练，我们才从幼稚走向成熟，走向成功。"

……

虽然都还是懵懂的年纪，也许对生命这个高深莫测的词语还一知半解，但是孩子们还是努力理解着这些写给生命的诗篇，全情投入地演绎着自己的感悟。

低年段的孩子奶声奶气地细数着恼人的成长，一面怀念着幼儿园，一面憧憬着长成大树的那一天，用稚嫩的声音讴歌生命；中年段的孩子托着稚气未脱的脸庞诉说着自己成长的经历，感念着生命的真谛，用成长的经历感悟生命；高年级的孩子以举手投足间的自信和潇洒谱写给生命的赞歌，诠释对未来的相信，以真挚的情感赞叹生命。

岁月如水，生命如歌。生命中难免也会遇到雨季。但相信这一首首生命的礼赞会陪孩子们走出雨季，迎接阳光。我们所应赞颂的，正是这样甘愿付出，勇于展现，自信阳光的生命！

园南小学第二届校园文化节系列报道八

七彩阳光　生命绽放
——记园南小学"个人专场"表演活动

在一系列精彩的活动之后，第二届校园文化节渐渐接近尾声。见识过杨鑫的"园南 Style"个人专场表演后，在这个乍寒还暖的初冬下午，园南的孩子们热切地又迎来了另一场个人专场秀。这一场个人秀还迎来了贵宾的参与——东北师大课题组的教授们今天莅临学校指导，他们也一起感受了园南孩子们的生命魅力。

当轻快的音乐一响起，今天个人专场的主角——王雨橙同学带着她的舞伴们闪亮登场。鲜艳的服装，轻快的舞姿，这样魅力十足的开场，场下一阵阵欢呼，甚至有同学不由自三地跟着动了起来。艺术细胞活跃的王雨橙同学在舞蹈之后，又给大家献上了钢琴曲《我的太阳》，悠扬的琴声好像带着大家来到了另一个优雅的世界；机智故事《掉进酒桶里的猫》逗得同学们哈哈大笑；舞蹈《学习雷锋》宛若带来三月的春风，人心渐暖，但不畏冬天的寒冷。

阳光女孩尽显精彩，阳光男孩也不示弱，这不，今天专场的另一个主角——仇什也带着他的书画作品登场了，小提琴演奏《雪绒花》更让大家见识了他的安静儒雅。但是作为男孩，他还有另一面哦，七星拳、少林棍耍得那叫一个帅气，场下一阵阵惊乎，掌声雷动，台下的男孩们也心痒痒的，也好想到舞台上一展拳脚……

七彩阳光，生命绽放，这一场场的个人秀虽然拉上了帷幕，个中精彩却不断延续，园南的舞台却依然敞开，孩子们还将在上面演绎属于他们自己的生命精彩！

园南小学第二届校园文化节系列报道九

绿意生命　共同成长
——记"感恩生命"主题班会

我校第二届校园文化节第四周之际，各班组织了一场又一场别开生面的主题班会，绿意生命，共同成长。让我们带一颗感恩的心，去欣赏这些灿烂的生命带给我们的一场场精彩的感恩生命的盛宴吧！

低年段的《感恩生命》主题班会里，家长们和老师一起合作，精心布置班级，制作演出道具，忙得热火朝天。这一次，教室成了孩子们的大舞台，没有了课桌椅，孩子们自由地盘腿而坐，期盼着，等待着。这一次，观众就是演员，演员就是观众，"全民参与"让孩子们的感恩之心得到了充分的表达。家长们也参与到班会中，感受着孩子们的点滴成长。孩子们带着深切感恩之情朗诵诗歌《父母的爱》，用真情演绎的童话剧《一片叶子落下来》，手语歌《感恩的心》……一个个精彩的节目让孩子懂了感恩，家长湿了眼眶。

中年段的班会以《理解生命　珍惜幸福》为主题，孩子们用舞蹈、小品、小组唱等精彩多样的节目表达了自己对生命的理解和感悟。高年级班会则以《生命因成长而精彩》为主题，通过自导自演的歌舞、故事、朗诵，展现生命的精彩、成长的快乐。

一位家长在班级博客里写道："听着孩子们的欢声笑语，看着孩子们的深情演绎，小小的他们通过歌声，琴声和舞蹈淋漓尽致地表达了对父母、老师、生命的感恩之情。学会感恩，理解生命，珍惜幸福，精彩成长，这会成为他们人生这本大书中不可缺少的一页。"

园南小学第二届校园文化节系列报道十

分享成长的"第一次"

　　成长的"第一次"是润泽生命的滴滴雨露，是丰厚生命的串串足迹，是享受生命的阵阵笑意。"生命成长季"第二届校园文化节中，师生共同回味、分享生命中的"第一次"，生命之旅再次涌动着爱与梦想、追求与奋进！分享的盛会，更是一场生命的洗礼，分享中的生命将以最舒展的姿态蓬勃地生长！

　　瞧！在学校"生命成长季"大舞台的烘托下，学生的照片、征文，无数的"第一次"如雪片般飞来。几周下来，最欢乐的，是办公室里三五成群讨论着照片里那一张张稚嫩的童颜；最惬意的，是行走在各班的"成长记录"走廊，欣赏孩子们用心书写自己的《第一次》……

　　"第一次"如一股热潮，在校园扩散，在学生的感染下，老师们也纷纷打开了记忆的大门，搜寻着记忆中弥足珍贵的画面，将之记录在笔尖。

　　有的老师在《第一次》中感念自己的老师，用朴实的言语记下老师的给予，抒发自己的感谢；有的老师回忆起自己初为人师时的兴奋和紧张；有的老师把初为人母的感动盎然纸上；还有许多令老师记忆犹新的第一次：第一次旅行、第一次征服冬日的大海、第一次诀别、第一次学竹笛……

　　形形色色的"第一次"如曼妙的花朵绽开在纸间，或质朴或华丽或煽情，都是老师虔诚的文字，有些老师还在文章中搭配上照片，让这个第一次以最真实的样貌还原于人前。

　　一夜间，各种角度各种层面各种形式的教师版《第一次》再次如繁杂似锦的花开遍冬日的校园。它们将与学生版的《第一次》一起把本届校园文化节装点得绚烂多彩！

园南小学第二届校园文化节系列报道十一

记录成长　讲述我们的故事

　　绿意园南，绽放生命之花，在这学期里，孩子们最开心的就是文化节的各项活动了。活动中，孩子们展示自己，感悟生命，体会成长，收获颇丰。就像一位家长说的："忙忙碌碌的生活让我们错失了许多生活的美好片段，感谢校园文化节活动，给予我们机会停下脚步品味成长的滋味。感受成长中的喜怒哀乐，记录成长过程中的点点滴滴，回顾成长中的精彩片段，体会成长带来的生命的力量，学习如何成长得更精彩，为生命之旅写下一段完美的篇章。"

是的，孩子们成长过程中的点点滴滴总是让我们回味无穷，在家长老师眼里是可爱温馨的画面，在孩子自己眼里则是无限欢笑的回忆。在文化节的活动中，孩子们在班级里分享了自己难忘的"第一次"经历，一篇篇充满回忆的小作文诉说着精彩的儿时记忆，这些精彩的文章都将出现在我们第二届文化节的汇编册里，定格美好的回忆，延续生命的感动。

游走在园南的各个班级，你会发现班级的走廊变成了会说话的墙。它们向你展示了孩子们童年里那些闪闪发光的瞬间，一张张照片里写满了幸福欢乐。课间，总有孩子驻足观赏，总有孩子眉飞色舞地向同伴们讲述照片里的故事，笑声盈满课间十分钟。而今天，最热闹的就是下操场了，"讲述我们的故事"照片墙终于和大家见面了！来自十八个班级的精彩照片错落有致，孩子们在照片墙前指指点点，或开怀大笑，或兴奋地高呼"这是我"，然后开始说着照片里的故事，或呼朋唤友，引来更多伙伴一起欣赏。孩子们再一次沸腾了，正如一位家长写的："今天看了孩子出生到现在的照片、视频。从她刚出生，一家人就小心翼翼给她洗澡、喂奶，到会爬，会走路，到第一天上幼儿园，到换第一颗乳牙，到上小学。我们一家人陪着她一块成长，很多精彩瞬间已经记不太清楚，感谢有这次活动，让我们又重温了这一个个感人的时刻。"孩子们也一样，随着年龄的增长，他们的脑子里需要不断地接受新信息，很多儿时的记忆慢慢变淡，而这些照片则唤醒了他们尘封已久的记忆，回顾成长的快乐和感动。

记录成长，讲述我们自己的故事，校园第二届文化节即将结束，但成长的故事却还未讲完，生命的感动还在园南的校园里延续、拓展，延伸至每一个家庭……

园南小学第二届校园文化节系列报道十二

第二届校园文化节完美闭幕

在《像榕树一样蓬勃生长》的校歌声中，在家长和孩子的掌声、欢呼中，我校精心举办的历时两个月的第二届校园文化节，完美闭幕。精彩纷呈的活动虽然暂时画上了句号，但从一张张笑颜如花的脸上，我们看到了从未停止蔓延的绿意。

本届校园文化节以"记录成长，感悟生命"为主题，两个多月的活动，凝结了无数孩子、家长和老师的心血。小到一张张孩子亲手制作的感恩卡，大到一面面家长老师共同布置的班级的文化墙，无不体现了感悟生命的用心。孩子们一个个精彩的成长瞬间，或被贴满了校园的每个角落，或被收入文化节特刊中，都被展现得淋漓尽致。当孩子们拉着家长迫不及待地来到校园，骄傲地指着墙上自己的照片时，这不再是少数人才有的快乐，更是一种分享，一份同乐。此时的校园，早已到处都是成长的喜悦，生命的活力。

一本两百多页的书，两天两场精彩的闭幕演出，两个多月的活动，近两千人的参与，无数个精彩的成长瞬间，让园南这间小小的学校充满了温馨与凝聚力。当闭幕式结束，当孩子们用自豪的表情高唱校歌，当家长们用热烈的掌声传达肯定，当校长和老师们一起上台为大家演出，园南绿意早已迎冬绽放。

"每种色彩，都应该盛开。每个梦想，都值得灌溉。每一个人，都有权利期待。每个孩子，都应该被宠爱。他们是我们的未来。"让绿意点亮生命，我们愿为最好的未来不断前行。

（2）"快乐六一"

节日是孩子所期盼的，儿童对于孩子来说是个盛大的节日，可是以往的"六一"，学校都定势于游园，表演，甚至是颁奖，活动只有台上的孩子，只有少部分人在活动，感到有意思。如何让每个孩子都能感受到节日的快乐，都能感受到校园生活的美好。去年的六一，我们以"舌尖上的六一"作为活动主题，开展了"分享美食 共享快乐"的活动。各班群策群力，共同编拟了各具特色的美食坊名称，孩子们自制的900多份美食在操场上一字排开，1000多名师生家长一起在校园里分享自制的美食，每个孩子都感受到节日的快乐。今年的六一学校开展了'如你所愿 六一'微心愿'征集"，一张张心愿单、心愿卡寄托着885个孩子纯真、美好、个性的心愿汇集而来。老师们东奔西跑地在结束一天的工作后仍要马不停蹄地为学生们准备这一份份特别的六一礼物。一张张灿烂的笑脸便是节日最美的装饰！陈珏老师在她的微博中这样写道："园南的六一是圆梦季。圆梦的过程是艰辛，是疲倦，是劳累，好几个夜晚奔走在大街小巷寻找孩子们想要的礼物，就连一边吃着饭还一边想着要怎么圆下一个孩子的梦。但是看到孩子们梦圆那一刻的幸福，我深切体会他们的快乐就是我们的幸福。"

美食总动员

——园南小学"六一美食分享季"倡议书

同学们，这周五就是大家盼望已久的节日——"六一"。你想要过个怎样的六一呢？有没有想过全校900多份美食一字儿摆开是怎样一番景象？有没有想过全校900多名师生一起在操场分享美食的场面呢？要有多壮观、盛大呀！没错！今年我们的"六一"分享季，就是要办个DIY美食节，我们的主题是"分享美食 共享快乐"。每位同学在"六一"那天带一份你DIY的美食到校，菜肴，点心，饮料品种不限，在班级先进行美食交流，每班选出"最佳美食奖"3名，这些同学将在下周一的晨会上获得学校奖励的神秘美食畅享券。班级交流后，每位同学可以得到三张体验券，以券换美食，体验三道美食，集齐美食体验券最多的6个班级将被授予"金牌美食坊"的称号，得到表彰奖励。

同学们心动了吧，再来听听我们各班美食坊的名称吧！一年3班麦德快美食档，是不是综合了麦当劳和肯德基的经典呢，所以卖得快，一抢而空呢？二年1班的彩虹食堂，也许有同学们最喜欢的彩虹巧克力豆喔！三年3班，哇，舌尖上的三年3班与热播纪录片《舌尖上的中国》媲美，真期待三年3班为我们带来的味蕾的诱惑。五年3班音乐厨房，当美食遭遇音乐，一切都变得那么美妙，就像有人说"铁板烧会跳舞"。六年3班的时空绿茵坊，一听就好像要带各位去穿越时空，寻找异国异地的当季美食。

垂涎三尺了吧！心动不如马上行动！同学们，赶快行动起来，健康、美味、创意，发挥你的聪明才智，发挥你的动手能力，拿出你们家的看家美食来！

六一分享季——DIY美食节，让味蕾一起狂欢！你，就是美味评审团。你，就是美食DIY高手。六一分享季——DIY美食节，小鬼当家，你的节日你做主！同学们，美食节见！

园南小学

2012 年 5 月 28 日

一次难忘的"吃货"大集会

向日葵小记者 陈宇熙 园南小学六年(3)班

央视播出的纪录片《舌尖上的中国》在"民以食为天"的炎黄子孙中掀起了一股美食浪潮:做美食、看美食、品美食,人人以"吃货"为荣。这不,我们童心未泯的校长也跟着凑热闹,趁着"六一"儿童节到来之际,举办了一场"美食DIY"之"吃货"大集会。

6月1日一大早,或提着自己做的饼干走进校门。虽然才7点40分,可是校门口早已人满为患。家长和孩子们将菜一盘一盘往校园里端,炸鸡翅的香味刚飘过鼻尖,色彩缤纷的水果拼盘又来到眼前,到处都是极具诱惑力的香味,引得路人纷纷驻足观看。

9点到了,铃声一响,全校上千名师生及家长像饿狼一般扑向美食,大操场瞬间变得人山人海,那阵势即使是吃清宫的满汉全席也不过如此啊!每个学生除了当"吃货",更是销售员,在吃的同时,也要为班级的摊位招来顾客。我和同伴小张就是推销员,我俩风风火火地穿梭在各个摊位之间,在拉客的同时,也享受到了不少美味。

"小朋友,哥哥带你去喝饮料哦!"眼看到一个小朋友手上有最后一张"美食体验卷",便用我的3寸不烂之舌硬生生地将小朋友从四年级的摊位"拉"到我们的摊位前。哈哈,又一张票到手了!

闲暇时间,我坐在操场一角和小张一起享受美食。看,一年级的孩子右手拿着肉串,左手端着奶茶,嘴里还叼着一块饼干,手中的美食体验卷早已不见踪影。高年级的同学在摊位间来回奔走,为班级拉来一位又一位的客人,也用手中的体验卷淘到许多美食。老师和家长们则一会收票,一会叫卖,忙得满头大汗,他们不时接过同学递过去的饼干和饮料来补充体力。大家脸上都洋溢着快乐的笑容。

不知不觉到了10点,活动进入尾声,现场的情况早已从"付费就餐"变成了"免费自助餐"。全校900名"吃货"与老师和家长们一起风卷残云搬地将食物一扫而光。活动在"叮叮当当"的锅碗瓢盆碰撞声中结束。

在小学的最后一个"六一"节,我们体验到了不同以往的欢乐,也享受到了不同的味道。这次活动,为我们的小学生涯添上了完美的一笔。这真是一次与众不同的"吃货"大集会!

《厦门商报》2012.6

如你所"愿"——六一"微心愿"征集活动

亲爱的同学们：

一年一度的"六一"儿童节又要到了，去年"六一"的美食分享季给同学们留下了深刻的印象，有的同学建议再来一次美食节，有的同学则盼望着淘书活动……同学们到处打听着"六一"的活动安排，望着同学们期盼的眼神，老师们陷入了沉思，如何不负这一年沉甸甸的期待，该怎么满足大家的心愿，再给同学们一个别样快乐的"六一"呢？

上周，为了鼓励舞蹈队同学一年来辛苦的训练演出，校长让每个舞蹈队的孩子写出她们的"微心愿"：佳怡说，我想要一个漂亮的水杯，粉红色的；奕洁想得到一本阳光姐姐自编的小说，对了！还要在封面签上校长的姓名；旻瑄说要一只小 KITTY 猫；珈羽说，什么都不要只要校长的签名合影……周末，我和校长奔走在书店、小精品店认真地去挑选、寻找。周二，当舞蹈队同学实现她们的心愿绽开笑颜时，当校长和老师一起分享这幸福的场景时，老师们都感受到了做"圆梦人"的快乐。于是，一个念头如涟漪在老师们心中荡漾而开……

"六一"你曾收到爸爸妈妈，亲戚朋友送的玩具、衣服，收过学校统一为同学定制的食品礼包，可是你心中一定还有期许的小小心愿吧，比如和你最喜欢的老师留影，比如想要一本签有班主任祝语的书，比如收到校长的鼓励卡……是的，这个"六一"，我们愿意帮你圆梦。请你在下面的心形里，写上你的姓名、班级，写上你的"微心愿"，校长和所有的老师都愿意尽力地帮你实现愿望。同学们，今年的"六一"是个圆梦季，梦想成真的日子，想好你的"微心愿"了吗？

每个人都有自己缤纷的梦想，只要努力就一定能实现，让我们一起走上实现梦想的道路……

本次活动倡议人：德育处　张薇老师
2013 年 5 月 24 日

微心愿实录：

二年 1 班李诗雨：我开了一个微博，我希望全校的老师都加我的微博，成为我的粉丝。我的微博名：诗雨小朋友。

四年 3 班连佳怡：我想要一只可爱的小熊，最好是穿裙子的。是小熊哦，不是小狗,我还希望得到校长紧紧的拥抱,还有六一这两天就免做作业。

六年1班邱宇彤:毕业后,我爸要给我买新手机。我正愁着没零花钱买漂亮的手机壳呐,希望老师能实现我的小愿望。对了,谢谢学校让我们过这么快乐的六一!

一年2班郑朝乐:我很想加入跆拳道社团,校长能为我特批吗?

六年3班叶言:马上要毕业了,我希望能有一套"园南校园风光"的明信片,另外,希望上面能附上所有老师的签名。谢谢咯!

三年1班童安妮:我希望王老师和蔡老师能教我们到毕业。

二年1班陈瀚宇:我好想再过一次"美食节"。

五年1班郭伟杰:刘老师,您上次做给我们吃的比萨特别好吃,今年六一我想再吃一次,可以吗?

《厦门日报》记者手记:

简单的快乐

一个吻,一个拥抱,一次合影……"微心愿"虽小,却能折射出园南小学教育的大理念、大智慧。

在园南小学采访期间,记者感受到了弥漫在这所百年老校的快乐氛围。老师们是快乐的,孩子们也是快乐。校长室的大门随时都是敞开的,孩子们可以自由出入……

让孩子快乐其实很简单,只要教育活动从孩子的视角出发考虑,就能让孩子发自内心地喜欢。在校长庄莉看来,"学校应该就是孩子们心中的乐园。这份快乐,不是老师眼中的快乐,而应该是让孩子们发自内心地喜欢学校。只有让学校成为孩子们喜欢的地方,孩子们才能更加快乐地成长。"

我们希望,园南小学此次"微心愿"活动,能让快乐在学校继续延续,也希望这份快乐能够启发小学教育的智慧,让每一个孩子感受成长的快乐。

对于园南小学的800多名孩子们来说,刚刚过去的"六一"儿童节无疑是他们最难忘的一天。5月31日下午,每一名学生收到了老师们送上的神秘礼物——里面装的礼物正是自己一周前许下的"微心愿"。

这是园南小学今年儿童节开展的如你所"愿"——"微心愿"征集活动。自从活动启动以来,全校孩子写下了一个个心中的梦想,800多个心愿汇聚而来。"六一"儿童节的前一天——5月31日下午,孩子们陆续收到了老师精心准备的礼物。

最开心
全校老师成为自己的"粉丝"

"我希望全校的老师都加我的微博，成为我的粉丝。我的微博名是：诗雨小朋友。"李诗雨不久前开了微博，她特别希望每天粉丝数量都能增加。就在5月31日这天，园南小学所有已开通微博的老师，全部成为诗雨小朋友的粉丝，她开心地说："这是我收到的最好的儿童节礼物，谢谢老师。"

袁振涛小朋友的"微心愿"是能和校长合影。当日下午，当校长庄莉亲手把两人的合影照片送到他手上的时候，小振涛十分开心，"我很喜欢，我要把照片放在枕头边。"振涛的妈妈曾玉桃说，"孩子这么小的心愿能够得到实现，我和他一样，心里有着说不出的高兴。振涛现在心中的目标是当飞行员，我希望他今后能够更加努力，为实现自己的目标加油。"

而陈怡颖小朋友更是得到一份特殊的礼物，——校长的吻。"这份礼物很特别，很特殊，我很开心。"陈怡颖告诉记者。还有两位孩子不约而同地希望过个没有作业的"六一"，因此学校德育处在"六一"前宣布——这个"六一"不布置作业，给每位同学一个快乐的圆梦"六一"。

最忙碌
200多个心愿与校长有关

校长庄莉说，以前的"六一"儿童节无非是文艺汇演或是表彰大会，能够参与的只是小部分孩子。园南小学想的是尽可能能让所有孩子都能分享到节日的喜悦。

去年"六一"，园南小学举行了一场别开生面的"舌尖上的园南"美食分享夏季活动，给孩子们留下深刻的印象。今年"六一"还没到，孩子们开始到处打听"六一"的活动安排。

如何满足大家的心愿，再给孩子们一个别样快乐的"六一"呢？庄莉说，最终帮每一位孩子实现"微心愿"的想法产生了。当然，要帮助全校800多位孩子逐一实现"微心愿"，对任务繁重的老师们来说又是一项巨大的工程。

在刚刚过去的一周里，老师们想方设法四处搜寻礼物，夜幕降临依然在办公室包装礼物，书写寄语贺卡，一件件包含老师心血的礼物堆满了办公室。对庄莉来说，过去一周更是异常忙碌的一周——全校800多个心愿中有200多个心愿是与她有关。从每天早晨上开始，庄莉的办公室总是水泄不通，里面挤满前来合影的同学。晚上，她留在办公室里忙碌着准备礼物，一一对照心愿清单打"√"。对于一些还不能马上实现的愿望，庄莉也向孩子做出承诺，尽快满足。

《厦门日报》2013.6

3、读书观影活动

高质量的课外读物及影视作品，对学生的思想观念、道德情操、精神风貌的建设有着深刻的影响。我校经过精心挑选，充分利用好书、好电影展开教育活动，拓展、开阔学生的视野，充实、升华学生的精神世界，是深化生命化德育的重要内容和有效途径。

（1）读书

书，是传承文化的最主要载体。我国的文化是靠书传承下来的，没有书，许许多多博大精深的文化就没有传承。读书，也是获取知识，增加阅历的主要途径。读书使人明事理，增长智慧。

①指导和引导：针对学生的读书活动给予正确、积极的指导和引导，根据各年段的不同特点，精选优质阅读书目，定期或不定期向学生推荐。如向低年级推荐绘本、童话，向中年级推荐故事、小说，向高年级推荐散文、诗歌等。

②交流和碰撞：定期举办校园读书节，定期进行阅读分享。迄今为止，我校已举办了两届校园读书节，围绕阅读展开了许多丰富多彩、深入人心的活动，如师生共读一本书，故事爸爸妈妈进课堂，亲子故事DV，淘书节，制作叶脉书签，秀秀我的小书架，布置班级创意书屋等活动。营造出了浓浓的书香氛围。

③基地保障：健全图书馆阅览制度，建立阅读基地，共享厦门市少儿图书馆藏书。

我要为八戒说句话
——《西游记》读后感

园南小学 六年3班 朱泽文

在阳光灿烂的午后，我在阳台一边品着奶茶的清香，一边再次打开《西游记》这本书。已经不记得是第几次翻阅这本书，但每次收获都和以往不同。

书中人物猪八戒模样十分丑陋，黑脸短毛，长嘴大耳，使一把九齿钉耙。给人印象总是好吃懒做，爱占小便宜，贪图美色，难分敌我。但我要为猪八戒说句话，你在保护唐僧西天取经的路上一直闪耀着光芒：你性格温和，憨厚单纯，力大无比，虽然没有师兄悟空神通广大的本领，却也立下了悍马功劳。西天取经的路上，对师父忠心耿耿，对师兄的话言听计从，对师弟也有关爱之心。

你从一出场给我的第一个印象便是：你是一个讲信用的人。为了观音菩萨的一句嘱托，一直在高老庄等候取经人，保护他上西天拜佛取经。难得可贵的是，你居然能抛下美貌的妻子和舒适的生活西行。

你又是一个憨厚老实的人，几次三番被悟空数落，又经常被悟空拍脑袋，并被警告："呆子，不许胡说"，却依然听从悟空的话，不离左右。面对取经路上的艰难险阻，总能和悟空齐心协力铲除妖魔。虽然口头上有时也会埋怨和唠叨，但不失憨厚本性。

你又是一个遇事沉着冷静，对师父忠心耿耿的人。面对师父和师兄皆被妖怪抓住，沙和尚急得团团转，你还能保留必要的冷静，安慰师弟，想办法度过难关。虽然经常将"急什么急，急什么急，大不了散伙，俺回高老庄"挂在嘴边，但哪一次也没有抛下师父回高老庄。

最让人感动的是，当顺利抵达西天求取真经后，师父和师弟相继成佛，你却只获得"净坛使者"的称号。口头上虽有抱怨，却也接受了。这真是难能可贵之处，对任何事情也并没有斤斤计较，心地无私。

合上《西游记》这本书，猪八戒的形象依然清晰地留在了我的脑海中：憨厚、朴实、忠诚、勇敢。

有爱就有希望
——读《蓝色的兔耳朵草》有感
园南小学　四年3班　甘乐韬

特别喜欢杨红樱阿姨的童话，尤其笑猫日记系列之一的《蓝色的兔耳朵草》让我难以忘怀。

我敬佩笑猫的勇敢。他听老老鼠说，在遥远的群山中藏着一座晶莹得如同蓝宝石般的蓝山。生长在蓝山上的蓝色的兔耳朵草能治好他自己心爱的虎皮猫，虽然他知道通往蓝山的路危机四伏，有那巨大的山蜘蛛、凶猛的母老虎、残暴的公花豹、还有力大无比的湖怪，他们都能轻而易举至笑猫于死地，但笑猫依然毫不畏惧。

我敬佩笑猫的冷静。面对比他大好几倍的"怪兽"，他并没有仓皇而逃，而是冷静、饱含深情地给他们讲述了自己为了寻找虎皮猫而经历的种种困难，感动了他们，放过了自己。

我更敬佩笑猫的恒心。虽然他历尽千辛万苦才得来的兔耳朵草被几只馋嘴兔子偷吃了，但他却没有灰心。而是把自己登上蓝山的历程天天讲给虎皮猫听，就这样日日讲、月月讲、年年讲，最后，爱让铁树花开，爱让枯木发芽，爱感动了上天，让虎皮猫的耳朵重新听见声音。

在敬佩笑猫的勇敢、冷静和恒心的同时，绿毛龟告诉笑猫的一句话也深深地打动了我，"只要心中有爱，奇迹就一定会出现"，我反复默念，用心体会，终于明白，爱才是一切感动的源头，只要心中存有源源不尽的爱，就一定会出现奇迹的一天。

去年夏季，爷爷突然得了中风瘫痪了，吃喝拉撒完全不能自理。全家人都围在爷爷身边忙前忙后，精心服侍。奶奶负责给爷爷做菜，一日三餐都要专门给爷爷做两道菜。每次青菜切得细细的，肉剁得碎碎的，就连饭，也要煮得烂烂的，爷爷吃了，既营养又易吸收。其实奶奶自己身体也并不好，她的血压很高，时常头晕。但为了更好地护理爷爷，她在爷爷面前总是显得精神饱满。她不但细致入微地照顾爷爷的身体，而且还常鼓励爷爷与病魔作斗争。爷爷说话含糊不清，手脚无法自如运动，他十分悲观，有时会独自流泪。奶奶见了，总会找一些中风患者病情得到好转的例子鼓励爷爷；搀扶爷爷练走路时，总听到奶奶对爷爷说："看，今天又走远了，动作也协调多了。相信不久，我们又可以手拉手，一起去散步了。"爸爸则负责买各种各样的中风康复器材给爷爷进行有针对性的锻炼；姨妈每天中午一下班就赶紧往家跑，帮爷爷做仰卧起坐、按摩手脚、捶背、疏通肢体经络；妈妈每周负责给爷爷洗澡、通便；而我呢，每天放学回家，都会问爷爷有没有好点，每次爷爷吃完饭后，饭粒吃得满地都是，我会拿来扫把，把地板扫干净。我们用爱在守护着爷爷，静候奇迹的出现。

终于，在全家人一年来的精心护理下，爷爷病情逐渐好转——能摆动双腿、翻身，还会和我们简单的对话。周围的人都说是我们的爱感动了上苍。

原来，只要有爱，什么灾难在我们面前都显得如此弱小，相信爱的力量，相信生命的力量，不仅虎皮猫的耳朵能重新听到声音，而且可以重新点燃生命的火花，让生命永不枯竭！这是《蓝色的兔耳朵草》这本书带给我的启示。

（2）影视

优秀影视作品题材多样，内容覆盖面广，集思想性、艺术性、教育性和娱乐性于一身，这些影视作品有助于直观地加强学生的思想道德素质、增进学生的知识和技能、提升学生的审美素养。根据不同年龄阶段的学生，挑选适合他们的影视作品展开教育活动。

我校的第二届校园文化节"生命成长季"就选取全校共看一部励志电影的方式，让孩子共同感受生命的不屈与乐观。全校所有的孩子分五个下午，在梯形教室齐聚一堂，一同欣赏励志影片《跑吧，孩子》。

它是第一部提名华语金马奖的新加坡电影，也是首部获得国际电影大奖的新加坡电影。它的好不是因为它得了奖，而是因为它的真诚和简单。这是一个因鞋子引发的故事，也是一个孩子们的故事，更是一个关于爱的故事。一双破鞋子，两兄妹共穿。不自卑，不放弃，走过成长的崎岖，跑出生命的不屈。

不同年龄段的孩子，看出了不同的感受。低年级的孩子从诙谐幽默的校园生活片段里体会出了同学之间相处的乐趣，中高年级的许多孩子则被兄妹俩深深的情谊与顽强乐观所打动。一千个读者就有一千个哈姆雷特，一千个孩子就有一千种获得。

今天，你对自己和别人负责了吗
——《跑吧，孩子》观后感
园南小学 六年2班 郑泽颖

一部仅108分钟的影片，至今让我感受极深。这是多么纯真的一幅幅画面，主人公的对白，牵引着一百多名观众的心。

也许它的内容普普通通：哥哥周杰坤和妹妹周小芳出生在一个贫困的家庭。一次，哥哥在杂货店借米时，把妹妹唯一一双鞋子弄丢了，从那以后，阿坤天天寻找鞋子，因为妹妹没有鞋子穿，哥哥只好把鞋子借给她。因为鞋子不合脚，小芳在学校里受尽委屈。上完课后，她飞奔回家，把鞋子还给哥哥，哥哥再穿它去上学。时间流逝，似乎找鞋的事情已经被淡忘，可阿坤始终没有放弃。

为了帮妹妹找鞋，哥哥不辞辛苦。为了鞋子，他挑灯夜战，帮别人完成了十二份作业，和大孩子比赛踢足球……看到这里，我觉得这不再是一种帮助，而是把找鞋的事当成了一种义务、一种责任。阿坤完成这些义不容辞的事时，宁肯自己挨骂，也不愿意让家人和妹妹为他担心。

当阿坤得知小学越野比赛的第三名奖品是一双鞋的时候，他有多么高兴。他向妹妹承诺：一定会给她一双鞋子，那坚定的眼神，那自信的目光，在我脑海里挥之不去。比赛途中，他跌进了一个泥潭，双腿深深陷了下去。阿坤早已疲惫不堪，真想倒下去，可他眼前仿佛出现了妹妹没穿鞋的背影，耳边回响着那句诺言。他坚定了信念，跑吧，孩子，千万不能停下来。阿坤挣扎着，跳出了泥潭，光着脚踏上了坎坷的道路。责任感让他使劲往前跑，他对妹妹的疼爱远远超出了界限。

看完这部影片，我走出教室，默默地问着自己：今天，你对自己和别人负责了吗？每个人都有属于自己的一份责任，哪怕是对别人的，对自己的，都要如实执行。珍惜生命里的每一分、每一秒，好好学习，这是我对自己实行的；善待别人是我的另一份责任。如果，我对大家负责了，我就可以用最大的声音夸自己："泽颖，你真棒！加油！"

生命是什么？是成长。而成长是什么？是一次又一次的进步。从懵懂到明事，从明事到对他人负责，这就是成长，这就是生命，这就是这部影片告诉我最多的。这就是阿坤告诉我最宝贵的。

谢谢老师，让我在生命成长季里感受到成长的真谛，让我知道成长不仅是身高上的变化。谢谢影片里的主人公，他们用行动让我知道：每一天，都要对身边的所有人负责，并且要坚持下去，成为一种责任！

梦想的力量
——《跑吧，孩子》观后感
园南小学　六年3班　陈了凡

一双鞋，缝缝补补的痕迹清晰可见。就是这样的一双别人嫌弃的鞋，让贫苦人家兄妹阿坤和小芳在苦苦寻找它的途中，展现了梦想的力量……

——题记

故事从妹妹小芳的一双破鞋延伸，讲述了哥哥在赊米时不小心丢失了这双鞋，后来，哥哥为了让妹妹不为没鞋上不了学而苦恼，便尝试了多种办法，但结果并不如意。在一次次付出与失败后，哥哥终于以真诚的心换回了妹妹的鞋。

在这部电影中，最让我感动的是阿坤为了帮妹妹以各种方式、渠道讨鞋子的过程。一开始，阿坤牺牲了自己的休息时间，帮学长写作业。为小芳换来球鞋，可是学长们并不够诚信，一次又一次地反悔，阿坤在理论无果的情况下，并不气馁，反而还继续为获得鞋子而努奋斗。机会终于垂青于有准备的他：一个五公里的长跑比赛的第三名奖品是鞋子。阿坤历经千辛万苦获取了本来没有的比赛名额，又在比赛中不惧艰险，勇往直前！这时，我的心里不由得对阿坤的精神产生了敬意。是啊，在之前的种种不仅不尽如人意的境遇中，阿坤并不抱怨，而是坦然地接受了现实的残酷，却毫不畏惧地继续为得到鞋子而全力以赴。在阿坤的身上，我看到了梦想的力量！是那双破鞋对妹妹的重要性，让阿坤产生了争取任何机会使妹妹有鞋穿的梦想，是他与妹妹小芳之间互相关爱的品质让他爆发了梦想的力量，不畏艰辛地为一双鞋而努力着、拼搏着。在梦想面前，阿坤并不骄傲，他低头，不代表他卑微；他妥协，不代表他懦弱；他勇敢，不代表他蛮横……因为一切的一切，支撑他的都是那双破鞋带给他的梦想的力量！

梦想的力量就像那双破鞋，就算它再渺小，再破旧，只要你肯为它付出、缝补，它一定眷顾着你；反之，你如果毫不在意它的存在，那么他也会离弃你，在你面前灰飞烟灭。去追逐属于你的梦想吧！梦想的力量带给你的一定不会仅是幸福。

——后记

（3）讲坛

为了充分培养和发挥学生的自主阅读能力，我校定期举办学生讲坛活动，报名人数不限、题材不限，为孩子提供充分展示的平台，展示他们课堂之外的精彩一面，校园中迅速掀起一股"讲坛热"，报名人数达数十人，题材十分广泛。有走进《红楼梦》《三国演义》人物评说《封神演义》节选等对经典名著的解读，有塞北三朝——辽、金、西夏、三国之曹操等对历史传奇的述说，有走进霍金的宇宙世界、璀璨星空、科技之光等对科技的探索，有关于动物、猫的生活习性、《狼王梦》等与动物有关的不解情缘，也有许多日常生活里的积累与所得。

（三）拓宽社会实践，实现生命充盈

学生从校内的课堂学习到社会参加实践活动，不仅是活动领域的扩大，更是学生成长环境的重大改变。让学生走出校门，走向社会，在生动活泼的实践活动中体验社会生活，形成参与社会的意识，更好地融入社会，这也是生命化德育的重要目标之一。

我校重视学生真正投入到社会实践过程中去，注重为学生的道德实践创设情境，搭建平台，提供机会，让学生在社会实践过程加深对道德认知和道德情感的体验。围绕生命化德育的目标，我校确立了社会实践活动的三大类型：

总类	分类	具体项目及目标
自然考察	自然田园风光	公园、海滩，农家乐，体验农家乐生活，体验人与自然的关系。
	人文风光	博物馆、艺术馆，提高人文修养，培养健康的人格。
社会参与性学习	社会角色体验	小义卖员、小交通警察、小质检员，引领学生参与社会，体验他人。
	社区文明建设	做小文明宣传员，参加力所能及的公益劳动，加强良好思想品德和行为习惯的养成。
	与文化、科技对话	与作家零距离的接触，参观报社，科技馆等，感受文化科技魅力，培养对生活的热爱。
与学科统整的学习系列	学科应用实践	英语角会话，小歌手比赛，实现学生知识的运用和实践能力的培养。

　　社会实践活动资源的获取途径也是多元的，以学校联系为主，并不断扩大教师、学生、家长和相关社会关系。如学校与厦门市质量技术监督局共建，成立"质监小小稽查队"，几年来以"开心游戏 安全童年"、"关爱生命 关注特种设备"、"少年维权手拉手"、"关注食品安全—月饼DIY"等主题，开展质监模拟执法、动手实践体验等活动，培养提高了学生的维权护法意识。生命化德育关注到家长资源的参与和互动。许多活动招募家长志愿者参与协调管理，同时，以家庭为主题的社会实践活动也是生命化德育的重要内容。读书节中，孩子与家长亲子共度，美食会上母子、父女齐上阵动手DIY，故事爸爸妈妈进课堂、亲子DV秀，爸爸妈妈在主题活动中拉近了距离，增进了解，共同成长。社会实践活动的鲜活让学生增强了道德情感的体验，并在现实行动中把道德意志和个人的情感、意志等交融在一起，在这种交融和行为表现中实现生命的充盈和发展。

"拥抱绿意生活　守望幸福家园"

——李四光中队创建交流观摩会活动方案

【活动时间】4月16日—5月18日

【活动对象】园南小学全体师生

【活动内容】

第一阶段　作品征集(4月17日—4月28日)

〖绿意生活臂章〗

一、二年级的小朋友们与家长共同协作，以"爱地球　爱厦门　爱校园"为主题设计"绿意生活臂章"。

〖绿色回收站〗

三—五年级的同学根据校园卫生状况以及学校垃圾桶摆放位置展开调查，探讨校园垃圾落地的解决方案。设计校园"绿色回收站"并对摆放位置提出合理化建议。

时间安排：

1、4月17日　学校布置活动任务　各班级制定班级活动方案。

2、4月18日（周三）班会课班主任面向班级学生进行活动解读，布置活动任务。

3、4月25日（周三）班会课各班级检查活动开展情况。

4、4月30日将活动作品（设计稿）交到学校德育处。

一、二年级每班级交10幅"绿意生活臂章"设计稿。

三—五年级每班级推荐1-2份"绿色回收站"设计稿（须付上摆放位置的合理化建议）。

第二阶段　评选展示(5月2日—5月14日)

〖绿意生活臂章〗

将贴合主题、创意新颖的绿意生活臂章制作成贴纸。

〖绿色回收站〗

推选出优秀的"绿色回收站"设计方案，并进行产品推介准备。

〖活动展板〗

①绿意园南（环境篇）②绿意园南（文化篇）③绿意园南（生活篇）④园南小学李四光中队活动介绍⑤"拥抱绿意生活　守望幸福家园"活动介绍

活动展板素材搜集、制作；展板讲稿撰写；展板小讲解员招聘、培训。

第三阶段 创建交流观摩会(5月18日)

一、亲近榕之园南

为走进校门的领导、来宾佩戴上园南的绿意生活臂章，使其成为园南的一分子，亲近"榕之园南"。

二、了解绿意园南

在小讲解员的带领下，参观校园，观看活动展板，深入了解榕之园南欣欣向荣的蓬勃生命力，感受园南的浓浓绿意。

三、拥抱绿意生活

(一) 热场 合唱队歌曲表演

(二) 李四光中队授旗仪式宣读誓言，做合格的保护地球小卫士。

(三) "绿色回收站"设计推介

1.运用实物模拟、童话剧等形式，展示活动小组设计的"绿色回收站"及校园摆放的合理化建议。

青年文明号成员加入选手队伍，与其共同组织展示。

2.现场PK，由现场的老师、同学、来宾等进行投票评选。

选手所在班级或者年段运用口号等形式为其呐喊助威。

(四) 宣布票选结果

(五) 同唱《像榕树一样蓬勃生长》

2012年4月

(四) 开辟绿色通道，心育绿意盎然

心理健康教育给日益受到严峻挑战的德育注入了新的活力，心理健康教育对人生发展的作用使其成为德育不可缺少的组成部分。学校搞好心理健康教育，有利于培养学生良好的道德品质，有利于学生实现道德与生命的真正融合，有利于他们实现自己的人生幸福，这也是生命化德育的诉求。

1、课堂为基

心理健康活动课和心理辅导讲座是当前小学实施心理健康教育众多途径中最为广泛且行之有效的一种方式。它注重通过主体性活动唤醒学生内心深处的心理体验，进而在分享交流中领悟、探究、实践，从而促进学生良好心理素质的形成。生命化的心理课堂、讲座更具有一种积极向上的特质，以学生心理发展的需求为活动的主要内容，关注学生的心理成长。内容主要有适应新的学习

环境、认识自我、学会人际沟通、情绪调节、面对挫折和人生自我规划等，采用师生互动、小品表演、头脑风暴、辩论等各种生动活泼的方式，让学生们在轻松的氛围中，化解了他们成长中遇到的心理困惑，增强他们适应新的学习环境的能力。美国家庭心理治疗大师萨提亚女士说，每个人都有能力找到内心的宝藏，它让我们有能力获得成功，并且成长。她有个非常著名的"种子"理论，认为人性本善，生命是非常可贵美好的，就如同一粒种子，它内蕴了全部成长的潜在资源，但需要外界适当的条件帮助它才能很好成长。生命化的心理课堂、讲座就是一种孕育，为学生寻找到内心宝藏的同时，播下一颗乐观积极的种子。

集中注意力

设计者：厦门市园南小学　陈莉

一、指导思想与理论基础：

注意作为一种心理状态，其功能表现在选择性和集中性。对大多数有意注意来说，集中性显得更为重要，它表现在心理过程对对象的专注深入，而对其他事物视而不见，听而不闻。小学生注意的集中性较差，应该提高有计划、有目的的指导，以促进儿童注意力的发展、提高。课堂教学要想获得最佳效果，就必须培养学生良好的课堂注意力，使学生养成专心听讲的好习惯。一年级是培养注意力的最佳时期，可根据学生的心理特点，设计新颖有趣的教学导入，采用灵活多样的教学形式，培养学生坚强的意志，以培养学生良好课堂注意力。

二、教学目标与教学概要：

（一）教学目标

1. 帮助学生初步了解集中注意力的重要性。

2. 通过训练，初步懂得如何集中注意力。

（二）教学概要

本课通过"大小西瓜"的热身活动活跃课堂气氛，引出主题；然后通过《小猫钓鱼》的 flash 以及图片展示，让学生从感观的体会到亲身的感悟，使学生明白集中注意力的重要性；再通过智勇大冲关，让学生们从快乐的游戏中紧张地训练，达到了提高注意力的目的，在每次闯关结束给予一个小秘诀，让学生训练后有所收获。

三、教学使用建议：

1.适应年级：一二级

2.课前准备：课件，数字丛林图

四、教学步骤：

（一）热身活动

"大西瓜""小西瓜"

揭题

（二）小故事大道理

1.观看《小猫钓鱼》的 flash，在没有钓到鱼的地方停止

2.看图，一起来找找生活中的小猫

3.看图，一起来找找学习中的小猫

（三）智勇大冲关（帮助小猫获得集中注意力的秘诀）

第一关：劳动小能手——耳到

第二关：认图小高手——眼到

第三关：数数小专家——手到

第四关：寻宝小行家——专心

（四）总结

为小猫获得集中注意力的四个秘诀，小猫在学生的帮助下钓到鱼，（观看《小猫钓鱼》结局）并总结。

五、详细教学方案：

（一）热身活动："大西瓜""小西瓜"（5分钟）

小朋友们，你们好。陈老师为你们带来了一个小游戏，它的名字叫"大西瓜、小西瓜"。规则是当陈老师说"小西瓜"的时候，小朋友们就做抱小西瓜的动作，小西瓜很小，小朋友们要把手贴着自己的身体。当陈老师说"大西瓜"的时候，小朋友们就做抱大西瓜的动作，双手交叉伸直就行。好，明白了吗？我们开始吧

……

哇，小朋友们表现得都很不错，陈老师要加点难度啦。我们要做相反的动作，听到"大西瓜"，就做抱小西瓜的动作。

……

好，我们的热身活动先进行到这里。陈老师想请小朋友们说一说，怎样才能把姿势做得又快又准确？

要注意听

不可以走神

……

很好，小朋友们所说的注意听、不可以走神，其实就是要集中我们的注意力呢。让我们通过这堂课来更好地集中注意力吧。

（二）小故事大道理：（10分钟）

刚才的热身小游戏，小朋友们都玩得好认真，为了鼓励大家，陈老师给大家带来一部非常有趣的动画片，要认真看哦！（观看《小猫钓鱼》的flash，在没有钓到鱼的地方停止）

想一想：小猫为什么钓不到鱼？

生答。（三到四名）

师：是呀，小猫钓鱼的时候注意力不集中，三心二意，所以没有钓到鱼。我们现在一起来找找生活中的小猫。

生：一边走路一边看书；一边走路一边跟好朋友打闹；……

师：这样的行为有什么不好的地方？

生：排队的时候，说话

生：下课的时候冲到同学

……

师：在平时的生活中，我们的注意力要非常集中，否则有可能发生危险。接下来我们一起来找找学习中的小猫。

生：上课时，小声说话，

师：这样有什么不好？听不到老师说的，不尊重老师，影响同学。

生：上课的时候做小动作，也会影响同学

生：写作业的时候不认真

师：那应该怎样做才算集中注意力呢？

发言的小朋友说得真好，其他的小朋友听得真认真。陈老师相信你们在平时的学习和生活中，注意力会有很大的提高。我们的小朋友有进步了，可是，我们的小猫还因为没有钓到鱼，伤心得快要哭出来了。我们应该怎么做？

好，老师先代小猫谢谢你们。猫妈妈为我们这些乐于助人的小朋友们准备了闯关游戏，只要我们闯过一关就能拿到集中注意力的一个秘诀。当我们顺利闯过各关，就可以把秘诀都告诉小猫来帮助它钓鱼。小朋友们有没有信心？好，我们开始吧。

（三）智勇大冲关

第一关：劳动小能手

师：当小朋友们听到"鱼"，立刻举起自己的右手，表示你把它钓到了。举完之后马上坐好，因为这段话中有好多的鱼，要做好准备，集中注意力才能钓到所有的鱼。当小朋友们成为劳动小能手之后，我们就可以拿到一个秘诀了。

师读：（星期六，我和爸爸妈妈一起去钓鱼。开始时，我连鱼杆都拿不稳。我盯着鱼钩看，简直眼珠子都要瞪出来了。我就这样，我等啊等，等到快没耐心的时候，鱼漂突然动了！我急忙往上提，居然提不动。我急忙喊来爸爸妈妈帮忙，终于提上来了。哇，好大一条鱼呀！这条鱼是棕色的，大大的鱼鳍，黑黑的眼睛。鱼不在水里就不能生存，瞧，它不停地摆着鱼鳍和尾巴，在反抗呢！我们钓了十几条鱼，就准备回家了。今天我懂得了钓鱼要有耐心，才能把鱼钓起来。如果半途而废，是钓不到一条鱼的。今天我玩得真高兴！）

师：在刚才的闯关过程中，陈老师发现大多数小朋友把所有的鱼都钓到了，真是名副其实的劳动小能手。可是，有一小部分小朋友没有钓到所有的鱼，为什么会出现这样的不同呢？猫妈妈说了，我们的小朋友明白了不同的原因，才能拿到第一个秘诀。

生：因为不够认真听。

生：要注意听老师说的话。

生：耳朵要认真听。

师：说得真不错。我们明白了如果要钓到全部的鱼就应该用耳朵认真听。恭喜小朋友们，你们为小猫拿到了集中注意力的第一个秘诀，就是：耳到。好，我们已经顺利地拿到了第一个秘诀，现在我们要闯第二关啦，有没有信心？

第二关：认图小高手

猫妈妈在这一关中准备了四张图。小朋友每看完一张图，就需要回答相应的问题将四题都回答正确，才能拿到第二个秘诀。明白了吗？

好，我们开始吧，加油！

第一题：图中有几只小猫？

第二题：图中有几张小猫形状的凳子？

第三题：图中尾巴是彩色的小猫有几只？分别是什么颜色？

第四题：一共有几只小猫？有几只小猫旁边有红色的线？

师：亲爱的小朋友们，你是怎样才能回答正确？

生：认真地看图。

生：马上把图中的物品记在脑子里。

……

师：这一关已经结束了。聪明的小朋友们肯定发现了这一关，猫妈妈要告诉我们的秘诀是什么了？谁来说一说？

生：用眼睛看。注意老师提出的问题。

说得真好，这一关最重要的是用眼睛认真看。真是一群聪明的孩子们。让我们好好运用这两个秘诀，再接再厉，勇闯第三关好吗？

第三关：数数小专家

这一关中，小朋友们会看到一张图，图中有1-21组成的数字图形，我们将用20秒的时间，看看所有的数字按顺序连在一起是什么样的形状。现在请拿出数字图和笔，开始。

师：在这么短的时间里，你用了什么办法把所有数字连在一起了？

生：用眼睛看。

生：用手画

……

师：陈老师发现你们都有一个办法，用手画着线走，这样就不会错了。恭喜小朋友们，顺利拿到这一关的秘诀，它就是手到。

第四关：寻宝小行家

小朋友们，猫妈妈故意把许多宝贝，就是数字7藏在数字丛林中。当声音响起时开始寻找数字7，并将它圈起来。声音停止时马上停笔。不遵守规则的小朋友将失去闯关的资格。好，有没有明白我们的闯关规则？我们要找的宝贝是数字几？什么时候开始？什么时候停止？还有没有疑问？好，开始。

0145372698124079685334589072161267904835601457938241820637591450238697051382974602467318955624701893120359648704138956276017249538204891537660192387452013478596046128573932914650875029417638067193

（播放声音）

让我们来看看这两个小朋友寻找的宝贝是不是一样多，一样准确。现在看看自己的，与哪张更相似。为什么会有不同呢？

生：我按顺序一行一行地找

生：我把自己的注意力集中在找数字这里，不管放什么音乐。

……

师：找到越多宝贝的小朋友，说明他的注意力越集中，也明白了找宝贝要有一定的耐心。当然最重要的是，我们要把注意力集中在要做的事情上面。老师播的声音就像影响小猫的蜻蜓和蝴蝶一样。因此，这一关猫妈妈给我们的秘诀就是专心。

好，小朋友们，我们拿到了猫妈妈给的四大秘诀。我们一起大声告诉小猫好吗？

真棒！陈老师再次代小猫谢谢你们，接下来，我们一起去看看小猫在我们的帮助下有没有钓到鱼。

（播放动画片）

哇，真棒！小猫钓到鱼了，让我们为她鼓鼓掌。也为自己鼓鼓掌。

小朋友们，集中注意力的四个秘诀好不好？所以陈老师希望小朋友们把这四个秘诀记牢，经常用这些秘诀来集中我们的注意力，这样我们就能够变得更加聪明。好，这堂课就上到这儿，谢谢小朋友们。

2、活动为石

在学校团体心理辅导中，对话及团体游戏方式无法满足多数孩子的需求，因为学生们的倾听和表达能力的发展因人而异，游戏和对话呈现的问题无法深入意识，为了关注每个生命的发展，保证学生心理问题获得有效、及时地解决，我校不断地拓宽心理健康教育的途径。

"心灵小屋"的建设。在硬件上，配备了沙发、沙盘等咨询必备的器材；软件上，制定了完善的规章制度，配备了专职辅导老师，开展面向学生的团体或个案的常态咨询活动。"心灵小屋"在每天下午开放，里面放有椅子沙发、书报杂志，还配有优美的音乐，学生置身其中可以发呆、可以聊天，充分放松身心。在这里师生、同伴之间可以互相倾诉，宣泄负面情绪。更可以通过"沙盘游戏"了解自己的心理状态，舒缓和化解不良情绪，找到自己成长的动力，并在和同伴合作中学会换位思考，包容，互助。即将新建的涂鸦墙，可以让学生自主地将遇到的小麻烦、小烦恼书写在涂鸦墙上。也可以通过心理老师以不署名的方式将小麻烦张贴在涂鸦墙上。全校学生均可充当小小知心人的角色，帮助小麻烦献计献策。

学生心理档案的建立。通过为学生建立心理档案，能及时准确地掌握和了解学生的心理发展规律、特点及现状。如可以从中寻找导致某一部分学生发生心理障碍的原因，并从宏观上寻找教育、预防和干预的方法。心理档案所反映出来的学生兴趣爱好的信息，可以为丰富课外活动、满足学生的正当心理需求提供决策依据。

厦门市园南小学心理咨询记录表

___12-13_____ 学年　　编号 ____5_____　　第 ___1___ 次咨询

姓名	陈*	性别	男	出生年月	2005.5
班级	二（3）	辅导教师		陈莉	
辅导时间	2012.9.4		辅导地点		心灵小屋
咨询问题	1.学习问题（考试焦虑、学习压力、学习动力、学习习惯、升学压力） 2.人际关系（同伴交往、亲子关系、师生关系、青春期困扰）				
咨询问题	3.情绪困扰 4.人格方面（挫折行为、自我概念、个性缺陷、不良行为） 5.其它：				
问题自述	老师反映该生在与同学交往时常发生冲突，无缘无故地打同学，影响课堂正常秩序。				
问题分析简述	该生的表现属于攻击行为，以及该生在与人交往时沟通方式存在一定的问题，因而出现相应的问题。还可能与孩子家庭的教养方式有关。				
辅导措施简述	第一次咨询时重要建立信任感，心平气和与其聊天，让学生感受到与人心平气和交流时会收获更多开心的状态，并建议他当生气时应该先放松，再寻找方法解决。				
反馈与反思	旨在建立信任感的第一次咨询效果不错，但也要加强对学生发生冲突原因的了解。需要跟进其表现。				

（五）平等师生关系，从听话到对话

在生命化的德育构建实践中我们认识到：要建立良好的师生关系，以生为本，以生命化教育为目标，必须树立"蹲下看学生"、"发现学生成长细节"的理念，尊重学生的成长与发展，静待生命的花开。与学生交朋友，实行师生互动，投入满腔热情，用个性的魅力去唤醒学生鲜活的心灵。

1、从听话到对话

在我校教学楼的楼梯旁，走廊上，挂着许多这样的照片，不是名人画像，而是一张张生动有趣的属于孩子和老师的照片。孩子们举着对想对老师说的心里话，纯真开怀地笑着。"老师，淘书节太有意思了！这样的活动可以多举办些吗？""老师，批评是应该的，但是时间可以不要那么长吗？"这些话，最直白地表达着孩子们最真实的想法，他们的困惑、意见、心情，都成了墙上的风景。而另一边，则是我校老师们的教育感悟和他们与孩子在一起的照片。二年一班的林老师下课时带着班级里的孩子一起踢毽子，心理陈老师在心理小屋陪着孩子交流心事，体育王老师为了减轻第一次在舞台上表演的学生紧张感，化妆成一棵树，高举着手臂，在学生身后默默陪伴。体育马老师蹲下身子和孩子站在同一起跑线上……教师在俯身发现孩子成长中的一个个细节时，伸手帮助，侧耳倾听，支持陪伴，共同成长。平等的师生关系给学生营造了一个宽松、民主、和谐的生长环境，孩子在一个能自由表达心声，充满人文关怀的环境中生长，学会表达，学会感受，学会爱。

五年3班林叶给王老师的信

亲爱的王老师：

您好！今天给您的回信，主要是想谈谈我们班在开展"绿意课堂"活动时，做得好的地方还有坏的地方，就让我给您一一列举出来吧！

好在：

1. 上课有活跃的气氛，不像以前上课死气沉沉的。

2. 同学们都会自主讨论，提出自己宝贵的意见和建议，不像以前上课只有一些同学在唱独角戏，其他同学根本没有融入进来，听课效率也大大降低。

3. 能和自己的同学坐在一起，是件很快乐的事。

4. 讲解题目的时候，能让同学自己讲解。不会的同学也可以在组里寻求组长和一些乐于助人的同学帮忙，不理解的题目自然就迎刃而解了。

5. 一些比较难的题目，大家会跟着组长的脚步慢慢追寻答案，从而获取答案。

6. 上课有做得不好的地方，旁边的同学会给予提醒。

7. 这样上课，我们会有新鲜感，既陌生又快乐。

在这样的学习环境下，效率提高了，气氛活跃了，我们也很快乐，但是还是有地方需要我们改进：

1. 讨论时有的组纪律太乱了，有的同学会趁机讲和讨论内容无关的话题。

2. 有些同学会在组长写板书的时候捣乱。

3. 有一些同学一直依赖组里的主力成员。

虽然我们纪律不好，但是我觉得老师上课方法也要改善：

1. 讨论的时候不要老是讨论一些普通的问题，要把一些对于我们较为困难的问题拿出来讨论才比较有价值。

2. 一些比较简单的课时可以让小组自主讨论完成学习。

3. 应该要让小组成员都听组长的话，不能不服从命令。

4. 上课应该让大家活跃起来。

5. 教训同学应该在下课。

6. 上课要有好心情。

7. 对于同学讨论时的不足需要进行指导和批评。

8. 要做到师生一起讨论这种境界。

9. 每个小组发言累计分数，分高的要有奖励。

虽然我们还有很多漏洞待改正，但是我们还是很喜欢这种模式的，所以我们要在改正不足的时候，不断提升，成为一个充满绿意的班级！

您的学生：林叶

2013 年 3 月 15 日

2、师生美德相长

苏霍姆林斯基说过："教师应当拥有巨大的热爱人和无限热爱自己的劳动的才能，首先是热爱孩子们的才能。"教育是生命间的活动，是用一个智慧生命开启许多智慧的生命，用一个心灵唤醒许多心灵，用一种人格去影响其他人格，用一种热情去温暖许多生命。所以，教师的角色必须跳出和超越传统的知识传递者的角色，从关注知识到关注生命，这样才有助于引导生命的发展，促进生命的自主成长和完善。

关注每一个生命的成长，做一个生命化的教师。我们在教师中开展了教育叙事的征集活动，旨在引导教师和学生一起想、一起玩、一起学，读懂学生的喜怒哀乐，真正走进儿童，不把"自以为是"的理解一厢情愿地粘贴在学生身上，不对学生作浮泛地、不切实际地揣测。从学生的生活感受、生命体验出发、发现和引领学生。

听，花开的声音

王丹婷

　　曾听过这样一句话:"每个人的心里都埋着一团火种,只要善于拨弄,它就会熊熊燃烧。"我的教育对象是七八岁的孩子,他们天真烂漫,活泼好动,那一颦一笑,处处充满着童稚童趣。做一个辛勤的园丁,使每朵鲜花都绽放,每颗幼苗都茁壮成长,这是我从教以来,始终坚定奉行的信念。

　　常对身边的人说:"我特别喜欢低年级的孩子。"低年级的孩子眼神里总是透出那么一股单纯,对待老师也特别热情,经常喜欢围着老师转,我也很习惯在课后把孩子叫到自己身边,和他们聊聊天,请他教教老师这件新玩具怎么摆弄;问问她这件漂亮的新外套是谁买的?聊一聊他今天的午饭吃得好不好?考考他会查字典了吗;告诉他这几天进步了!也跟他说昨天他写的生字不够认真了,今天和同学吵架不应该……在这和轻松的聊天氛围下,孩子更多地感受到老师的亲切,自然,此时如果提出对他们的一些要求,孩子们也更愿意接受。虽然俗话说"严师出高徒",可对于孩子而言,他们更愿意面对的是老师对他们的宽容。宽容是一种"润物细无声"的爱,不过刚教书那会儿,我却常因孩子的一点小错误而火冒三丈,以至于有同事私底下对我说:"丹婷,感觉你对孩子太严厉了。"于是后来,我学着自我反省,学着换位思考:如果我是孩子,我是不是也会像他们一样?假如那又是我的孩子,如何教育才是最佳途径?于是,在这样的前提下,孩子们的调皮捣蛋、屁股坐不住、读书不专心、上课容易被其他事物吸引等等现象都变成了可以理解的行为。

　　因为宽容,所以,就更要留心孩子的点滴成长,挖掘其身上的闪光点。因为对于低年级的孩子来说,表扬的力量是无穷的。说到这儿,想起以前班上的一个叫刘安之的小女孩。这个小女孩什么都好,就是特别磨蹭,做作业的速度非常非常的慢,经常是班级倒数一、二名完成作业的孩子,为此我也批评了她好多回,偶尔她的动作快一些了,我也试着鼓励她,希望她能保持,可是效果不佳。有一回自习课,我让孩子们抄写习题并当场完成,过一会儿,我扫视了一下全班,看到刘安之正低头写着,爱磨蹭的特点让我习惯性地问她:"安之,你是不是还没有抄完习题?""抄完了。"孩子抬起头回答我,眼神中带着些委屈。"真的?那你写到哪题了?""我写完了。"我一听,自然不信,赶紧让她拿来让我看看,一瞧,还真写完了,一字一字,非常工整、漂亮,我自然也表扬了她。表扬之后正要让她回座位,转念一想,又把她叫住,并让班级的孩子都停下手中的事儿,我特意用惊讶的语气对孩子们说:"今天呀,刘安之带给我们大家一个大惊喜!""什么惊喜呀?""大家看看安之的作业。""哇!""字好漂亮哦!"看了投影出来的作业,孩子们纷纷发出赞叹声。"大家看,安之的字不仅写得工整，而且还是以非常快的速度完成的。所以王老师今天要大大地奖励她。"于是，当刘安之在孩子们再一次的羡慕声中接过我的奖励时，她眼中的星星点点写着开心，写着小得意，似乎还写着信心。当时我心想：她这样的劲头要是能保持一星期该多好。可令我意外的是，从那天开始，刘安之再也不是班级倒数一、二才能完成作业的孩子。写着一手漂亮的字的她做事的速度大大加快了。并且，随着被表扬次数的增多，孩子更有自信了，和我也更显得亲近。

带着宽容、带着鼓励，我和班上的孩子建立了深厚的感情。我和孩子之间，孩子和孩子之间，就像亲人般，互相关心，互相鼓励。"班级是我家"不再是一句口号。记得那是一年校运会前，班上的阮弘奕报了200m赛跑，报完名过天，他却愁眉苦脸地来找我："王老师，我不想参加200m比赛了。""为什么呀？""因为我怕跑不好，给班级丢脸。"看着那单纯的脸上流露出的焦虑，我内心不由一震：多可爱的孩子呀。因此我以肯定的口吻告诉他："即使你跑最后一名，王老师都会为你鼓掌的，还要让全班的小朋友都给你鼓掌。""为什么？"孩子有些疑惑地问我。"王老师之前不是告诉你们啦，只要你们的心中都装着班级，我相信你们都会取得好成绩的，即使没有名次，也没有关系，因为王老师相信你一定已经为班级而尽力了。"听了我的话，孩子的脸上慢慢恢复了报名时那种自信的表情，接下来的日子，总能在放学后看见他在操场积极练习的身影。而在赛前，我问他："阮弘奕，你紧张吗？""不紧张。""这么棒呀。""因为王老师和我说过，只要我心中装着班级，跑第几都可以呀！我会为我们班而尽力跑的，王老师。"听了孩子的话，当时我只是笑着摸了摸他的脑袋，心里真想对他说："谢谢你，孩子，谢谢你对班级的这份心。"

还有一回是在学科竞赛后，我们班的成绩出乎意料的糟糕，刚看到成绩时，我心里不由感到郁闷、生气，不过在向孩子们说起竞赛结果时，我并没有过多地批评他们，我依然告诉他们，这回班级的成绩虽然不好，但是如果班级的每一个小朋友都愿意为班级付出自己的努力，相信下一次，无论是考试或是比赛，我们班都能得到自己想要的结果。不过，或许是我脸上略显失落的神情还是难逃孩子那透亮的双眼，几天后的圣诞节，班上的汪格尔送给了我一张贺卡，她在贺卡中告诉我，她知道自己这回竞赛肯定考不好，不过她和几个要好的小朋友都约好了，接下去一定要为自己，也要为了班级好好努力。看着这样的贺卡，心中的暖意自不必说，更让我惊喜的是，这些小家伙竟也学会安慰人了。被孩子们关怀的感觉，真好！

当了老师，我才明白，原来教书只是我们工作的一小部分，更多的投入则在于育人。这些年来，成为一个又一个孩子的老师，眼见着他们经历点滴成长，就好比听见花开的声音，微小，却能震撼人心。所以，我总喜欢对他们说："孩子们，我愿意和你们一起成长，感受生命中最纯粹的美好。"

一位妈妈的眼泪

张晓霞

窗外，阳光有点刺眼，很难得地在降温的天气里出太阳了。吃过午饭，同事三三两两地说着话，难得的阳光让大家的心情显得格外的好。而此刻的我，心情却无法平静。刚刚发生的那一幕，不时撞击着我不算坚强的心灵，那是怎样的一种心痛。于是，打开电脑，写下这段文字——

放学的铃声响后不久，孩子们排着整齐的队伍，站在操场上等候我去带他们出校门。像往常一样，我一路上跟孩子们说说笑笑，分享着今天班上发生的有趣的事儿。这种感觉真好，孩子们总是那么可爱，那么天真。回到办公室，习惯地看看手机，没有未接来电，于是准备吃饭去了。这时候，胡老师说外面有个家长找我。我探探身子一看，是毅毅妈妈，她笑盈盈地看着我，在门外候着。我推门出去，看到我，她立即拉着我的手。

"张老师……"突然，她泪如雨下。

"怎么了？"我的心像被什么鞭打了一下，我紧紧握住她的手。

"出什么事了，您慢慢说。我帮您解决。"尽管我并不知道我能帮她做些什么，但我知道，此时的她需要温暖，需要我的安慰。

她含着泪水告诉我，昨天毅毅回家后告诉妈妈，同桌嘉嘉说周五开完家长会，她妈妈回家后说毅毅妈妈长得很难看，毅毅家里很穷，他爸爸妈妈都是卖菜的……她说她当时心里一惊，眼泪在眼眶里打转，但在毅毅面前她还是控制住了。她紧紧抱着毅毅，心里却是无比的伤心。而懂事的毅毅是这样告诉妈妈的，他说"妈妈，我跟嘉嘉说您虽然不好看，但是您很认真很智慧，很爱我。"

她说，她不在意别人怎么说自己，但她担心地是给毅毅带来的心理阴影。曾经失去一个孩子的她，对毅毅这个好不容易再怀上的孩子，倾注了全身心的爱，她是多么地担心她的孩子受伤啊。

"张老师，您不要再去批评嘉嘉，也不要去责备嘉嘉妈妈。您能不能帮毅毅调下位置，我担心他……"说到这里，毅毅妈妈忍不住又留下了伤心的眼泪。

此刻的我，什么也不能做，只能紧紧地握住她的手，不断地安慰着她。但我的心，却疼痛无比，我深深地感受到一位母亲对他儿子那种深深的爱，她让我想起我的妈妈。同时，我也深深地佩服着这位妈妈的善良和宽容。好不容易，毅毅妈妈的情绪平静下来了，回家去了。

而我的心却久久不能平静，伤心，难过，痛苦，还有内心深处的那种思念突然又被挑起……

从一年级到现在，跟毅毅妈妈的接触还是比较频繁的。这是一位很淳朴但很优秀的家长，一直担心因为自己文化程度不高而影响孩子成长的她，总是觉得愧对孩子，总是认为自己无法给予孩子很优越的成长环境。但对于我来说，她却是那么的优秀，那么的伟大。比起班上其他孩子的妈妈，她也许不会讲流利标准的普通话，但她说的每一句话都饱含着真诚；她也许不懂得梳妆打扮，但她的衣着却总是那么整齐干净；她也许并没有很高的文化水平，但在培养孩子上她却是最用心的。因为不识字，她甚至连自己的名字都不会写，毅毅上一年级的时候，为了帮毅毅的作业签名，她特意去找毅毅的幼儿园老师，要老师教她写自己的名字，要老师教她写"有熟读，会背诵"这句话。曾经失去一个孩子的她，忍着内心的悲痛，重新站立起来。而为了让第二个孩子得到更好的教育，她和丈夫放弃了岛外优越的生活环境，心甘情愿地在百家村摆摊卖菜。我能体会到他们生活的不容易，所以每次学校有减免各种活动费用的名额时，我总是尽力帮毅毅申请，我只希望他们能过得好一点。然而就是这么一位坚强而伟大的妈妈，今天却在我面前留下了伤心的眼泪。可以想象她的心里该有多难受，多痛苦。而对于毅毅，我有着另一种担心。就像我自己，当内心深处的那根脆弱的弦被碰触到时，总是那么悲伤。那么毅毅呢？当他发现自己的妈妈在别的小朋友眼里是那样的感觉，他心里又会有怎么样的阴影呢？我不敢想象，也不愿想象。我只希望下午上学时间赶快到来，我只想好好抱抱这个孩子……

此刻的我，心里有了一点处理这件事的想法。刚刚在食堂的时候，我请教了庄老师，她很耐心地给了我一些建议。而就在刚才，胡老师也跟我分享了她的看法。所以，现在的我，心里不那么慌，情绪也稍微平静了。我应该庆幸，每次遇到困难时，身边的朋友和同事总是挺身而出，像天使一样带给我温暖和力量，让我觉得自己并不是孤独的。写到这里，我的思路渐渐清晰。翻开工作笔记，我写下下面几点：

1、在下午的英语课上，要抽出几分钟进行爱的教育，要讲讲母爱的伟大，讲讲母亲的心灵美远比外表美重要得多。

2、帮助毅毅调整座位，并找毅毅谈心，安抚他，表扬他在妈妈受伤时懂得保护妈妈,是个勇敢的孩子。

3、在嘉嘉妈妈了解嘉嘉的同桌更换之后,找适时的机会,委婉地跟嘉嘉妈妈沟通,让她在了解更换同桌这件事的同时,也能感受到是因为自己的言语伤害了毅毅妈妈

4、今后,要更细心,更注意班级孩子的情绪变化,及时发现问题,及时解决问题。

成功的教育绝不是一方独立完成的,它需要学生和教师共同来积极作用。作为教师的我们应更科学、更合理、更投入地设计自己的教育轨迹,这样,我们的教师也将成为学生喜爱的老师。只有师生互动、生生互动,方可取得良好的效果,才能达到真正的目的——师生美德相长。

(六)家校多元合作,实现互补双赢

家庭是社会的细胞,家庭教育是基础教育,又是终身教育,它对一个人的启蒙、成长、成才有着不可估量的作用。一个人的思想、品德、行为习惯、意志性格的形成都离不开家庭。家长的素质直接影响到孩子,家长的人生观、日常道德规范、待人处事都会对孩子成长起着潜移默化的作用。学校教育与家庭教育紧密相连、密不可分;家庭教育也需与学校教育有效合作,互动共赢。如何构建一种良性的家校合作方式?如何真正发挥家校协同的巨大力量,为孩子的成长助力呢?带着这样的思考,我们开始了家校的多元合作……

1、以理念为先导

每一个品行优异的孩子身后都有一个优秀的家庭团队。每一个出现成长问题或心理问题的孩子,一般都与家庭环境有一定的关联。长期的工作中,我们深感家庭教育的不足会对学生产生巨大的负面影响,因此,要想帮助孩子解决成长问题,家长首先必须改变。改变家长,首先是要改变家长教育孩子的观念,观念没有改变、提升,再多再好的方法都难以奏效。树立新的、科学的教子观念,和学校合力才能培养出优秀的孩子。

对于家长的上岗培训。我们是两条线双管齐下:一条线是校长向全体家长介绍学校的理念,并通过书信形式与家长交流互动。在新生训练的第一天,与此同来的是新生的家长培训,校长真诚地对每位家长说:"来园南第三年了,每年我都坚持自己跟新生家长进行交流和分享。因为我希望通过这样的方式能够让您对孩子未来六年所生活学习的校园有个更深入的了解,因为也只有这样才能让我们通力协作,在跨进校园的第一步就朝着共有的目标一同前行。"与

此同时每位家长都收到一封《开学的第一天》的来信，校长在信中写道："2013年我有个最朴素的愿望——"希望每个孩子健康平安成长"；还有个最奢侈的期待——就是前面所说的"让每个孩子把上学真正当成一件乐事"，之所以说它奢侈，是因为要让孩子把学校当成乐园，把学习当成乐趣需要的是多少"能量"的堆积，它关乎观念的转变，教育的智慧，关乎课业与成绩的平衡，家庭与学校的合力……而在此，想跟家长们交流的就是观念的转变与家校的合力。"正是这样的真诚，打开家长的心门，开始家校多元合作的第一步。另一条线是由班主任对其班里的家长进行培训，培训的内容主要是针对班里孩子出现的问题如何解决。培训形式既有面对面的交流，也有班级博客网金点子的发布及班级 QQ 群的论坛。在这样的积极交流沟通下，家长对学校，对老师的认可、信任不断地提高，把校长，老师当成家庭教育的好朋友。

2、以活动为载体

在家校合作工作中，我们倡导"三边互动"，即教师和学生、父母和子女、家长和老师之间都应有不断的对话，让先进的理念、创新的思维、鲜活的知识伴随着思想和情感，在彼此之间的交流互动中积极有效地沟通渗透。

（1）召开家长会

我校在开学初、期中都召开一次家长会。家长会的形式多种多样，例如"家长沙龙"，有的家长介绍自己辅导孩子写作方面的经验，有的家长发愁孩子写字速度慢，不知如何纠正？马上有家长献计献策，七嘴八舌出主意，大家互相探讨、学习，共同关注孩子的成长历程，一些教子有方的家长共享"家庭教育"的资源。例如校长讲座"幸福教育，因为有你"等等。学校召开家长会，宣传先进的教育教学理念，解决目前学生管理中最突出的问题，介绍学校开展的各项活动的必要性，认真听取家长对学校管理和教育教学的意见、建议，让他们为学校的发展献计献策，推动学校教育教学工作更上一个台阶。

（2）设立校长接待日

为了更好地听取学生家长的意见和建议，及时有效地解决各种家长关心的教育问题，增进家校之间的沟通与联系，办群众满意的教育，学校开设了"校长接待日"，以告家长一封信公布了每两周一次的接待时间及形式。在校长接待日上，家长积极畅谈对学校教育的建议与看法，欢快的交谈中，睿智的见解里，一条家校沟通的新桥梁搭建而成！

（3）开展感恩教育系列活动

充分利用各种传统节日对学生进行教育。在母亲节、感恩节开展了孝敬教育,比如给妈妈送一束康乃馨,给妈妈写一封感谢信。我校的新生入队典礼"光荣的这一天"是在老师、家长、小队员的深情对话中开始的,家长陪着孩子一起见证这个骄傲而光荣的时刻。由家长为新队员佩戴属于他们的光荣的红领巾,一起见证这成长的一刻。在毕业典礼上,当孩子们唱着《父亲》,拿着康乃馨奔向父母,感恩父母的付出时,家长孩子都红了眼眶。孩子与家长在学校的活动中得到了沟通,增进彼此的情感,了解各自的内心需求,许多家长懂得了与孩子沟通的更多技巧。

（4）进行家访

家访,在家校联系工作中是一项传统但又极为有效的举措。学校在教师中提出"诚心家访",努力做到六个必访:学生生病必访、学生行为不良必访、学生学习有困难必访、学生家庭有变故必访、家校联系有障碍必访、贫困家庭必访,每学期教师家访率达100%。在此基础上,学校又发放家校联系单,一方面了解家长对家访情况的反馈,另一方面可以收集家长对学校持续发展提出的金点子。家访工作的有序推进,促进家校关系的和谐共生,使家校合作更加地紧密。

（5）书信传情

沟通,是教育必不可少的渠道。在信息技术如此发达的今天,我们回归最质朴的书信交流,用真诚架设心灵的桥梁,用温暖伴随孩子生命的成长。学校充分利用书信交流,搭建一个三方沟通的平台。新教师王老师在写给三年1班孩子的信中说:"你知道吗?我做过一个梦,梦到你们中的一个转学走了,我记得我是哭醒的。王老师的心愿,是你们一个都不能少,一直到毕业。可以越来越多,但是一个都不能少。我可以有很多选择,但只有一次机会陪你们长大。我的青春在走远,但你们的才要开始。总是在无意之中记录着你们一点一滴的成长。你们的青春,有一段在我手中,被我定格,真是一种荣耀。"喜爱阅读的刘老师在给五年1班的家长的信中这样写道:"如果把五年一班比做是一个家,那我就是45个孩子共同的妈。我该如何来当好这个妈呢?首先,我要公正——我要尊重他们的每一个,因为母亲是绝不会"以大欺小","以强凌弱"的!我要替他们的将来长远考虑,培养他们受益终生的好习惯,就像考虑我自己儿子的将来一样,我要培养他们阅读的习惯,和书做一辈子的朋友——这些都是我的美好教育理想,我每天也在努力践行,但我知道现实和理想之间还有很大的差距,也需要各位妈妈和我的孩子们不断警醒和帮助。"三年1班杨三川的家长在给老师的信中写道:"我的孩子,一个普普通通的孩子,没有十八班'武艺'，没有拔尖的成绩，但在学校，却经常有闪亮的表现让我意外和惊喜：挂在学校大门口的画，操场上的照片；红旗下的发言；播音室里的小播音员；班级里原创区的小作者……我经常跟家人或朋友说'我真庆幸，他读的是园南小学。'"五年3班李怀宇的妈妈也是位老师，她在给老师的信中写道："有一回，晚上八点多，我在学校门口碰到您，您胸前还抱着一堆材料，一脸的疲惫。您告诉我您刚下班，还没吃饭呢！听到这里我眼里酸溜溜的，看到您，我就仿佛看到了我自己，同样身为人类灵魂的工程师，我们所付出的，所执著追求的也许是那么微不足道，但却是我们这一生无怨无悔的。"教师，家长，学生的平等对话，敞开心扉进行心与心的交流，进行思想的碰撞，大大延伸互动的层次。

3、以联谊为抓手

活动一：爱心义卖 别有意义的"劳动"节

7.0级的芦山地震的发生，让"雅安"这个曾经不常被提起的名字，在这一刻牵动着所有人的心。为此，园南决定用自己的方式支援雅安。这一次，我们不比捐款多少，不伸手向父母要钱，我们靠自己的力量和用心，献出爱，举行一次原创作品爱心义卖活动。义卖品全部是全体师生自己制作的手工作品、爱心点心等，由于义卖前正值五一，孩子们有了充足的准备时间，和家人一起动手制作，劳动节成了他们真真正正的"劳动节"。热闹的校园里人头攒动，孩子、老师、家长穿梭其中，欣赏、搜寻着心仪之作。每个班级的摊位上都摆放着孩子们和家长一起精心制作的手工作品，色彩鲜艳的儿童画、充满意境的山水画、"保卫钓鱼岛"手工模型、手工纸花、爱心饼干……琳琅满目的作品，充满了新鲜的创意和暖暖的爱心。活动里，每一位园南人都身体力行地践行着"小力量传递大能量"的精神。用自己的双手，创造出包含爱心的作品。此次活动中，我校近千名师生共计义卖所得31379.4元，将全数捐给雅安灾区。"予人玫瑰手有余香"，家校携手用自己的力量传递爱的正能量！

活动二：园南体育周 亲子大本营

园南的体育周不仅仅飘扬着孩子们的歌声，更有家长们和孩子们在操场上运动的身姿。"加油！加油！"六个下午，一阵阵的呐喊声在园南的校园里伴随着音乐声不断响起，家长们和孩子们又多了一次亲密接触的机会，"背孩子比赛""端水跑""障碍跑""两人三足""赶小猪""天旋地转""踩石过河""拔河"等精彩的运动项目轮番上阵，点燃了孩子们和家长们的运动热情。竞技的成分少了，更多的是那份与孩子游戏运动的乐趣，操场上欢笑声不断。在园南的体育周活动中，家长们的热情参与让活动如火如荼进行着，孩子们也乐开了花。这样的活动不仅培养了孩子的班级凝聚力，更拉近了家长和孩子们之间的距离。

（七）自主多元评价，感受成长喜悦

在学校德育实施评价活动中，情感的渗透尤显不足。情感是以一种弥散的形态而存在的，并以一种弥散的方式通过对教育评价主体心理背景中智力因素的激发，而对教育评价的取向和程度产生影响。情感教育评价不是教育评价活动的某一独立环节，而是存在于智力活动诸环节中，并对每一环节都发生影响的一种导向机制。因此我们学校在对学生进行德育评价时特别重视评价中的情感渗透。

在生命化德育理念的词典里，没有"好学生"和"坏学生"之分，每个生命都是平等的个体。生命化的德育评价机制指向的是发现和发展学生多方面的潜能，了解学生发展中的需求，帮助学生认识自我，完善生命的品格。因此生命化的德育评价具有以下功能：导向功能，即可指导学生的品德朝着社会所期望的方向发展；激励功能，能引起被测评者强烈的情绪体验，进而增进良好的品德形成。并从多种渠道、多种方式对学生进行评价。基于以上理念，我校改版了原来的《成长树评价手册》，为现在的《榕树品格养成卡》。

这张养成卡就是一张贴图，记录和见证学生的成长。土壤贴纸代表好习惯，分散在老师和家长的手中。阳光代表乐观开朗，积极向上，给人温暖的正能量，只要积极参加学校的活动，敢于秀出自己的风采，就可以获得。雨露代表团结友爱，互帮互助。绿叶代表校内各种优秀表现，比如课堂上的善于倾听，积极发言。如果能大胆踏进校长室，为学校提出建设性的意见或创意，就能获得特别奖励的拼图！《榕树品格养成卡》将抽象的要求具体化，在便于操作的同时，也为德育评价的实效性奠定了坚实的基础。

启示：特色德育＝规律＋创新

特色学校之所以是特色学校，是因为包括教育理念、培养目标、课程（观）、教学（观）、德育在内的一切学校观念和环节都包含了某种一以贯之的优良特色。相应地，特色学校的德育方法也应该是具有学校特色的。一般来说，特色德育既要体现学校的特色，又要符合德育的规律。因此，特色学校在形成自己的德育方法过程中要注意以下三个方面。

（一）遵循教育规律，从体验开始

道德行为是不能强迫的，也不能像传授知识那样，采用分解要领的方法让学生接受，从日常生活领域和道德教育现象领域的大量观察和例证中，我们发现：人们只有真正获得了切身体验的东西，才容易入其脑入其心，珍藏久远，成为其德性中的有机组成部分。学校应设定现实的情境，汲取学生切身的生活体验，与学生展开直接的，面对面的对话。这样，学生才会习得富有真情实感的、能动的、有活力的知识，学生的人格才会真正得到陶冶。在校园文化节"生命成长季"中，为了让学生进一步感受生命的力量，生命的顽强，我们带孩子走访了特殊教育学校。在还未踏进去这所学校时，孩子们对其的印象是这里的孩子很可怜，身有残缺。可是当看到他们在操场打着篮球，用相互击掌来勉励得分的队友；看到他们在教室里专心致志地画画，勾勒出了一个个美好的世界；品尝了他们亲手制作的烘烤饼干。我们的孩子情不自禁地夸赞道：太棒了！特殊教育学校的体验之行，让孩子们深刻地体验到每个生命都值得被尊重，即使残缺，仍然美丽，依旧顽强，这就是生命的力量。

（二）对已有方法的特色化改造

目前已有的常用德育方法是经过理论论证和实践检验过的，是被证明行之有效的宝贵财富，特色学校可以也必须对已有的方法加以利用。可以将二者结合起来，寻找到学校的特色理念和已有方法结合的契合点，使一般的德育方法浸染到学校的特色，这样既保留了已有方法的宝贵品质，同时又加入了学校的特色，形成了具有学校特色的方法体系。这是特色学校在形成特色德育方法过程中的必经之路。

"多一把衡量的尺子，多角度衡量学生，就会多出一批好学生。"我们相信，每个学生都有其独特性，而且这种独特性应该得到尊重。承认每个人的独特性，充分展示每个人的独特性，促进每个人的独特性的发展，应该成为德育评价的新取向。我校的《榕树品格养成卡》，就为每个学生创造个人化的发展空间，记录和见证学生的成长。《榕树品格养成卡》将抽象的要求具体化，在便于操作的同时，也为德育评价的实效性奠定了坚实的基础，使学生获得适性、适时、适度的发展。

（三）加强对特色理念的挖掘

特色学校的特色理念不仅是独具特色的，更是蕴涵了丰富的真善美的内涵的，学校可以对理念本身深入挖掘，以理念中的特质来教育学生。这样，不仅加深了学生对学校特色的理解和认同，增强了对学校的归属感，同时也实现了学生对学校和教师的感情升华，并且在适当引导之下，这种感情可以被迁移到对社会的认识上。于是，理念本身就成了特色学校的特色德育资源，对理念的开发和推广教育更成为特色学校最具优势的高效的德育方式。"让绿意点亮生命"是我校的特色办学理念，"关注每个生命，用心倾听他们的声音。"在这样的理念下，一个以"如你所愿，微心愿征集"的"六一"开始了，一张张心愿单、心愿卡寄托着 885 个孩子纯真、美好、个性的心愿汇集而来。老师们东奔西跑地在结束一天的工作后仍马不停蹄地为学生们准备这一份份特别的六一礼物。5 月 31 日的下午，校园沸腾了，四处洋溢着孩子们如愿以偿的喜悦，一张张灿烂的笑脸便是节日最美的装饰！尊重每一个生命，满足成长的需要！

第六章　追求教育理想　对未来学校发展的思考

三年来，在开展特色学校建设的研究实践中，我们全员参与，协同配合，依靠集体的力量和智慧，寻找到适合自己学校发展、孩子成才成长的特色办学理念、课程体系、活动资源等，这于我们而言，是一种收获的欣喜和前行的动力。

但要被真正称之为特色学校，必须是在全面贯彻教育方针的过程中和长期的教育教学实践活动中，在学校教育工作的整体和全局上形成比较稳定的、区别于其他学校的独特风格或独特风貌，体现鲜明的学校文化特征，并培养出具有特色人才的学校。"特色学校"这个目标，我们还离得很远，仅是刚刚起步。

一、我们的反思

1、我们通过管理文化的创新，搭设平台，权力下放，一定程度上推动了教师队伍建设，促进了教师自我感悟，自我提升，自主发展。但作为特色理念的主要实践者，特色教师是特色学校的重要标志。而具有较强综合素质，具有开拓创新精神，能更深刻理解学校文化，进一步在教育教学活动中深刻有效地体现学校特色的特色教师还为数不多。

2、生命化课堂的构建研究以来，课堂教学结构在质上得到了改善。学生良好的学习品质逐步养成，从被动的"要我学"转到"我要学"。自学能力、操作能力、思维能力等得到了不同程度的发展。但特色课堂不仅有知识的学习，还应注重在情感、审美、价值等方面的建构和提升，这是目前我们的教学中还未能较全面形成的。

3、课程是体现学校办学理念和办学特色的重要载体，随着特色建设的逐渐深入，学校在与特色发展配套的校本课程开发中有了一些创造性的探索，开发了以培养学生"珍爱生命，个性飞扬，生命充满自由和灵动"为课程目标的校本课程。但尚未全面树立系统培养的观念，形成促进每一个学生在全面发展的基础上实现"个人独创和自由发展"的课程体系。

4、特色学校的建设其核心在于学校文化的构建，三年来，我校的"榕文化"已成为学校一张闪亮的名片。但如何使学校及学校中所有主体在思想观念、价值标准和行为规范三个层面上都深深地烙刻上"榕文化"这一主题型学校文化，真正实现文化育人模式的追求，还需要一个漫长的行动研究过程。

二、对未来的思考

1、建设教师专业发展学校，培养一批特色教师。

优秀的教师是一所学校的灵魂所在，加强师资队伍建设，促进教师专业发展，实现教育内涵发展，将继续成为我校教育发展的"重头戏"。我们将通过有机整合各类促进教师专业发展的研修资源，形成教学、研究、学习三者合一的教师培养培训方式。在研究解决问题的实践中实现中小学教师的培养与可持续发展。在培养学生的同时，提升教师素养，使学校成为教师获得专业发展的主阵地，培养出一批具有独特鲜明的教育个性，富有良好的教育教学成效的特色教师。

2、继续探索教学改革，深化"生命化教育"理念下的课堂建构。

特色课堂的建构是我校特色发展及教学改革的主阵地。我们清楚地认识到，外在的形式容易变革，但内在的精神变革绝非一朝一夕就能完成的。因此，我们将继续深入开展生命化课堂的建构与研究。研究的关注点如下：第一，师生关系的建构，从"教"向"学"，激发生命潜能。第二，学生学习过程的研究，从"传授"到"体验"，感悟生命的价值。第三，课堂管理模式的探究，从"规训"到"自主"，使生命自由发展。

3、进一步构建生命化德育框架体系，探索德育新模式。

德育为先，我们将立足于尊重学生、读懂学生，以学校生命化教育的理念为指导，围绕以下四点，全方位优化育人环境，不断增强学校德育的生命力，实现德育系统的变革与创新。第一，深入研究学科德育渗透，让课堂教学活动成为学生道德实践的过程。第二，完善综合素质评价体系，将德育目标切实落实在日常的办学行为中。第三，结合校本课程开发工作进行德育教育课程化项目的开发，将德育与学生的生活实际相联系，通过大量体验式课程帮助学生形成良好的道德品质。第四，让有限的环境成为无限的教育资源，进一步丰富和完善校园文化，让校园的每个角落，都成为育人的大课堂。

4、构建特色管理模式，形成绿意和谐的教育生态系统。

我们将引领师生建立和谐的生态教育思想，把对学生、教师的管理，对课程、资源、评价等的管理，都融入到学校的生态系统之中，深入挖掘绿意管理的内涵，即"崇尚尊重、主张自主、追求发展、达成和谐"。

5、深化和丰富办学理念，关注每一个生命的成长。

84年的办学历史及新时期特色学校建设的初步探索，形成了以"和谐、活力、创新"为主要特征的组织文化，确立了共同的愿景，明确了"让绿意点亮生命"的核心价值观。我们将继续将它做深，做实，使素质教育的生命力不断增长。

特色学校创建之路走了三年，期间从茫然无措到懵懂践行直至理念的清晰定位、逐步发展，深刻感受到了创建工作的艰难。但创建充满朝气活力，师生自主发展，健康成长的绿意生命校园，始终是我们的方向与目标。我们坚信，只要坚持、深入地开展研究、创建，"让绿意点亮生命"的理念一定能根深叶茂，校园里的每一个生命都会像榕树一样蓬勃生长。

吟唱古榕新韵，归还教育之本，我们将以"充满绿意的教育"为学生奠基蓬勃的未来。

附录 1——校长受邀参与各级论坛演讲稿

2011 年 11 月 25 日在厦门参加第四届思明区校长论坛就创建特色学校的初步探索做主题演讲。

从有形到有神：特色学校建设的初步思考与实践

昨天上午，来自东北师大专家组的成员来到我们学校进行规划的论证。期间，重庆市人和街小学的肖方明校长说了这样一段话，他说：刚走进这所学交，我感受到了强烈的视觉冲击，我边走边在想，如果我是这所学校的校长，我一定会选择"榕树"这个载体作为特色构建的切入点。

听了之后，我心中窃喜：居然能和这位如此优秀的校长不约而同地想到了一起。

学校的百年的古榕见证着园南八十几年的历史，阶梯旁，古榕攀岩而立，宛如一幅以石墙为底约"根"流图画；走上台阶，映入眼帘的是它博大的浓荫和挺立的姿态。墙外墙内，我们都被榕树紧紧地包围着，这是无法剔除的校园图腾！以"榕树文化"为载体开展特色学校的构建，努力做到"从有形到有神"这是我们近期积极探究实践的方向，也是今天我跟大家交流的内容。

有形——与特色理念相匹配的景观

都说，物质文化是校园文化有形的载体，在办学的过程中，几乎所有学校都会关注到物质文化对学生起到的熏陶、导向、激励的功能，并积极地进行创设。

但是，当学校加入了"特色"的注解，那么，与办学特色相匹配的物质文化就必须成为特色学校建设中的重要内容。

建设与办学特色相匹配的校园文化，需要进行主题的统揽。要用特色理念统领校园环境和形象的设计，实现校园环境、形象、理念、特色的一体化，形成富有整体感的影响力和冲击力。

九月份来到园南，我看到了学校的大榕树，枝繁叶茂，盘根错节。我问学校的老师，这有多少年的历史，他们告诉我已过百年，其中有一个跟我一样刚到园南的老师调侃地跟我说，看来，"这棵榕树里拧出的汁都是历史和文化"。虽是一句调侃的话，但却给了我无限思考的空间。于是，扎根于园南历史的"榕树"成了特色发展的载体，成了最天然的文化景观。围绕"榕文化"这一主题，我们开始了基本的构建——"古榕书苑"有了初形，这是校园的图书馆。之前因为希望它和榕树的景观能够融为一体，所以提出了这样的名字和外观的改造，"古榕绿叶垂芳根 翰墨书香育桃李"，但其实我最根本的目的是希望能够把它建成"榕树文化"的展馆；"成长树"的评价版地给了每班一棵嫩绿的新苗，记载着孩子们成长的过程；凸显榕树精神的标语与校园的古榕相得益彰；各班级教室内的版面，也都以"榕树"为主题进行设计。而绿榕文化走廊、榕根雕塑都在逐步的实施中，力求做到特色的凸显，让校园环境处处有深意。

有神——有形的景观化为无形的精神

如果我们所做的这一切只是放大"榕树"的形象，让学生感受榕树独特姿态的话，那么，我们所做的就纯粹是"表面文章"。

让有形的"榕树"化为无形的精神，也就是有神，才是真正特色学校建设的核心。

文化精神是学校不可动摇的文化理念，有了鲜明的文化精神，学校就具备了独特的教育身份，也为学校特色的建设指明了方向。

对学校文化研究颇深的徐书业教授在书中这样写道："学校的建筑样式可以复制，环境设计可以复制，管理模式可以移植，这些东西如果没有体现学校的理想，就无法凝结为学校的精神，结果只能是东施效颦、橘生淮北了"。

因此，在凸显榕树形象的同时，我们也通过用心梳理榕树的生态特征、挖掘榕树文化内涵，寻找其中的精神性启迪，寻找师生优质发展的精神导向与榕树精神的契合点，对"它"进行了具体的内容建构：

· 脚踏实地的务实精神；

· 蓬勃向上的进取精神；

· 坚韧不拔的顽强精神；

· 独木成林的开拓精神；

· 生生不息的自强精神；

· 包容豁达的协作精神；

我们从中提炼、设计出了学校的校训、校徽、和校风、教风、学风等文化标识。

【校训】像榕树一样蓬勃生长

校训是学校精神的凝练，是办学理念的集中体现；发挥着塑造师生人格，夯实精神底蕴，引导做人做事的功效。"榕树"的精神性启迪是丰富深刻的："踏实、坚韧、包容、进取、奉献"等都是榕树所蕴含的精神品质。"像榕树一样"涵盖了我们所希望师生所达到的优良品质，"蓬勃生长"则体现了以综合素质提升为核心，立足师生共同发展的理念——达到学生、教师和学校共同成长的目标。

【校徽】

鉴于榕树之特质及学校理念和形象的统一性，校徽设计也以"榕树"之精神为核心展开。校徽构图基本造型取材于榕树形态，绿意盎然，生机蓬勃。其间点缀了三个橙红色的圆点，落于两旁的枝干之间，形成了几个两手同外向上伸展的孩童形象，圆点是孩子如阳光般灿烂的笑颜，伸出的双手则包含了"蓬勃向上"的寓意，凸显"像榕树一样蓬勃生长"的校训理念。

【校风】脚踏实地　蓬勃向上

一个是向下扎根，扎文化的根、扎文明的根、打好根基，踏实做人；一个是向上生长，则是一种积极进取的状态，是师生成长、学校发展必备的精神追求。

当我们把提炼出的校风、校训、校徽等以告家长一封信的形式进行交流的时候，我们被感动了，家长的认同坚定了我们的方向，在这分享两则家长的留言。

正如家长所说"早生根，勤耕耘，茁壮成长"将是我们共同的愿景。

围绕着我们所提炼的榕树精神，我们举行了首届校园文化节。

在文化节里，我们开展了"古榕风姿"绘画摄影比赛，让师生去观察、品味学校的百年古榕，云感受榕树的形态与学校校训、学风的契合点，从而激发"像榕树一样蓬勃生长"的成长意愿。此外，我们还举办"榕苑诗韵"诗歌诵读比赛、绿榕心语感言卡地征集等等。

而在这里我要特别介绍的是，我们以校训"像榕树一样蓬勃生长"为题，在全校师生、家长中进行的校歌歌词的征集活动。截至昨天，我们通过特别开设的邮箱征集到了近300篇的歌词，很多作品都出乎我们意料的精彩，各具特色地表达了他们对古榕树、对学校的情感。在这有两篇跟大家分享。

1、这是一位和园南有着20多年渊源的男教师写的歌词，他是园南的学生现在是园南的教师。他的词让我们读出了浓厚的情感。

园南之榕，历经沧桑
密布根须，缠绕无数过往
坚韧生命，穿越百年长廊
昨日之叶早已泛黄
今朝又见新鲜景象

榕之园南，蓬勃成长
遮天树荫，伴着岁月流淌
生命坚韧，心中不断激荡
昨日雏鹰展翼飞翔
今朝嫩芽默默萌发

园南之榕，榕之园南
昨日之叶早已泛黄
今朝又见新鲜景象
园南之榕，榕之园南
昨日雏鹰展翼飞翔
今朝嫩芽默默萌发
园南之榕，榕之园南
让我们相偎相伴，
高声歌唱，
这无限美好的时光

2、这是一个五年级孩子的作品，她用最童挚的语言表达了自己的快乐和理想。

绿茵茵的树丛中一群小蜜蜂
静悄悄的校园里一片读书声
这里乘载了许多希望与梦想
榕树的枝叶是梦开始的地方
一片绿叶一个期望
一个笑脸一个光芒

园南这片土地是梦开始的地方

让我们一起像榕树蓬勃的生长

啦啦啦 啦啦啦 啦啦啦

脚踏实地 团结友爱

今天是小树苗

明天是大榕树

这是孩子们的希望，也将是我们特色发展所追求最终的目标：让孩子、老师、学校一起得到更好地成长！

跟其它学校相比，我们的榕树文化还只是刚起步的阶段，缺乏深入的解读和实施，但我们有信心，在思明区教育局领导的大力支持下，在思明区进修学校、东北师范大学各位专家教授的引领下，一定会呈现出属于我们特有的内涵和风采。

如果有一天，你走进园南，能从校园、从孩子、从老师的身上，感受到"榕树精神"的存在，那么，我想那就是我们的成功的地方。做"榕树一族"是我们教育局的张越局长对我们的提点，这也将成为我们构建特色学校的发展目标。

2011 年 12 月 8 日 到重庆参加第五届全国中小学特色学校校长高峰论坛进行主题演讲。

特色学校创建"三点"论

"办出各自特色"是《中国教育改革与发展纲要》向中小学提出的办学要求。朱永新教授在《我的教育理想》一书中这样论述特色对学校的影响："一所优秀的学校必然有其特色所在，优势所在，风格所在。一所学校如果没有特色，就没有强劲的生命，也就没有优势。"由此可见，创建特色学校不仅是我国深化教育改革的必然趋势，更是学校生存与发展的生命力所在。一所学校只有拥有了真正的特色，才能赢得教育的成功。

一、找准定位点 树立特色建设的根

一所学校的特色创建不可能是无源之水，无本之木，必须要有"根"。这个"根"就是特色的准确定位。那么怎样的特色建设的定位才是合适的呢？我认为正确的定位必须立足于学校所处的内外部环境，要反映学校历史和时代的价值取向并着眼于学校、师生的长远发展。

首先，要立足于学校所处的内外部环境。

学校与周边的社会环境是融为一体的，学校所在社区的人文、自然环境等因素，既对学校的育人提出相应的要求，也直接影响学校的发展。此外，准确分析学校自身的优劣势，从中找到值得发扬的优势因素，以及对自己不利的，如何去避开的因素，以此明确发展方向。

我校所提出特色理念是："让绿意点亮生命"，也就是以学生发展为核心，以榕树精神为引领，立足生命化教育理念，促进学生主动、健康、个性地发展，实现教育教学的优质提升。

特色理念的核心在于"生命"，实施"生命化教育"是学校特色发展的方向，而该方向的确立基于学校内外部优劣势的分析及时代对学校的要求。

从我校自身来看，我们所处的是全国教育强区思明区，在这一大环境下势必对各校的教育发展有着更高的要求，优质的发展是学校所追求的目标，而我校除去占地面积小、硬件配备较弱之外，所在的地理位置也不占优势，前后不到 300 米的距离却有三所学校，我校"夹"于另两校之间，其中一所是我市最具品牌影响力的学校之一——"XX 实小",而另一所"XX 小学"则有着较之我校占地面积大、硬件配备好等优势,在有限的狭隘的空间内打破束缚,凸显我们的办学内涵和优势是学校发展的关键所在。"打破束缚"是理念的开放,是空间的开放,"追求优质"是我们生存发展的根本,为此,以"生命化教育"的理念走优质发展之路成了我们的共识。

其次,要善于挖掘学校的历史文化。

一所学校的发展离不开它的历史,历史的积淀绝不是创新发展的包袱,而是取之不尽的源头活水。当我们专注于对学校的未来发展进行畅想时,寻根溯源,对学校的发展才能形成科学的定位。

我校地处老城区,是一所有着八十几年历史的老校,其建筑地是明朝时期古城的北门。学校初建于 1929 年,坐落于市中心的古钟楼下、古城墙之上,毗邻着民族英雄陈化成的祠堂。在老一代人的眼里,这所石壁之上的学校从祠堂到钟楼再到私塾学堂、学校,记载着厦门历史的变迁。

学校有两棵百年古榕树,参天的古榕攀岩挺立,百年树根依附着古城墙的条石缝隙坚韧生长繁衍,宛如一幅以石墙为底的"根"流图画。它不仅是学校八十几年历史的见证,而且已经自然地成为学校的象征,是一张独特的校园名片。它虽经历过各种自然灾害侵袭,也遭过焚烧,但至今树根粗壮,树干挺拔,枝繁叶茂,浓荫广布。古榕博大的浓荫和奋发向上的特性不断启发我们思考榕树文化与榕树精神。我们通过梳理榕树的生态特征、梳理榕树文化传统,寻找其中的精神性启迪,通过整理校史,寻找我校精神与榕树精神的契合点,并旨在将榕树精神融入到教育教学的全过程,引导学生浸润榕树的品质,脚踏实地;汲取榕根的营养,蓬勃向上;延伸榕树的力量,开拓进取。为此,我们提出的"榕文化"就是寄予这一承载着学校历史与文化的"古榕"焕发出新的生机。

第三,要为学生终身发展奠基。

特色建设要尊重学生的成长规律与需求,处理好学生发展与教育目标的关系。基础教育改革的最主要的目的是要面向全体学生,促进学生的全面发展,为学生一生的发展和幸福奠定基础。学校的特色建设,应立足这一根本目的,特色发展不能偏离教育的目标

二、抓住支撑点 强壮特色建设的茎

学校特色要保持长久的生命力,就必须像植物一样拥有强壮的茎,而支撑起特色发展这个根系的是:高素质的教师队伍、与特色发展相契合的校园文化

以及特色理念下的特色课堂。

首先，抓一支能实践特色理念的教师团队。

教师是特色创建的第一资源，以特色办学理念，唤醒和激发教师的教育理想和信念，并逐步转化和内化为领导团队和教师团队的核心价值观，造就一支能实践特色理念的个性鲜明，富有创造性的教师团队是特色建设的重要支撑点。

我校通过各级的讲座、培训，统一了教师的思想和认识，围绕"让绿意点亮生命"的理念，形成凝聚力；加强管理，在生命化教育理论的指导下，在教育教学实践中锤炼教师队伍，使大部分教师能够自觉地在教育教学工作中践行特色理念；形成激励机制，表彰先进，激励教师，促进教师自主式的专业发展。

其次，抓与特色发展相契合的校园文化。

文化是教育，环境是氛围。建设与特色发展相契合的校园文化，是创建特色学校的着力点。

我校紧紧围绕"榕树"这一载体，融入校园物质文化、行为文化。

（1）扎榕根，以物化人。榕树历来被骚人墨客所吟诵描绘，它是中华民族优良品格的化身。为了达到"借山光以悦人性，借湖水以静心情"的目的，学校开展以"榕树"为主体图案的校徽征集活动，让师生去观察、品味学校的百年古榕，去寻找其中的精神性启迪，感受榕树的形态与学校校训、学风的契合点，从而激发"像榕树一样蓬勃生长"的成长意愿。此外，物质文化的建设也是学校着手实施的一部分：古榕书苑已初步成型，绿榕文化走廊、榕根雕塑都在逐步的实施中，一切都旨在文化，意在熏陶。

（2）诵榕诗，以文育人。为了让榕树文化成为校园特色文化，让榕树精神成为校园精神的引领，学校开展一系列的主题活动：首先，立足课堂，利用语文、科学、美术等学科的教学，从文本中学习了解有关榕树的知识，为榕文化的积淀打下基础。其次，放眼课外，征集校园文化读本——《榕根赋》，通过广泛积累并诵读有关榕树的诗词歌赋，把"诗教"引进校园，更把榕文化渗透于诗教活动中，从中领悟榕树的精神，丰富精神食粮，达到无声有声皆育人的境界。

（3）立榕品，实践做人。当"榕树"的精神根植于师生的心中，成为学校精神文化的主题时，以榕立品，开展自我教育活动则是榕树文化最根本的核心。我们在2011年11月启动学校首届校园文化节，在师生中开展"说榕"、"颂榕""画榕"等活动，并设计编制学生特色发展性评价手册《成长树》，使学生在实践操作的过程中践行榕树的精神，从真正意义上实现育人为本的指导思想。

第三，抓特色理念下的特色课堂的构建。

　　学校特色要根植于课堂教学才会有生命力。将课堂教学真正地纳入学校特色建设，有效地推动高效课堂的建设，在追求特色课堂的过程中促进教师的专业发展，使课程文化与学校特色相融共生，才能真正成就学校的发展。

　　我校在深入探究特色学校与特色课堂密切相融的过程中得出：实施生命化课堂的构建是"主体权利的返还"。它强调了学生在学习中的主体意义。生命化课堂既是一种理念，也是一种创生的教学方式。它是有利于学生有个性地学习、主动地学习，创造性地学习。在主动建构知识的同时，学生的身心、人格、创新思维品质的形成与发展等方面均得到积极的影响。我们的具体做法是：

　　1、主体权利的归还

　　在研究的前期调研、交流中，明显感觉到来自教师方面的阻力：课堂教学中不改本质上的求同，教师很多时候看似放手，实际上还是追求"与我一致"。也有老师在问卷中谈及："我让学生去自学去探究，结果他们根本不知道该怎么研究，让他们说，他们也不肯说。"其关键原因就在于仅仅追求"让学生来"的形式，然后又以"给了他也不会用"为理由对学生的权利加以剥夺。而生命化教育理念下的课堂，首先应当归还学生所拥有的自我发展的主权。

　　因此，我们要求教师，在教案与学案的设计中，特别是学生自主学习的活动，必须以问题为引领，必须将学生的主动思考置于学习活动之前。发自"你想如何"与"你该如何"的教育，其对学生在动机、能力、可持续发展上起到的作用是截然不同的。

　　2、教学方式的转变

　　在课题研究的初始阶段，我们以学案为载体，进行了变"教"为"学"，变"讲堂"为"学堂"的实践探索：

　　经过一系列的研究与改进，我们对学案的意义与功能有了更进一步的认知，初步认为学案应该具备：激活已有经验、指引学习路径、经历探究过程、练习拓展检测四个基本功能。据此，将学案的基本框架设置为8个模块，即：

　　（1）学习目标。

　　（2）学习重难点。

　　（3）知识链接：根据本课所学的知识，设计一些问题，帮助学生回忆相关的知识或链接相关知识，有助于学生积累自主探究的资本。

　　（4）自主探究：以问题为载体，结合教学过程，为学生的自主探究提供学习材料。内容设计时应关注探究过程的四要素：获取基本的知识，体会数学思想方法，感悟数学的思维方式，积累数学活动经验。

（5）基本练习：包括尝试练习和巩固练习。结合本课的学习任务，参照教材中的练习，选择有代表性的题型，达到巩固的目的。

（6）拓展延伸：此环节是举一反三、触类旁通的知识迁移、发展学习的过程，要分层设置，分层要求，使之具有层次性、综合性、启发性、和创造性，既能巩固知识又能拓展运用。

（7）当堂检测：需根据本节课的学习重难点，设计有一定梯度的检测题，检查学生课堂学习的情况，便于教师和学生查缺补漏。

（8）问题反馈：还存在什么问题不明白，在学习过程中遇到了什么困难。以此作为教师进行二次备课的依据。

3、课堂环境的营造

课堂不仅仅是空间的概念，也应该是一个情感的家园，一个享受的乐园，让师生有共同的归属感，体会到成功之喜，探究之乐。基于生命化教育的理念，我们对课堂教学环境，从物质层面到精神层面做出了相应的改造：

1. 小组的建设

2. 物质环境的改造

（1）桌椅的摆放

（2）小组白板的使用

3. "自由与安全"情感的呵护

学生在课堂上常常体会到教师所体察不到的酸甜苦辣，他们稚嫩的心灵也常常受到侵犯和伤害。在课堂中"自由与安全的情感"常常是缺失的，通过研究我们发现：一是因为教学目标与要求过高或者过低于学生所能达成的水平。二是因为得到的表达与展现自我的机会过少，"边缘化"被忽略与对群体的不认同。三是因为一味的"求同"。因为求同，教师必须要做各种矫正，学生必须要做各种迎合。

因此，除了物质条件外，在课堂教学过程中，我们将打破求同、敢于求异，让学生在"自由与安全"的氛围下，心灵得到舒展，放在首要的位置，其是教师运用与调控程序中的首要考量，也是评价一节课的首要考量。

所谓"自由"是一种不受传统束缚，敢想、敢说、敢做，不屈从于权威的氛围；所谓"安全"是一种没有威胁、批评、强制矫正，不同意见、想法均能受到重视、尊重、赞扬与鼓励的氛围。

三、寻求创新点 丰盈特色建设的叶

特色学校的形成虽然很不容易，但是其衰退消失的现象却时有发生。原因在于随着时代的发展，环境条件经常发生变化，有些社会大环境会变得不利于学校特色的生存和发展。因此，特色学校建成之后并不是一劳永逸的，需要我们不断寻找创新点，不断挖掘其内涵，以适应快速发展的时代潮流，使特色学校枝繁叶茂，永固常新。

首先，需要理念的创新。

"世易时移"是办学理念创新的依据和理由，如果不顺时顺势地创新学校的发展战略、特色目标等，学校轻则裹足不前，重则被激烈的竞争淘汰出局。

我校在特色学校创建的过程中，积极地践行创新的理念，其中，打造了校园的"品牌文化"——榕树文化，提炼、设计出学校的校训、校徽、和校风、教风、学风等文化标识。

其次，需要机制的创新。

建立充满活力的新机制，利于调动广大教师的积极性和创造性，因此培育动力机制、更新激励机制、建立互动机制和完善奖惩机制都是利于特色学校建设发展的有效途径。

如，我校在创建过程中，引入了"教师成长共同体"这一合作机制，改变了传统的跨学科教师之间、跨年段教师之间、跨岗位教师之间较少开展交流合作的状况，推行了一种相互开放、支援型的教师合作文化，促进了特色学校创建工作的有效开展。

特色建设带给学校的必然是蓬勃向上的动力，而特色、品牌形成的过程，就是不断思索、创新、突破、发展的过程，抓住关键所在，才能使特色更加鲜明、富有内涵。这条创建之路还很长，我们将为之不断求索。

2012 年 10 月 16 日到台湾参加第六届海峡两岸中小学校长论坛代表大陆校长进行学校生命化教育成果的主题演讲。

让绿意点亮生命

清楚地记得我们教育局的张越局长在去年的特色学校发展校长论坛上说过这么一番话：他说，"希望有一天我走进某所学校，我都不用看门上的字，不用听校长的介绍，我就能知道这是 XX 小学，因为环境会说话！"我觉得这是对特色学校一种最清楚、最直接的注解。

"让绿意点亮生命"是我们的特色理念，而这份绿意最初是源于学校的几棵百年古榕——榕树在我们的闽南并不少见，但是作为一所建立在古城墙之上的学校，从走上台阶的那一刻，榕树盘根错节攀岩而立，把小小的校园包裹其中，它见证着园南八十几年的历史，成为了无法抹去的校园图腾。所以特色学校创建之初我们确定了以"榕文化"为核心开展特色创建，从中进行了榕树精神的提炼，并以此延伸出凸显"生命、成长"核心理念的校训、校歌。但随着创建工作的深入开展，我们清楚地认识到榕文化只是特色学校发展的显性部分，若仅止于此，是远远不够的，发展和丰富它的内涵，审视教育的本质，才能真正使学校得以可持续的发展。因此，我们从榕树之绿，联想到生命之绿，引申出追求和创造适合学生生命健康发展，不断实现其人生价值之"绿意环境"的美好愿景，"让绿意点亮生命"意味着校园环境、文化建设、评价措施、活动设计、课堂教学对生命的润泽作用，它所传达的是：着力于培养可持续发展的健康人才，使生命成长具有永续向上的生长力量和蓬勃绽放的个性活力。

而怎样的校园，怎样的教育才能算是充满绿意的，成了我们一年来积极探索与努力的目标。

一、我们将目标落实在校园文化建设中。

在特色学校建设中，校园文化的建构提供了生存的土壤和发展的动力。因此正确地理解校园文化的内涵，建构学校特色文化，将决定着特色学校建设的方向与进程。学校确立了"蓬勃古榕 绿意人生"的主题文化战略，通过梳理榕树的生态特征、挖掘榕树文化内涵，并将之融入到教育教学的全过程。让这一承载着学校历史与文化的"古榕"焕发出新的生机，使"榕文化"拔节生长，成为学校师生精神的引领。

1、打造物质文化——榕树之美濡养育人环境

为了充分凸显"榕文化"这一主题，我们积极打造充满绿意的榕文化主题景观：以教室为阵地——榕树形态的文化版地、榕树叶班牌和绿色盆栽，使教室充盈着盎然绿意，彰显着师生集体的智慧；以墙壁为载体—学生描绘的"古榕风姿"绘画作品、榕树精神标语、古榕书苑对联，无不充满着榕文化的气息，体现了教育的理念与追求。而绿榕文化走廊、榕根雕塑都在逐步的实施中。良好的环境文化凸显了师生生命的活力，体现了"环境是育人的力量"和"人与环境互助服务"的生态理念。

2、构建精神文化——榕树之盛彰显蓬勃精神

在凸显榕文化主题景观的同时，我们也通过用心梳理榕树的生态特征、挖掘榕树文化内涵，寻找其中的精神性启迪，寻找师生优质发展的精神导向与榕树精神的契合点，对"它"进行了具体的内容建构：

· 脚踏实地的务实精神；

· 蓬勃向上的进取精神；

· 坚韧不拔的顽强精神；

· 独木成林的开拓精神；

· 生生不息的自强精神；

· 包容豁达的协作精神；

从中提炼、设计出学校的校训、校徽、和校风、教风、学风等文化标识。

校训——像榕树一样蓬勃生长

校风——脚踏实地　蓬勃向上

教风——兼容并包　执著向上

学风——志存高远　善学会用

3、践行行为文化——榕树一族点亮绿意人生

行为文化是学校理念精神的折射和彰显，上学期，学校开展了以"品百年古榕，塑绿榕品格"的首届校园文化节活动。"榕荫郁郁"黑板报比赛，"校园古榕"征文比赛，"古榕风姿"绘画、摄影比赛，"绿榕心言"座右铭、感言征集，"榕苑诗韵"诗歌朗诵，校园沸腾了。校园石阶旁的画框中呈现着孩子画笔下勃勃的生机；"绿榕文化走廊"以各具特色的创意吸引着来访者的目光，十八个班级，十八种风采，成为学校一道亮丽的风景线。随着文化节拉开帷幕，校歌的征集也正式启动，每天都有学生、家长、老师所创作的歌词发送到学校的邮箱，近

300 篇的歌词表达全体师生家长对园南浓厚的情感和深情的祝福,他们汇成了一首绿色的乐曲,在蓬勃的校园里深情地流淌。

此外,我们以"榕树精神"为导向,设计实施了《成长树评价手册》,学生们根据自己的各项表现对照行为细则,每周进行自评、互评、家长评、老师评,为自己的"成长树"增添绿叶。有一位班主任老师在期末交流会上说了这样一段话,她说:"曾经在孩子们的《成长树评价手册》上写下这样的寄语:因为根深植于沃土,古榕才能枝繁叶茂;因为枝叶的紧紧相拥,古榕才有这团团绿意。仰视古榕,让我们脚踏实地,养成良好的习惯,汲取更多营养,蓬勃生长;沐浴绿荫,让我们像榕叶那般团结一致,期待三(1)这棵大榕树因着树上每一片生机盎然的叶子而绿意繁繁!未知孩子们能理解多少,但这一个学期下来,孩子们身上的变化还是可见的可喜的,整个班级更凝聚了,一些孩子也改正了身上存在的缺点。孩子们开心,我想古榕也该觉得欣慰了。"

"像榕树一样蓬勃生长""脚踏实地 蓬勃向上",榕树的精神就这样在一次次的评价反思中渐渐浸润到孩子们的心田里。

在学生成长的过程中,榕树精神也成了教师们前进的导向,《"绿榕师韵"师德规范》的讨论、制订、实施,《"行于榕韵"教学月》活动的开展,都激发了教师自我成长的动力。

二、我们将目标落实在课堂教学实施中

特色发展,离不开课堂教学的主渠道。特色理念的生成引发了我们对传统课堂的反思:应该给孩子一个什么样的课堂。怎样的课堂才是充满绿意的课堂?

经过前期的随堂课观测、调查问卷、座谈等调研,我们发现课堂教学还有着一些传统守旧的状况,如,课堂上自主、合作、探究的学习方式更多的是局限于形式,其有效性无法保证;教师课堂评价语言更多的是单一的、诊断性的语言,缺乏激励与情趣;课堂氛围缺乏生命力等。这些课堂现状势必阻碍学生的发展。如何让课堂教学真正地符合学生生命发展的需求,这一问题成为我校课题组研究的聚焦点,"生命化课堂"的研究也呼之欲出。

我们所提出的"生命化课堂"的愿景是:每个学生都是一个生命体,课堂应该成为一个充满生机、充满活力的"生命场"。"生命化课堂",是一种释放生命活力、展现生命精彩、体现生命价值、促进可持续发展的理想课堂的状态。它更加关注学生成长与发展的"自然"、"自由"、"自主",更加倡导课堂的环

境呈现蓬勃的生机。

基于这一愿景，我们进行了以下尝试：

1、环境·唤醒

生命化课堂的构建，首先需要的是唤醒教师教学理论观点的自主改变，对立起崇尚自然，顺应天性，尊重个性的教育理念。我校从绿意的"教学环境"构建着手，在润物细无声中，唤醒、鼓励、根植这一理念。

教室里绿意掩映、书香弥漫；园南小学"绿榕师韵"共享社区里，看是不经意的主题论坛，也在悄然地唤醒教师们的思想蜕变。黄雅琼老师在社区论云帖上说：课堂上，我放手让孩子小组内交流识字办法，让孩子们小组合作完成"看图贴词语"，让"小老师"来朗读示范，让同桌互相指导书写等等，当我不着忐忑的心上完课后，让我想不到的是听课老师对我的孩子们的一致好评。当我跟同事分享这节课的点滴感受的时候，同事说了一句话："是啊，要相信孩子们。"相信孩子！一语道破了我对"生命化课堂"的迷茫和困惑……；又如：一年级老师自发地挂上"笑脸胸徽"，他们正无时无刻地提醒自我：给所有的孩子一张笑脸，和谐的师生交互环境将从一张张的笑脸做起。我们相信也正在努力构建绿意的"教学环境"，让它成为师生和谐共生、互动双赢的生命舞台！

2、规划·研究

学校课题组制定了"生命化课堂"的研究案，为保证研究的有效开展做了规划。方案中明确了研究目标和研究的内容；即，凸显两个关注：关注学生的课堂生存状态；关注教师的课堂行走方式。

三个要素：生命化课堂是由三个生命要素组成："阳光"——以发展为主旨，多维度、多元化、激励性的阳光评价；"空气"——以尊重为基础，流动于课堂的平等民主、高效互动氛围；"水"——以需要为准则，珍视并灵活利用好一切教学资源。

四个步骤：

目标激活——自主生长——合作碰撞——拓展提升

五个转变：

变"讲堂"为"学堂"；变"形式"为"实质"；变"封闭"为"沟通"；变"忽视"为"关注"；变"干枯语言"为"绿色评价"。

3、践行·思考

围绕研究内容，我们以实验班级为基地开展了课堂实践的研究。主要的研究工作有：

①课堂观测

课题组围绕 5 个转变，从教师、学生两个维度设计了 10 份观测量表。通过课堂观测量表的作用，摆数据、再现课堂情景，由此组织教师审视自己的课堂，引领教师实现进行行动研究。

② "绿意" 会诊

"绿意会诊"实施"一读二说三议四理"四部曲。一"读"指教材解读与开发；二"说"指说明教学设计意图；三是议课，借助课堂观测量表进行议课；四"理"，指由备课组长书面梳理感悟等，继而形成备课组内的聚焦问题，从而推进课堂研究的深入发展。

③研究日志

学校建立起"生命化课堂"研究日志制度，课题组全体成员每周上群写课题研究日志，以"小现象、小策略、小故事"三小为研究的切入点，我们想借此让课题研究更平民化，让高高在上的课题研究落地。

由此，"三小"研究方法将引领教师集中关注课堂中的某一个突出问题，通过"实践—反思—调整—再实践"，不懈探索，理清思路，澄清认识，从而探索绿意课堂的内涵，建构起绿意课堂，为学生的生命发展需求给养。

三、我们将目标落实在德育环境创设里

学校德育环境是指学校德育活动及对德育对象的思想品德形成发展，产生影响，发生作用的一切客观因素的总和。

以往的学校德育环境创设，理念上容易出现为"创设而创设"的较狭义的指导思想，创设形式单一，缺乏可持续发展的观点。

当我们加以"绿意"的特质后，我们所指向的学校德育环境追求的是可持续的发展，营造人与自然，人与社会的和谐相处，共同发展的环境。

它分为两大部分，即人与自然，人与社会（学校，家庭，社区，网络）的环境构建。让孩子们接受新理念，新思想的感染和熏陶，加强习惯的养成和生活的体悟，让孩子走近自然，走进社会，关注自我的成长，学会和谐相处，增强责任感和使命感。

1、走向自然，感受生命与和谐

为帮助学生树立绿意的生态理念，尊重生命，关爱自然，保护自然环境，我们引导学生走向自然，亲近自然，感受自然，在实践中不断地去体验，认同这种理念，最终转化为行动，让学生明白人与自然之间的正确关系，从而学会

敬畏生命，与自然和谐共生，共同构建生命的绿色。在探索中，我们作出了一些有益的尝试。

①节约资源，拥抱绿意

作为全国的第一支被称为"节约型社会少年儿童方阵的领跑者"的"李四光中队"，多年来，学校开展了以"节约能源、保护环境，做保护地球小主人"为主题的一系列有意义的活动。上个月，全国李四光中队观摩活动在我校举行，来自全国各地的嘉宾，国土资源部、市教育局、市国土局的领导都观摩了此次活动。活动前期，全校开展了"绿意环保臂章""绿色回收站"的设计征集，活动当天，来宾们所佩戴的环保臂章都是孩子们自己设计的作品，而入选"绿色回收站"优秀作品的设计者们也同他们的小伙伴登台献上了精彩的推荐表演，孩子们使劲全力推荐他们自己的设计，也传达着爱生活、保护地球的美好愿景。

②美化环境，感受和谐

学校为学生创建了满目是绿的校园，校园处处传达着无声的"绿之爱"，各班精心布置的自然环境成为构建和谐班集体，凝聚团队的有效载体，成了学生心中的"德育场"。

为了扩大"德育场"范围，学校把目光投向了比邻而居的中山公园。中山公园拥有丰富的自然资源，学校定期带学生到中山公园开展实践活动。低年段的学生在老师的带领下，去探究了解花草树木的科属，习性等，识记植物名，熟知身边的绿色朋友；中年级的设计"小草在睡觉，请别吵醒它"，"脚下留绿"等富有诗意和童趣的护绿口号放置在显眼处；高年级的同学自觉地维护公园的环境卫生。在这里一草一木都成为无言的老师，都传达着无声的爱，人与自然是如此的和谐。

2、走近社会，学会成长与责任

我们营造的绿意德育环境，就是要营造一个和谐的场，使教育从一个更高远，宏大的视野去关注行为，培养学生的责任感，使命感。

（1）在学校环境中凸显励志与成长

学校环境所要服务的就是给学生搭建展示自我的平台，真正实现学生自我素质的提升。

①社团活动我自选

学校的德育环境孕育着每一个学生的健康成长，每个学生都是独一无二的个体。每个学生都有独一无二的智能结构，每个学生都有着不同的发展需求。

针对学生们丰富多彩的兴趣爱好，这学期，我们努力倡导协调各科老师并引外援开发多种教育途径。学校成立了近三十个社团，合唱团、舞蹈、手风琴、儿童画、手工纸艺、硬笔书法、跳绳、羽毛球、中国象棋、中国围棋、英语阅读、科学实验、航模制作、电脑制作、跆拳道等社团，给孩子搭设彰显个性的舞台。

当校园广播播放"今天开始社团活动"那刻，全校孩子发出的那声欢呼响彻校园，孩子们兴致勃勃地开始了他的走班社团活动，我们深深地感受到"学生做任何一件事，都应该使他们自身觉察到心灵中有种美感、幸福感、自豪感。这种美感、幸福感和自豪感就能成为学生的动力源泉。"

此外，"升旗仪式我负责"、"我的舞台我做主"等活动，都给予了孩子充分展示自我的舞台。

（2）在家庭社区中倡导理解与尊重

学校德育环境不能包含或替代家庭、社区的德育环境。学校德育环境只有联系家庭，深入实际才能收到成效，只有走出校门走向社区，才能扩大影响，才能深深地扎根。

我校的德育环境就是与家庭社区紧密相连，与家庭社区互动。

①亲子阅读——拉进心与心之间的距离

在校园读书节中，我们诚邀每位家长积极参与其中，提倡亲子阅读。

还有位家长在活动体会中写道：当读到夏洛用自己的生命最后时刻成功地保护了威尔伯时，我的眼泪终于止不住地流下来。我怀里拥着的和我一起看书的孩子，看到书上突然滴落的泪水，惊慌失措地用小小的手去擦拭母亲脸上的泪水："妈妈，你怎么了？妈妈，别哭。"良久无果后，孩子突然紧紧地抱着我，大大地脑袋依偎在我胸前说："妈妈，不要伤心，我爱你！"

在学校与家庭环境的互动中，孩子学会了理解与尊重。真正的育人环境不在乎活动有多大的规模，而在于是否真正触动孩子心灵的感动，真正有利于良好品德的养成，可持续的发展。

②少年维权——增强责任与法制观念

今天的社会是法制的社会，少年儿童作为新时代的主人更应该从小具有责任意识，法制观念。作为"青少年维权岗"的校园实践基地，我校组建了"小小稽查队"，与厦门市质量技术监督局开展了"开心游戏　安全童年"、"玩具强制认证　保障儿童安全"、"特种设备安全进校园"，与工商局一起策划开展"3·15维权，打假没商量"的活动，培养学生的维权意识和法制观念，使我们的学生成为一名真正的新时代小主人。

③流动图书——沐浴社会关爱的阳光

学校图书馆优雅清净，光线充足，有一定的藏书量，是学生们喜欢去的地方。但随着学生需求量的增大，追随知识更新的书籍，图书馆已渐渐满足不了学生阅读的需求。老师们看在眼里，急在心里，热心的老师主动与市少儿图书馆牵线，学生的阅读问题得到了市少儿图书馆的关注，今年3月学校与市少儿图书馆签订了共建协议，成为市少儿图书馆的分馆。市少儿图书馆将定期负责学校图书的提供，更新，增补，弥补了学校图书的配置不足，实现了资源的共享。

创建充满朝气活力，师生自主发展，健康成长的绿意生命校园，是我们特色发展的方向与目标。面对挑战，我们坚信，只要坚持、深入地开展研究、创建，"让绿意点亮生命"的特色理念一定能根深叶茂，校园里的每一个生命都会像榕树一样蓬勃生长。

2013 年 4 月 26 日 在学校特色发展阶段成果展示会上向与会专家和各校校长老师做创建成果的主题演讲。

发展，源于视角的转变

思考：是否已从"形似"到"神似"？

记得 2011 年的 11 月，我第一次参加特色学校校长论坛，我的发言题目是《从有形到有神》，那时候，按照洪教授的说法就是：他问我，你是学什么的？我说，我学中文但教数学，他看了看我摇着头说，都不像，我觉得你像学装修的。因为，我在很短的时间内进行了学校物质环境的改造。那时候，对"特色学校"是什么真的没有清晰的解读，所以我们能做到的只是"形似"但却"神散"。

一年半后的今天，在准备这场展示活动之初，我和老师们聊了一个话题就是：在呈现我们外显的环境之外，我们有"神"吗？我们的"神"在哪？

老师们都说有，他们说：我们创生了榕文化的学科渗透教材；我们一些实验班的课堂已经呈现出所期望的生机和活力；我们校训、校风已经深入到大部分孩子的心中…而最后我们达成的共识就是"我们的孩子和老师都不同程度地在学校精神的推动下，受到激励，鞭策，成长。"我们把它定义为精神文化的折射。而这也是特色学校建设的核心。

从形到神，从外向内，特色学校其实就是一场变革，是学校变革的新取向。学校的变革需要思想的解放，观念的转变，创新力度的加大等。而回顾我们的创建过程，视角的转变成了推动学校特色形成的关键所在。

一、视角的转变：让思考回归教育的本质，重新凝练核心价值观。

跟其它课题学校不同的是，我们凝练学校特色理念的过程经过一次又一次的自我否定、推翻再确立。说来很纠结：从最初接到课题时的"个性飞扬 健康成长"到"立根树人 开放至为"，"榕根之道 开放至为"直至"让绿意点亮生命"。我们在不到半年的时间里朝定夕改。所幸，专家们以包容的态度看待我们的变化。邬所长去年下校，发现我们还在理念上纠结不清，给了我们这样的一个方向，他说，首先要转变视角，回归原点看教育，理清这样的问题"办什么样的学校？培养怎样的人？"在静心的思索中，我们发现，我们对自己提出的理念都不满意的原因是因为我们一直都是纠着概念，从概念出发去演绎所谓的理念。而不是从学校问题、教育问题的根本、去思考去凝练。

当视角不再紧盯着概念的时候，我们又发现，不管是"榕根"还是"绿意"核心点都是对生命的关注。而生命已不再是榕树的特指，它让我们真正把眼光落到了孩子的身上。恰好，有个老师跟我讲了这么一个小故事，他说有一次队课，老师向孩子提了个问题：你们觉得什么是美？几乎所有的学生都说是"心灵美"，另一个老师听了之后也在自己班级里做了实验，结果相同。我不禁思考：美，难道不首先是外在的么？大自然很美，孩子画的画很美，我们的老师也很美，可学生已经在内心里把这个问题自动翻译成"心灵美才是真的美"，做出一种主动的迎合，哪怕我们在问这个问题的时候，根本没希望他们做出迎合，但是我们在过去，在日常中的许多行动，都导致了这样一个结果。就是：一味求同，以教师为中心——而我们有时会觉得为什么他们没有自己的想法——算，那就干脆不要有想法吧由我告诉你——就这样……陷入一种无法变革的循环中。事例引发了我的反思：都说老师是园丁，可当教育者把学生当成花朵，去修剪，去栽种的时候，希望按我们的方向去生长。学生只是植物，他没有真正属于人的"生命"。所以，生命的关注，其实就是权利的返还，是对生命主体意识的激发，是让孩子成为他自己。而教育就应该是"人的教育而不是物的塑造"。由此，以生命为基点，关注生命自由充分、富有个性发展的"生命化教育"跃入了我的视野。这种脱离形式，概念，真正着眼于学生发展的理念充实了"让绿意点亮生命"的内涵。感悟：转变视角，走出误区，理念才会有价值，才能扎根。

二、视角的转变：让教师全员参与构建，成为推进特色发展的实践者。

如果说理念的确定是特色发展的必备因素之一，那么人的因素永远是最核心的。大家非常明确的是：校长是创建的主导者。于是，就有不少的教师认为，特色创建只是校长的事，是个别课题组成员的事，他们依然将视角放在原有的工作层面上，学校变革与他无关，或者你让我变我就变一下。而其实，我们清楚地认识到教师是特色理念的实践者，是连接办学理念和学校发展的桥梁。一所学校只有在教师集体真正形成对理念的认同，全员参与，主动发展，才能产生的强大的内生力量，特色创建才有基础的保障。因此，如何让教师转变视角全员参与特色的构建，成为我们在推进特色发展过程中重要的一面。

1、激发参与意识，增强认同度。

记得，刚到园南的第二个月，我们就开展了首届校园绿榕文化节，确定了校风、校训，并以校训"像榕树一样蓬勃生长"为主题进行了校歌的征集。当时，鼓励老师积极参与，可参与的教师并不是很多，一些人都以一种观望的态度，不排斥、但也不积极；或者有的是排斥但不说。我们请老师、家长、孩子一起评出了入选的校歌歌词，并请人谱曲，举办了隆重地颁奖仪式，将他们的作品进行了汇编，出成了册子，每个学生人手一本并带回去和家人分享。那段时间，经常有孩子问老师，XX老师，怎么没有看到你写的啊？而一些家长也在班级Q群中热议入选的文章或歌词。当老师们发现参与这么项活动会在家长和孩子间有如此大的反应，他们的情感和心理对这样的主题和形式有了初步的认同。因为，在紧接着的"绿榕师韵"师德规范的征集中，更多的老师自发地参与了其中。到了去年的第二届校园文化节，同样一本汇编集，从厚度看整整多了三倍，原因在于主动参与的家长、孩子、老师的作品太多了，真不知如何取舍。当与办学理念相关的活动激发了成员参与的意识，那么成员之间将会相互影响形成主流意识，有效推动理念的实施。

2、唤醒主体性的存在，达成生命的共同发展。

而作为践行生命化教育的实施者，教师自身如果没有主动发展，没有生命质量的提升，就不可能促进学生生命的成长。

我们在思考如何关注学生，创造生命适宜成长条件的时候。其实，我们的很多教师在整日重复繁琐的工作中，也迷失了自己作为一个富有活力的生命个体的存在。在很大的程度上，许多教师不是将教育当做一种生命活动展示的事业，而只是一种谋生的手段。因此，唤醒教师的主体性，才能达成生命的共同发展。

学校有一位被称为任教过最多学科的教师。认识他的时候他已经转过了3个学科，语文不行，教数学，数学不行转美术，可去听他的美术课却还是觉得他是那么的不合适，年纪轻轻却毫无生机，于是，我又想着不然再给他转个什么学科？可认真细想问题根源不在于是什么学科，而在于他对自己的职业没有认同感。一次偶然的机会，有老师让我去看他的QQ空间，说他的空间里有很多的陶艺作品，大家都不相信是他做的。看到的时候我也很诧异，一直觉得他的审美有问题，可陶艺上的着色、形态都非常不错。我饶有兴致的把他请了过来，他说他一直都很喜欢倒腾泥巴、做陶艺。我说不然我们增加个陶艺社团，你能教孩子做出这样的作品吗？那一刻我真的看到他眼里的光芒，就这样我们的陶艺社团成立了，我们的陶艺室建成了，一年的时间他除了社团课程和课外教老师教孩子，还把这份热情带到了美术课上，现在我们所开发的榕文化学科渗透教材，美术学科的都是他自己设计编排的。其中陶艺的教材照片都是他自己的真人再现。

前不久，我们开展了"说出我的成长故事"活动，陶艺达人就用下面的这段话跟孩子分享了成长的启示，引领生命的成长。这段话就在我们下操场的教师成长墙上。还有很多老师短小却生动地故事相信会打动你们。

我的成长故事_

人的一生总是在曲曲折折，磕磕碰碰中成长，在慢慢摸索中找到自己的道路。工作以来，任教过很多学科，可总是不尽如人意，甚至怀疑过自己，是否适合当教师。直到在陶艺的世界中焕发自己的光彩，我才知道其实我真的可以。

我要告诉你——

上帝总是为每一个人留一扇窗户，只要耐心寻找，就能找到属于自己的光明。

三、视角的转变：让学生参与学校的变革，真正凸显生命主体性的回归。

著名的教育变革研究专家迈克尔·富兰指出："我们几乎不知道学生怎样看待教育变革，那是因为没有人曾经问过他们。"既然学校因为学生、为了学生而存在，学校变革就要回归到学生层面寻求其基础和方法，那么，这种变革就不只有"我们"努力为学生去做，使学生成为学校变革的受益者，还要让学生真正参与到学校变革中，使学生成为学校变革的行动者和贡献者。

1、我们从学生那里寻找变革的起点。学校的办学理念核心是对生命的关注，

关注他们的需求，并予以满足才能服务于生命的发展。因此，在我们的教育教学活动中，我提出了这样的观点，就是：多用问句。本学期开学初，在最强减负令下发的背景下，我们在开学的第一天开展了"爱上学的 N 个理由"即你喜欢什么样的学校？什么样的老师？"真心话大征集"活动。孩子们开始上交的大多是赞美……周一上午，我在全校总集上告诉孩子们我特别喜欢……这类的建议时，就有老师来告诉我说，孩子们在私底下说原来校长喜欢大胆说真话的孩子。随后，他们的建议出现在我写给家长和老师的信中，出现在办公楼醒目的转角处，我还以"生命的关注"为题，表达了这样的观点：

生命的关注，

是用心倾听孩子的声音。

当我们带上"扩音器"，

会听到他们发自肺腑的真心。

在乎每一个孩子独特的"声音"，

然后，去呵护，去思考，去行动……

并且让老师们都参与到这个主题的教育短语征集中，把入选的文字也都上墙。而把文字上墙的原因，就像其中一个老师所说的：

"希望自己每天能坦然面对所有我在墙上留下的字迹。"

而从那次以后，我门口的那个小信箱一下子红火起来，小纸条、小信笺不断塞了进来。还有进办公室提建议的，那天专家下校，10分钟的下课时间……孩子们的意见和建议，成了我们变革的重要依据和基础。

2、用心读懂孩子的声音。

倾听孩子的声音很重要，可更重要的是用心读懂。用教育的角度去读懂背后的含义。

在这举两个小例子，学校书信集里我最喜欢的是孩子的回信，其中，第25页中这个孩子是这样写的：

亲爱的刘老师：

您好！

我认真地读过您给我们五年（1）班的妈妈们、林老师给我们写的信。觉得两位老师写的都很好，因为都有写出自己的真情实感。可是我还是觉得刘老师还有一些需要改进的地方，当然，也有做得好的地方，所以我要提以下几点建议：

①和我日记本上经常说的一个建议一样，就是刘老师太啰唆了，不过如果每天说的话不一样，那我也许不会说什么。可是，您每天都说着重复的话，像骆驼一样，不停地把胃里的草拿出来嚼。

②我觉得刘老师"让每一个人都为班级做一点事"的这个建议很好，因为这样的话就可以让同学们更多地参与管理班级，哪怕只是一点小事。我相信，班级有了我们全班的管理，一定会欣欣向荣、生机勃勃的成长为一棵大树的！

那就说到这儿吧，我也是够啰唆的。

此致

敬礼

吴静薇

2013 年 3 月 9 日

　　这是老师们自己送上来的信笺，她说她自己看了都觉得这个孩子特别有意思，她不是看过就算，她认真的和孩子进行了交流。也从教育的角度来分析，指向的是：老师和学生沟通方式的改进。

　　而另外一封信，这个小女孩特别的有自己的想法：

　　亲爱的王老师：

　　您好！今天给您的回信，主要是想谈谈我们班在开展"绿意课堂"活动时，做得好的地方还有坏的地方，就让我给您一一列举出来吧！

　　好在：

　　1. 上课有活跃的气氛，不像以前上课死气沉沉的。

　　2. 同学们都会自主讨论，提出自己宝贵的意见和建议，不像以前上课只有一些同学在唱独角戏，其他同学根本没有融入进来，听课效率也大大降低。

　　3. 能和自己的同学坐在一起，是件很快乐的事。

　　4. 讲解题目的时候，能让同学自己讲解。不会的同学也可以在组里寻求组长和一些乐于助人的同学帮忙，不理解的题目自然就迎刃而解了。

　　5. 一些比较难的题目，大家会跟着组长的脚步慢慢追寻答案，从而获取答案。

　　6. 上课有做得不好的地方，旁边的同学会给予提醒。

　　7. 这样上课，我们会有新鲜感，既陌生又快乐。

　　在这样的学习环境下，效率提高了，气氛活跃了，我们也很快乐，但是还是有地方需要我们改进：

　　1. 讨论时有的组纪律太乱了，有的同学会趁机讲和讨论内容无关的话题。

　　2. 有些同学会在组长写板书的时候捣乱。

　　3. 有一些同学一直依赖组里的主力成员。

　　虽然我们纪律不好，但是我觉得老师上课方法也要改善：

　　1. 讨论的时候不要老是讨论一些普通的问题，要把一些对于我们较为困难的问题拿出来讨论才比较有价值。

　　2. 一些比较简单的课时可以让小组自主讨论完成学习。

　　3. 应该要让小组成员都听组长的话，不能不服从命令。

　　4. 上课应该让大家活跃起来。

　　5. 教训同学应该在下课。

　　6. 上课要有好心情。

　　7. 对于同学讨论时的不足需要进行指导和批评。

8.要做到师生一起讨论这种境界。

9.每个小组发言累计分数，分高的要有奖励。

虽然我们还有很多漏洞待改正，但是我们还是很喜欢这种模式的，所以我们要在改正不足的同时，不断提升，成为一个充满绿意的班级！

您的学生：林叶

2013 年 3 月 15 日

她就我们正在进行的绿意课堂的实施，分好的与不足的及时给老师建议，说出了作为课堂的主人，她的看法，引发了我们的思考。我们还特别以此为案例在老师们中展开针对课堂改革、针对教师素养的讨论分析。

都说是我们在引领孩子们生命的成长，其实，正因为它是"生命"，是鲜活、灵动的，所以在我们推动他们的时候，他们也同样给了我们触动、惊喜。这就是生命的力量！

最后，还是想以一个孩子送我的一句话结束今天的发言。在我的办公室有一面墙空了很长的时间，到了这学期才添上了色彩。我把孩子、老师送我的画和手工作品挂了上去，其中，觉得这一幅特别有意思。这是个三年级的孩子，他不仅把我画成了和树长在了一起，还写上了"疯狂的校长"这几个字。我去找他，假装生气地说：杨三川，你就不能用美丽、善良之类的词就非要用疯狂来形容我吗？他不解地看着我，说：校长，你不知道吗？疯狂这个词是我最喜欢的，我就说自己是疯狂的三川，因为只有很快乐，很有活力的人才能疯狂啊！那一刻，我被孩子的话深深地打动，他独特的注解，给了疯狂另一种诠释，而最重要的他把他认为如此美好的词语送给了我。真的希望，我和我们老师能一直保持这样的疯狂，因为绿意是什么，它就是生机就是活力，就是生命的颜色！

2013 年 12 月 23 日，在厦门参加"基础教育未来发展新特征研究"第五届全国校长论坛暨思明区第六届校长论坛就"校长领导力与学校特色化发展"做主题演讲。

资源整合化"小"为"大"

——谈特色学校建设中校长资源领导力

著名管理学家彼得·杜拉克曾说过，"领导者的责任就是要对得起自己所支配的资源"。作为学校的领导者，校长应充分运用、管理各种资源，包括物质、精神、人力、文化资源等，按照学校发展目标，引领、激励师生实现目标，推进学校发展。

特色强校是学校发展中的新取向，也是一场学校变革。这场变革将对校长提出了一系列的挑战：除价值、动力等方面，在资源方面，校长更要具有有效收集、整合、运用、提炼、推广的意识与能力，使各项资源共同为特色服务，更有效地促进学校的发展。

我校被称为厦门的"袖珍校园"，生均占地面积不足一平方米，办学硬件的不足，在一定程度上制约了学校全面优质的发展。为寻找自我变革、自我提升的路径，我们积极整合校内外资源，培植学校特色，力争在有限的空间内打破束缚，在小学校里为师生搭建生命成长的"大舞台"。

（一）小载体大文章——认识和利用显性资源

在新的资源观中，资源被区分为两类：物质资源和精神资源。通常物质资源是有形的易被发现的，所以我把它称为显性资源。在校园里，显性资源是那些赖以存在和发展的自然、建筑、教学设备及教师、学生等人力资源。

许多领导者认为拥有越多的资源，就有了越多的发展条件，也就能更好地实现目标完成任务。其实并不然，如果这些资源被浪费和闲置，那么对学校的发展是毫无作用的。因此，在特色创建的过程中，要具有辩证的思维和与时俱进的观念，善于发现显性资源的开发潜力和利用价值，独具慧眼地从一件事物、一个人身上看到别人所看不到的价值，并且具有开阔的眼界和丰富的想象力，能够把似乎毫不相关的事物联系起来，为实现同一个目标、完成同一项任务做出贡献，使资源的效能发挥到最大限度。

榕树是厦门特有的树木。它连体生长的奇特气根，生生不息的自强精神及包容万物的独特风姿，绘成了闽南风情中的绿意画卷。在我们的校园中，几棵百年古榕树见证了学校八十几年的历史。参天的古榕攀岩挺立，粗壮的树根依附古城墙的条石缝隙生长繁衍，宛如以石墙为底的"根"流图画；眼帘中，是它浓浓的绿荫和挺立的姿态。学校被古榕紧紧包围，成为我们特有的图腾。

榕树不仅是历史的见证、文化的载体，更是精神的象征——

榕树见缝插针、随处可生，历经灾害、仍旧生生不息，彰显其顽强的生命力；

榕树枝干举天，傲然挺立、直入云霄，诠释了舍我其谁的奋进之心；

榕树树冠如盖、垂阴满地、遮风挡雨、怡人滋物，凸显包容豁达的胸怀；

榕树独木成林、同根生长、脉络相连，传递着团结协作的正能量。

这些精神特性，启迪了我的深层思考。我由榕树之绿，联想到生命之绿。把探索"榕文化"与生命化教育的融合，形成具有园南特色的校园文化，作为学校特色发展的切入点。

几年来，'榕文化'为主题的生命化教育在我校益然生长——

1、探寻榕树精神，凝练特色理念。

特色创建需要核心价值观的引领，我们通过梳理榕树的生态特征，挖掘榕树文化内涵，提炼出"榕文化"的核心：让绿意点亮生命。它强调的是"生命"的主体，倡导对生命的成全。

在核心价值观的引领下，我们进一步探寻榕树精神，寻找师生优质发展的精神导向，进而对"它"进行了内容建构：

·脚踏实地的务实精神；·蓬勃向上的进取精神；

·坚韧不拔的顽强精神；·独木成林的开拓精神；

·生生不息的自强精神；·包容豁达的协作精神；

并且，我们把提炼的榕树精神它贯彻在育人目标中，形成了"三风一训"——我们的校训是：像榕树一样蓬勃生长；校风是：脚踏实地 蓬勃向上；教风是：兼容并包 执著向上；学风是：志存高远 善学会用。

2、挖掘榕文化内涵，践行特色理念

此外，我们从整体着眼，在校园的各个角落渗透特色理念。积极打造了充满绿意的榕文化主题景观，实现了校园环境、形象、理念、特色的一体化，富有整体感的影响力和冲击力。

除精神文化和物质文化的构建外，我把榕树这一显性资源充分地在课程开发建设中予以挖掘。让老师们围绕"榕树文化"创作和搜集教学资源，再将之作为基本素材，投入到国家课程的再加工、再创造中，开发实施了《"榕文化"学科渗透校本综合课程》，让学生通过课程认识生命的独特性、感受生命的意义，理解生命的价值，努力成为具有"榕树"品格的社会有用之人。

附：部分课程目录

学科	所属年级	单元主题	课题名称	课程目标
美术	一	美丽的大榕树	观察美丽的榕树	到操场观察榕树，说出榕树的特点
			美丽的大榕树	抓住榕树特征，简单画出榕树
	二	手掌树	好玩的陶泥	了解陶泥。认识简单的陶艺工具
			我的手掌树	学习制作手掌树
	三	美丽的榕叶	美丽的榕叶	树叶拓画。利用榕树的叶子进行拓印制作。
			榕叶贴贴	树叶制作。把榕树叶子、根须，进行裁剪，粘贴，制作作品
	四	榕叶笔筒	陶板陶板	到操场收集美丽的榕树叶子，学习初步的陶板压制
			榕叶笔筒	将在校园收集的树叶制作榕叶笔筒

学科	所属年级	单元主题	课题名称	课程目标
科学	三	植物	新生命的起跑线	现代植物种子的存在和意义
			种子要发芽	植物的种子能够孕育生命
			叶＊问	叶子是植物生命的能量来源
			花——不仅仅是漂亮	花是植物繁衍下一代的重要器官
	四	植物＊昆虫	植物和我们	植物对人类的重大贡献
			我们来养蚕	养蚕知识、领略生命的神奇与伟大
			养蚕日记	观察、描述蚕的生长和变化
			给蚕茧抽丝	学习抽丝、感受生命创造的奇迹

学科	所属年级	单元主题	课题名称	课程目标
信息	三	我手绘榕树	设计我心中的榕树	欣赏园南学子所做的榕树绘画作品，谈谈生活在美丽的校园中，榕树的品格给了自己怎样的影响，初步设计出自己想描绘的关于榕树的场景。
			描绘我心中的榕树	教师做简单的技能复习之后，学生动手利用画图程序绘制我心中的榕树。
			赏析我心中的榕树	展示学生的绘图雏形，互相评价后做进一步的完善修改。
			歌颂我心中的榕树	聆听校歌，把自己的对榕树的喜爱之情书写在自己的画作上。
	四	我眼中的榕树	捕捉榕树的"身影"	学会相机的基本使用，到校园的各个角落去捕捉榕树的"倩影"。
			学习处理数码照片	学习照片简单的处理方法，并为榕树的剪影做对应的处理。
			制作电子小报	搜集榕树的相关资料，配以榕树的照片制作成以榕树为主题的电子小报。
			赏析电子小报	完善修改电子小报并交流展示。

（二）微视角大作用——发现和激活隐性资源

显性资源的充分认识与利用，使小载体有了大文章，而作为精神资源之称的隐形资源因其隐蔽性，往往容易忽视它的价值。隐性资源是指那些不具有实物、实体形态的资源，如，人文、空间、信息及关系资源等。

作为校长要有敏锐的眼光学会对隐性资源加以发现、激活、利用，变无形为有形，使之发挥功效，推进学校的特色发展。

良好的师生关系是学校教育教学成功的关键，也是学校潜在的隐性资源。但以往我们更多的是把师生关系的"经营"交付给教师，领导者较少予以关注。

我校特色理念"让绿意点亮生命"强调了对生命的关注、尊重与成全。在我的眼里，充满生命情怀的校园应该是一个用爱让校园成为一个发生美好故事的地方。良好关系的建立将直接影响理念的成功推进。所以，我引领老师们凝练了这样的教师观，就是：做一个会爱的人，从而培养一个懂得爱的人，而后才是其他。

在这样的教师观引领下，在各项教育教学活动中，我们改变了原有的教师安排学生接受的方式，从孩子的视角出发去设计，让师生关系在活动中因爱凝聚。

记忆中的六一节大多都是文艺汇演或表彰仪式，然后每个孩子拿着一份学校为他们准备的小礼物回家，轰轰烈烈，一番热闹喜气的景象。一直以来也没有觉得有什么不妥，展示才艺，表彰优秀，分发礼物就是个快乐的六一。可当我把注视在台上的目光放到台下的时候，看到的是许多事不关己，自娱自乐的孩子，看到的是许多除了羡慕没有欣喜的表情，我不禁想，这样的活动真正开心的可能只有台上的那些孩子，他们才是主角，而台下的都是配角。怎样的"六一"节活动才是属于所有孩子的？2013 年的"六一"前我萌生了一个大胆的想法，让全校的孩子都提前写下愿望卡，由全校的老师为他们一一实现。于是，"孩子，今年的六一让我们如你所愿"的微心愿征集活动启动了。

一张张心愿单、心愿卡寄托着 885 个孩子纯真、美好、个性的心愿汇集而来。

六一儿童节这天，孩子们收到了老师们精心准备的礼物。一个吻，一个拥抱，一张合影……心愿虽小，却折射出小小校园里大大的爱。

这样的一次活动不仅真正关注了每个孩子的声音，体现了我们的教育理念，更重要的是它凝聚了人心，增进了师生良好的关系，激发了共同实现目标的美好愿景。

陈珏老师在她的微博中这样写道："庆幸自己身在一个这么有梦想的团队，数十人同舟共济的感觉很美好。又一个披星戴月的加班季过去了，真心希望这是最后一次，真心觉得这举的加班比任何一次整材料的加班有意义得多！很想告诉孩子：今天我们帮你圆梦，未来你们要用你们的双手为自己圆梦！园南的圆梦行动花开一季，但逐梦的脚步从未停下。"

（三）小渠道大平台——挖掘和优化外部资源

学校拥有着丰富的资源宝库，而社会也创造了非常庞大的教育资源。作为校长，还必须把触角延伸至社会，广泛挖掘和优化各种外部资源，学会"借力"。

1、借家长之力，实现互补双赢

家长是学校发展中不可忽略的有效资源。其一，家长的职业专长、家长的品行能力等都作为现实因素潜移默化地影响着孩子健康、快乐、全面的发展；

其二，家长本身是社会的成员，他们的身份、职业等因素决定了他们与社会有着千丝万缕的联系，这种联系恰恰是学校所缺乏的，但对于孩子的培养又是十分必要的。因此，我们主动伸出手去"借力引智"，获取更多的优质资源，更好地推进特色发展目标的实现和完成。

长期以来，我们的教育被诟病颇多，这其中重要的一个原因，是家长对教育缺乏了解，而根本在于他们"入校无门"。我们主动敞开校门，让他们参与到学校管理中——

我们倡导"三边互动"，即教师和学生、父母和子女、家长和老师之间都应有不断的对话，让先进的理念、创新的思维、鲜活的知识伴随着思想和情感，在彼此之间的交流互动中积极有效地沟通渗透。

为了更好地听取学生家长的意见和建议，及时有效地解决各种家长关心的教育问题，增进家校之间的沟通与联系，学校开设了"校长接待日"，以告家长一封信公布了每两周一次的接待时间及形式。在校长接待日上，家长积极畅谈对学校教育的建议与看法，欢快的交谈中，睿智的见解里，一条家校沟通的新桥梁搭建而成！

此外，在信息技术如此发达的今天，我们回归了最质朴的书信交流。学校充分利用书信方式，搭建一个三方沟通的平台。《书信集》中第一封是我写给全体家长的信，之后陆续收到了近八百封的回信，家长们在信中积极建言，许多有见地、有新意的想法都令我们感到欣喜。在这样的沟通过程中，家长们了解了学校的办学理念和付出的努力，而我们用心梳理了家长们的建议后也产生了新的压力和推力，生成了更多办学的智慧，形成了一种双赢的模式。

为了寻找家长们身上更为有用的能量，我们通过推荐、自荐两种方式在全校家长中征集"才艺达人"，并从中选取具有一定才艺技能热心教育的家长聘请为学生社团的"义务辅导员"。学校成立的三十个社团中，有一半以上的辅导员是家长们担任。由于家长的专业背景、兴趣爱好不尽相同，他们讲授课程或引领的活动无形中弥补了学校教育所不能涵盖的领域，使学生开阔眼界，增长知识。

家长资源成了学校发展的推动力，给学校带来了较大的变化。

2、借社区之力，拓宽成长空间

特色学校发展中"特色环境"一词，已不再局限于"学校环境"。"社区环境"也成为增强学校内力的重要资源。学校占地面积的狭小是我校的"短板"，而社区丰富的文化、人力和物力资源，为学校的特色创建开辟了大的平台。

　　人民体育场离我校不到两百米，多年来，我校的足球队每天都在体育场里训练，宽阔的场所，充裕的训练时间，大力推进了我校这一特色项目的形成。

　　我市最具知名度的中山公园与我们比邻而居，中山公园拥有丰富的自然资源。学校定期带学生到中山公园开展实践活动。低年段的学生在老师的带领下，去探究了解花草树木的科属，习性等，识记植物名，熟知身边的绿色朋友；中年级的设计"小草在睡觉，请别吵醒它"，"脚下留绿"等富有诗意和童趣的护绿口号放置在显眼处。一草一木都成为无言的老师，生动的教材。

　　学校里里图书馆优雅清净，光线充足，有一定的藏书量，是学生们喜欢去的地方。但随着学生需求量的增大，追随知识更新的书籍，图书馆已渐渐满足不了学生阅读的需求。我们主动与社区内的市少儿图书馆牵线，签订了共建协议，成为市少儿图书馆的分馆。市少儿图书馆定期负责学校图书的提供，更新，增补，弥补了学校图书的配置不足，实现了资源的共享。

　　在特色发展的进程中，我们的小校园怀揣着生命化教育的大情怀。作为学校领导者只有不断整合、开发和利用资源，才能化"小"为"大"，实现学校发展的宏图。

附录 2——学校《书信集》选登

校长写给家长的信

写在开学的第一天

亲爱的家长：

您好！这是我的第二封信；第一封写给了新学年一年级的新生和家长，而这封信是写给园南小学所有深爱孩子的父母。

在网络信息时代，也许不是所有人都习惯这样的沟通，而我，作为一位母亲和校长，却希望今后能多用这种最原始的方式，和大家交流对教育的真情体悟。

来园南快两年了，我们一直向着一个目标努力：努力成为一所独具特色，弥漫和谐气息，适合学生生命蓬勃发展，秀外慧中的绿意校园。很幸运，前行的路上有很多支持和陪伴：一个积极向上凝心的团队，一群纯真怀揣梦想的孩子，这么许多理解包容的家长和朋友。

于是，一年多的时间里，我们的"榕树精神"传递到了全国特色学校的论坛上；我们的"绿榕文化"漂洋过海，绿意点亮了海峡对岸；我们摘取了"全国特色学校""厦门市德育先进校""首批城市学校少年宫"等美誉；越来越多的孩子站在了更高更广的舞台，展现生命的美丽与精彩……

在荣誉面前我们固然欣喜，但我们仍将继续保持着教育的清醒，不断地进行自我反思：怎样的校园才是孩子真正喜欢的？怎样的教育才能关注到每个生命的成长？带着这样的思考，我们今天上午的开学式选取了这样的主题"给出爱上学的 N 个理由"。让孩子们在每一片绿叶上写上自己喜爱上学的几个理由，以此描述理想的课堂，心目中的好老师，喜欢的校园。希望通过聆听孩子心灵的声音得到我们所思考答案，也将通过这些答案在新的学期里完善教育观、教师观、学生观，减负增效优化课堂，使校园成为孩子们喜欢的地方，使上学真正成为一件乐事。

2013 年我有个最朴素的愿望——"希望每个孩子健康平安成长"；还有个最奢侈的期待——就是前面所说的"让每个孩子把上学真正当成一件乐事"，之所以说它奢侈，是因为要让孩子把学校当成乐园，把学习当成乐趣需要的是多少"能量"的堆积，它关乎观念的转变，教育的智慧，关乎课业与成绩的平衡，家庭与学校的合力……而在此，想跟家长们交流的就是观念的转变与家校的合力。

当了十几年的老师，也曾培养出许多考试的"高手"，但同时也无法回避学生较重的课业负担以及由此带来的心理负担。有些高分数的孩子升入中学，发展的结果并不都是想象中的那样美好。反而，在我们向中学了解学生入校情况的时候，我们得到这样的反馈信息：一些成绩并不是很突出，但乐观向上、兴趣广泛的孩子逐渐优势显现。这也让我重塑了新的观点：孩子们的好习惯、好心态、好性格比分数更重要。

记得教育专家薛瑞萍老师说过："一个过早承受着竞争压力的孩子，将一辈子走不出生存恐惧的阴影。这种阴影和重压，将从根部剥夺儿童生命中的温暖和光明。考多高的分数也不能治愈童年种下的孤寒和焦虑，奋斗多高的社会地位也不能使他成为幸福的人。"其实，孩子更多的不快乐来源于心理的负担，来源于作业多、补习班盛行，来源于家长的盲从。

依我的从教经验，我可以很坚定地说：在小学，孩子们好一点的成绩是可以靠大量的练习得到的，但这样的成绩对未来的学习只有副作用。学习情绪和学习动机的关注才是无比重要的。

作为教育者　我努力要做的是：加大力度督促落实教师布置作业的减负优化，加强课堂教学生动高效的研讨，推进生命化教育的进程，用爱和温暖融合师生之情，以教育的良知和教育的自信积极做到减负增效，敬请家长们督促！

作为家长，我有四点建议：1、确保孩子充足的睡眠。不另外自己增设过多的家庭作业，到了睡觉时间，坚决放下。2、和老师保持有效的沟通，听从良好的建议，孩子需要的是方法上的指导而不是一味地责怪。3、不要中断体育、艺术等特长的培养，这些特长会终身受用。当然也不宜盲目跟风报多个培训班。4、减少家庭娱乐活动，确保孩子生活规律。一颗不浮躁、安静的心对提高孩子的学习效率很重要。

让学习成为孩子自己的事，唤醒他们的成长动力、学习兴趣、探索方法、涵养习惯。将是我们最终的目的，也是"孩子把上学当成乐事"这一期望达成的关键。而这些都离不开志同道合，深爱着孩子的你们！

请相信，园南越来越多的教师坚守着"绿意点亮生命"的育人理念，他们积极、敬业、遵循规律、不急功近利，期待更多的家长愿意和我们一个方向，一路同行！

请体谅我啰唆的文字，珍惜我肺腑的真情，因为，教育无小事。

此致
敬礼

园南小学校长　庄莉
2013 年 2 月 27 日

校长写给老师的信

写在"家长留言"之后的家书

亲爱的老师们：

见字如面！前天，厦门日报报道了我们学校开学式的新闻，在新闻的前言，有这样一段话："新学期昨日开学，厦门市自 2000 年以来颁发的第六个减负令，也正式在小学和初中生效。这个被称为史上最严的减负令够不够严？记者兵分多路进行了明察暗访。"

作为被媒体以正面案例进行典型报道的学校，源于我们在政策下来后立刻执行的态度。但执行的背后我们是以一种怎样的心态来对待？是期待风头过后依然我行我素，还是从心里全力支持？说真话，我曾有过困惑也想过观望等待。但是昨天，当我把八百多张家长的留言一张张地看完后，当我把老师们整理上来的学生所写的"爱上学的 N 个理由"看完之后，我可以告诉大家，减负增效这个方向我将坚定不移地走下去。但请注意，是减负与增效并重！！

我们先来看一份学生的"爱上学的 N 个理由"——1、我希望老师在课堂上能够多一点幽默，多一点欢笑；2、我希望老师在批评同学的时候时间不要太长；3、我希望老师能够像隔壁班的老师那样对于作业质量好的同学赠送一些"免写贴"；4、我希望老师多布置些有趣的作业，不要只是抄抄写写……

说真的，看完这些具有代表性的"理由"后，我欣喜于学生的直白和可爱，可也不禁慨叹，他们说的每一条可能就是我们老师真实存在的问题。此时，不知道大家会不会认真地想一想，哪几条是你自身所缺失的？

如果说，孩子的话是天真美好童言无忌，那么家长们的留言将带给我们更多的警醒和反思。那天，我用一个晚上的时间给家长写了那封信，除了和家长们交流教育真情感悟，还有一个目的，就是要让自己"无路可退"，让家长来监督我们减负的决心和言行。信上我说，2013 年，我有个最朴素的愿望"希望每个孩子健康平安成长"因为没有了平安一切无从说起；还有个最奢侈的期待——就是"让每个孩子把上学真正当成一件乐事"。可能有些老师会说，怎么会是奢侈呢？不会啊，孩子的"理由卡"上都写着爱学校，爱上学，那么，我们来看这么一段家长的留言——"说心里话，这次爱上学的理由征集，孩子的真心话是'我不喜欢上学'，但作为家长我只能违心地逼着他硬说出喜欢的理由……"

很感动于家长的实话实说，更惭愧于我们的自以为是，以为我们如此用心地构建美好校园，孩子们都会喜欢。虽然，这可能只是个案，但我不希望"落"下任何一个孩子，因为我们的办学理念的核心是"关注每个生命的成长"！昨天我整理汇总了家长的一些建议，相信会给大家一点启迪。

家长留言建议汇总

一、家校沟通

1、希望老师也能多通过书信等方式向家长反馈交流教育的方法及孩子的表现。

3、希望班级多开些学习兴趣之类的交流沙龙。

3、是否可在周末和老师一起组织些亲子文体游艺活动，加强家校沟通。

二、素质培养

4、文艺方面活动较多，但体育类的较少，生命在于运动。

5、是否能多组织参加社会实践，让学生有更广阔的平台。

三、减负后的思考

6、在减负之后，如何让孩子不要在家无所事事，是需要探讨的问题。

7、在减负政策的执行中，能适当中和，不要矫枉过正，如可将作业趣味化等。

四、对老师的期许

8、给孩子减压，首先老师要有乐观积极的态度，只有老师把教学当成乐事，孩子才能把上学当成乐事。

9、孩子成长的过程中难免会犯错，请老师们多些包容，多些爱。

10、希望孩子的老师是一位有趣的老师。

11、多鼓励、少批评；多指导、少念叨。

12、注重激发孩子正确的学习动机，对沉迷网络等进行引导。

看完之后，不知大家有什么感受？家长们提得最多的是对老师的期许。值得庆幸的是，所有的建议和意见，都是在充分肯定学校的理念和变化之下，就事论事，真诚恳切，没有借题发挥的诋毁和抱怨，字里行间表达的仍是对学校、对老师们的敬重和爱护。

其实，社会并不缺乏批评者，最缺乏的是善待批评的态度。作为校长，作为我们老师是不是更应该有这样的反省之心来看待每位家长的建议甚至是批评。真心地希望大家能对照这每条建议，有则改之无则加勉。当然，要明确地一点是，减负不是不要分数，不要质量，而是在减少学生课业负担的时候，老师们多花时间在精心备课，在提升自身素质还有和学生交心的过程中。其实一个真正意义上的教师不是你能教出考多高分数的孩子，而是懂得如何在传授知识的过程中，巧妙融入开启孩子心灵的智慧：爱的给予，细节的运用，知识的升华，问题的疏通……教育没有章法，适合学生的，就是最好的。只要能在孩子的心田，播下美好的种子，那么"坚信每个孩子都能长成参天大树"的美好愿景才能真正地得以实现。

通篇下来，好像都是在批评，在自省，还是想用几段家长的话鼓舞一下大家的士气：五3班李昀同学的家长说："学生减负，教师增压，在不断倡导素质教育的今天虽不算是新鲜事，但要真正成为梦想中的'巴学园'，对老师和家长们来说，都是一件任重道远的事，感动于园南小学校长和老师们的决心和勇气，为逆风而行的人喝彩！"

五2班朱科旭的家长说，"减负增效，不急功近利，是学校的教育目标，也是指引我们家长教育孩子的指路明灯，现今社会重成绩，轻品格的事几乎成为常态，令人寒心，希望在校长和老师们不懈的努力下，为园南小学的孩子留下一方净土，一汪清泉。拜托了！"

而一位一1班的家长写的这么一段话让我很感动：他说，"我问女儿，你喜欢园南小学吗？她回答，喜欢，因为校歌很好听……"一首校歌就能带给她喜欢的理由，这就是我们可爱的孩子，多么的简单，多么容易满足！老师们，让我们试想一下，当我们再多给他们一点爱的时候，他们该有多喜欢这所学校，多享受他们六年的小学时光。

要知道，一个缺乏爱心缺乏工作激情的人，不仅仅是不快乐的，也是不健康的，一个不会爱，甚至不会表达爱的人，是生命能量被封闭的可怜之人，我们需要找到工资、待遇等之外的，属于自我价值的客观意义。好比夜晚的星星，它其实不能给你照明，但是你怎样想象——抬头看不见星星的日子。

最后，还是用我喜欢的那句话结束今天的话题：这世界并不完美，但值得我们为之奋斗！！

你们的战友：庄莉

2013 年 3 月 21 日

校长写给孩子的信

和孩子们谈谈习惯的养成

亲爱的孩子们：

明天你们就放假了。坐在办公室里写这封信，脑子里浮现的都是在校园的每个角落里，你们那一张张可爱的小脸。

先请替我转达对你们爸爸妈妈们的敬意和谢意。因为，在给你们写这封信之前已经跟他们进行了几次书信的沟通，也从他们那里得到了很多良好的建议。很敬佩他们的真诚和智慧，你们的爸爸妈妈是最棒的家长！

这封信对低年级的小同学来说有点长，可能还有些字看不懂，在这给你们一个小建议：碰到不会的字可以打开字典，查一查，慢慢地看，也可以请爸爸妈妈们陪着你一起读。

孩子们，知道吗？一周里我最喜欢星期一，因为那天早上轮到我当"微笑大使"。最初的这个活动，是想让老师们用自己热情的微笑和主动大声的问好来感染你们，而渐渐地，在我还没来得及跟你们打招呼的时候，远远的问候声伴着绽放的笑脸就这样开启了我一周的好心情。

喜欢在清晨的榕树下帮你们整整衣领，拉拉裙摆；喜欢逗一逗经常一下车还睡眼蒙胧的小兄弟俩；喜欢像江泓杰这样会蹭在我的身边跟我聊上几句话的小可爱……虽然还有许多的孩子我叫不上你的名字，但每一个冲我灿烂微笑、挤眉弄眼或有些羞涩的你，都是深深烙着"园南"印记的我们可爱的孩子。

记得有一次，我到外地参加了一个多月的培训，有好几周没在全校的总集上和你们交流了。那天上午当主持集会的曾老师说："下面请校长讲话"时，你们居然自发的发出了好大的欢呼声，那一刻，我的心瞬间灿烂得不行，你们那种毫不掩饰的喜欢，让我更确信了当教师的幸福与满足。

这学期，我们学校举办了"特色学校成果展示会"，向来自东北师范大学的教授、专家、和其它学校的校长、老师们展示了我们近两年所取得的教育成效。半天的时间，所有的来宾都对我们的学校赞不绝口：精致、充满绿意的校园；丰富多彩的社团活动；自主活跃的课堂教学；自信洋溢的小讲解员……而我最开心的是他们对你们的赞许："园南的孩子特别的热情有礼，充满了活力！"因为在他们经过的每一个地方都有一张张灿烂的笑脸热情地向他们绽放、问好。那刻，我就在想：如果这些来宾在你们的身上感受不到这种充满"绿意"的气息，那么不管我在汇报时把学校介绍得多好，一切都是苍白无力的。是你们让我有了侃侃而谈的底气。可孩子们，你们知道吗？在欣喜的背后我和老师们想得更多的是怎样让你们变得更加的美好？

记得在开学初给你们父母写信的时候，我说到了这样一句话："好习惯、好心态、好性格比分数还重要"。因为，我始终认为，行为养成习惯，习惯形成品质，品质决定命运。好习惯一旦形成，就会受益终身，你的人生才会更加的美好。所以，今天除了表达对你们的赞许外还想跟你们聊聊"好习惯"。

相信大家经常会听到爸爸妈妈们说："一回来赶快先写作业、吃饭前要先洗手……"你们还会听到老师反复说："写字姿势要端正、上课要注意倾听、错题记得及时找我订正……"可能在你们听来会觉得怎么那么啰唆、怎么总是强调这些！其实，孩子们，这是家长和老师在督促你习惯的养成。对于小学生的你们来说，习惯主要包括两个方面，即学习习惯和行为习惯。学习习惯包括了学会倾听、善于思考、敢于提问、自主读书、认真书写等。行为习惯则主要指举止文明、诚实守信、尊重他人、守时惜时、勤俭节约、讲究卫生等。而每一种习惯的养成都需要许多细小行为的培养，需要从生活学习中的点点滴滴做起。

这里给你们讲个小故事——俄国著名的文学家托尔斯泰六七岁开始，就养成了写日记的好习惯，把每天有趣的事记下来。九岁的时候，他专门写了一本《外祖父的故事》，里面记满了外祖父打仗时的非凡经历和有趣故事。他还喜欢收集激励自己的名言警句，记了满满一本子，后来收集名言警句也成了他一生的习惯，逐渐发展到终日与书为伴并开始了自己的创作。丰富而深厚的积淀使他的文学作品传到各地，感动了一代又一代人。好习惯真的足以成就美好的人生。

马上放假了，很多同学高兴地安排着自己的假期活动，其实在休息放松的同时，近两个月的时间是足以养成一些好的习惯。比如，每天坚持读一些课外书，养成良好阅读的习惯；比如每天按时睡眠起床，养成健康起居的好习惯；比如帮父母做些力所能及的家务，养成勤于劳动的好习惯……还有很多很多，只要你能坚持，你愿意为之努力，好习惯一定会与你相随。请记住了，孩子们，卫生习惯锻铸健康，文明习惯塑造优雅，读书习惯儒养气质，思考习惯厚重思想……

在这，我想给大家布置一份小作业：今晚，约上你的爸爸妈妈一起分析下自己存在的好习惯和坏习惯，为自己量身定制一份切实可行的《好习惯养成计划》，并且，最重要的是能够按照计划来实行，如果想更有成效的话还可以每天坚持写一小篇养成日记。开学后，把计划交给你们的老师并且希望你们能用回信的方式告诉我在这两个月的时间里你是怎样对照计划养成良好习惯的。

期待你们的来信，期待看到你们的养成日记！每一个把信或日记送到我办公室跟我交流的孩子，我会有奖励哦！一起努力吧亲爱的孩子们！

让好习惯伴随你走过如榕树般蓬勃的人生！

爱你们的校长　庄莉

2013 年 7 月 4 日晚

老师写给孩子的信

有没有那么一句话，会让你突然想起我

——写给我第一届的宝贝三年一班

亲爱的孩子，

你知道吗，老师的一句话，可以影响很远很远。

我一二年级时，数学还不错。三年级上学期期末的时候，我发高烧住院，请了好几天假,但期末的时候我依然争气地考了一百。(那时三年级还没学英语)我很开心。可数学老师把我叫到办公室，指着我的分数，凶巴巴地跟我说："你发烧请假那么多天，怎么可能考一百！你是不是作弊了？"我也忘了这件事情是怎么结束的，总之，在我的小学甚至到高中，数学都变成了我最弱的一门课。

我高二的时候，遇到了我最喜欢的老师，她就是我的班主任。她没有什么特别的地方，年轻，经验少，不凶，笑起来很好看。真要说她有什么特长，除了头发以外，就是文章写得很好。高中时的我很自卑，她却对我说，"你是个踏实的孩子。"之前从没有一个人夸过我踏实，她是第一个。为了她的这一句话，我努力变成一个踏实的人，直到现在。我会去她最爱的城市旅游，看她最爱看的书，甚至和她一样，成为一名老师。"长大后，我要变成你。"于是，长大后，我就真的成了你。

亲爱的孩子，你知道吗，现在当了老师，你们的一句话，也可以影响很深很深。

二年级下学期的时候，学校办了"淘书节"，班级里很热闹，热闹的人群里，俊凯钻了出来，挤到我身边，用期待又紧张的眼神望着我说，"王老师，你三年级还能教我们吗？"我不知道该怎么回答，但心里却脱口而出，"我会的！"于是三年级，我们的梦想成真了。我永远记得三年级开学时，我走进教室，听到你们震耳欲聋的欢呼。

有一天放学，阳光很好，风很清凉，三川背着书包跑到我身边，笑着跟我说："我长大要带你去环游世界！"也许你说完回头就忘了，可是我好开心我能成为你的愿望。我也相信，向往自由，快乐的你，总有一天能环游世界。那也是我的梦想。

还有一次体育课，瀚文跟欣榆闹了点矛盾，我刚好经过。我把瀚文带到安静的地方，没想到你一反常态地，很成熟地跟我说："我觉得我太冲动了，可是我就是控制不住。"于是，我决定静下心来好好和你谈谈。谈话结束后，我抱了你一下。没想到下课时，你非常开心地跑来跟我说："王老师，你教的办法我试了，真的有用！"谢谢你愿意去尝试，谢谢你的一句夸奖。

亲爱的孩子，有时候，对你影响很大的话，大多都是不经意的，真的不用多深刻，但是，却能让你铭记很久很久，因为它真实。这些话像书签，标注着人生这本厚书里最难忘的页码。

我会越来越忘记一些曾经的回忆，却越来越清晰地记得你们的每一点改变与进步。于是我越来越觉得，我在做的真的是一件太有意义的事。

亲爱的孩子，你信吗？你的改变，我都看到。明哲，你从前会跑到教室外捉蚂蚁，后来却能把我的各种小植物照顾得很是精心。瀚林，你从前不开心就会撕东西，现在你最爱护的就是一本本精彩的书。宇欣，你的字写得越来越好了。昌霖，你能明白妈妈的辛苦了。静宇、雨涛、雨橙，你们的演出总是让人眼前一亮，我为你们骄傲。飞洋，你最近的表现是我开学以来最大的惊喜。芷盈，我有一个愿望，为你继续一个童话。唯祎、伊璇，从前课堂里默默无闻的你们，现在也能自信地高高举起小手。刘畅，你有种军人的气质，你总是人群里最笔挺的小小发明家。诗昊，你骨子里就是个气质非凡的音乐家。煜婷，你越来越勇敢了，其实你比很多人都坚强乐观。雅芯，你的歌声超好听，你越认真，舞台就越大。正硕，你现在为课文画的配图比书上还好看。一铭，你一直都是未雨绸缪得最周全的那个。诚正，你精益求精的精神会帮你取得更大的成功。玉凤，你真是我最信任的好帮手。为坤，我觉得粗心离你越来越远了。鹭舟，你是个本分实在的孩子，谢谢你每年都告诉我你的生日。心铃，你总会是资料搜集得最丰富、最愿意分享的那个。珺邺，你有绝对负责的一颗心。香怡，你越来越宽容了。欣榆，你的朗读让我刮目相看。文凯、炀垸，你们的字让我自叹不如。泽汶，你能把任务记得越来越清楚了，再加油，你就会发光。锦悦，细心的你，像一件贴心的小棉袄。璟岚，你的续写让故事变得更美好。谢颖，没有骗你，你的声音真的很好听，为何不自信得让大家都听到。若苑，你的字告诉我你是个踏实的女孩。安妮，自从当了姐姐，你越来越细心了，我相信你一定会是个好姐姐。泽龙、锦城，你们总会在班级最需要帮助的时候仗义地出现，你们是我心中的男子汉。劲浪，你是一个又贴心又热心的好绅士。蒋立，我记得你二年级时跟我说，你要发明一个机器人帮妈妈干活，你真是个孝顺的孩子。先进，你的朴实是我的最爱。睿琦，你一直都那么乐观踏实，我没见过你生气煜儿，你有女福尔摩斯的潜质。止恂，其实你是个很开朗直接的女生吧。我喜欢你的性格。少川，你是我见过最单纯的孩子，愿你一直这样。益新，我多想看看你跳水时的帅气身影。宇堃，你的藏书很棒，我会把你给我的书读给四年级的孩子听。宇昊，静下来，你的棋下得会更好。诚浩、宇婷，你们可以变得更好，最美的花不都是最早开。铂翀，你打喷嚏的声音真响亮，你一定有副好嗓子。凯翔，你让我见识了低调的文武双全。

你知道吗？我做过一个梦，梦到你们中的一个转学走了，我记得我是哭醒的。王老师的心愿，是你们一个都不能少地，一直到毕业。可以越来越多，但是一个都不能少。

我可以有很多选择，但只有一次机会陪你们长大。我的青春在走远，但你们的才要开始。总是在无意之中记录着你们一点一滴的成长。你们的青春，有一段在我手中，被我定格，真是一种荣耀。

你们在长大，却还是一样单纯，像我当初见到你们一样。我想守着你们的单纯，直到我们彼此说再见的那天。我想，老师和学生是彼此需要，也是需要彼此的。也许陪你们长大是我爱的方式。亲爱的孩子，你不需要去做一个多厉害的人，因为你已经足够厉害，影响了我的一生。亲爱的孩子，你只需要去做一个幸福的人，因为你够快乐，我们就够幸福。

亲爱的孩子，漫漫人生中，有没有那么一句话，会让你突然想起我？

爱你们的王老师
2013.3.2

老师写给孩子的信

我的习惯和梦想
——写给我最爱的五年三班的孩子们

　　孩子，你生命中的第一个六年，我无法参与；你生命中的第二个六年，我将奉陪到底。时光荏苒，唯愿岁月静好，生命如梭，唯愿你成长快乐！

——题记

　　习惯了每天早晨上班的时候，在通往学校的那条小路上寻找你们的身影。或是背着书包蹦蹦跳跳地来到学校，或是揉着惺忪的睡眼迷迷糊糊地走进学校，但不管是哪一种都足以让我心中充满期待，因为与你们在一起的新的一天又开始了。

　　习惯了每天早读的时候，在教室里静静地聆听你们朗朗的读书声。有时是古诗，有时是故事，有时是报导，当然有的时候是我最爱的英语，但不管是哪一种都足以让我觉得陶醉，因为那是属于我最爱的你们的声音。

　　习惯了每天广播操的时候，在操场的篮球架下默默地陪伴着你们。很多的时候，你们的动作是那么的标准那么的有力度，但是调皮的时候，你们却有了偷懒的一瞬间。但是不管哪一种都足以吸引我的眼球，因为那时的你们让我的心中充满希望。

　　习惯了每天改作业累了的时候，悄悄地走到教室后面，偷偷观察着你们上课时的各种表现。时而挺着直直的背认真地聆听着，时而蹙着双眉思考着，时而高高举起小手抢着回答问题，时而无精打采地趴在桌子上，时而和同桌讲着小声话，但不管哪一种都在我脑海里定格成一个永恒的画面，因为那是最真实的你们。

　　习惯了每次学校举行各种比赛和活动的时候，带着你们一起"战斗"，不管有多累，我都觉得值得，因为我想看到收获胜利时你们脸上充满的喜悦，因为我想让你们的心中充满自信，更因为不忍心看到你们失落时撅起的小嘴巴，那样我会觉得心疼。

　　习惯了每天放学的时候，和你们一一道别，然后目送着你们离开学校。那一刻，我会有些许的失落，但却也觉得满足，因为充实的一天过去了，我想你们是带着满满的收获离开学校的。

习惯了在每天入睡前，想念着你们每张笑脸，回忆着和你们在一起的每个瞬间，或是让我开心的，或是让我生气的，或是让我感动的，但不管哪一种都会让我觉得心安，因为那是你们最真实的表现。

习惯了……

所有的习惯，我想都源于四年的陪伴，缘于我们之间那种无法用文字描述的感情。一直很庆幸在茫茫人海中，我们能够相遇，相识，彼此信任。一直很感激在相伴四年的时光里，我们一起收获成功和喜悦，一起面对失败和困难。一直很期待在今后的日子里，我们可以一起继续前行，一起继续迎接挑战，一起实现我心中的每个关于你们的小小的"梦想"。

我梦想着你们的心中能够充满爱心，学会感恩。我们都知道每个人都不是单独存在于这个世界，每个人的背后都站着一群默默爱着自己关心着自己的人。希望你们心存感激，学会感恩，感激爸爸妈妈为你们的健康成长而付出的努力，感激亲人们在你们成长道路上的关爱和陪伴，感激同学和小伙伴们在你们人生的各种阶段陪着你一起哭一起笑，感激老师们在你们学习的各个阶段为你们记录的成长瞬间。

我梦想着你们能够学会勇敢，学会乐观。在收获成功体验快乐的时候，也要学会面对失败迎接困难。希望面对困难的时候，你们可以像"喜羊羊"一样，静下心来，发挥你们的聪明才智，勇敢地战胜它。希望面对失败的时候，你们可以坚强地站起来，微笑地面对它，用乐观的心态坦然面对失败，然后重新出发。

我梦想着你们能够学会宽容，学会交流。当爸爸妈妈不小心误会你们的时候，当小伙伴们无意中冒犯到你们的时候，当老师们偶尔误解你们的时候，希望你们学会宽容，学会耐心用语言用文字用心去交流，学会用文明的方式去化解矛盾和误解，学会让自己的胸怀变得更为宽广。

我梦想着你们能够学会运动，学会体验。翻看电脑里保存着的你们的照片，看着你们一个个从小不点成长为小大人，感慨油然而生。希望你们在学习之余适时地参与各种体育运动，让自己的身体变得更为健康，希望你们学会体验生活中的各种实践，用自己的双手去认识这个世界。

我梦想着你们能够学会知识，学会分享。希望当你们长大的时候不是只会背诵各种文章，也不是只会进行各种计算，更不是只会拼背各种单词，希望你们学会的是各种古诗背后隐藏着的文学知识，希望你们拥有的是掌握各种计算方法和几何图形所带来的数学素养，更希望你们在掌握丰富的词汇量和语法知识后能够说一口流利的英语。当然，还希望你们在闲暇的时候学会分享你们心中的各种美妙的音符，学会分享你们用心创作的画作，学会分享你们精心制作的小手工，学会用自己的心理健康常识去帮助需要的伙伴们。

我还梦想着你们能够永远像小王子一样，天真，可爱，纯洁，真诚，善良。我也梦想着你们在长大之后都能实现自己的梦想，能够像小王子一样拥有属于自己的一个小星球……

一种习惯，饱含着我对你们的一份爱，一个梦想，承载着我对你们的一份希望。未来的路，或许艰难坎坷，或许荆棘密布，但一定是充满爱和温暖的，因为未来我将继续陪着你们，一路向前！

——深爱着你们的 Miss Zhang

2013 年 3 月 3 日 深夜

老师写给家长的信

心息息相通　爱紧紧相连

——写给五年一班的妈妈们

五年一班的妈妈们：

你们好！

现在是周六的晚上 10 点，你们都在忙什么呢？是否和我一样，洗完碗，擦好灶台，监督孩子弹完琴，催促他们洗刷完毕，逼着他们上了床，打开了床头灯和床头的音响，看着孩子在柔和的灯光下，伴着柔美的音乐，开始享受的阅读，终于觉得心满意足，终于觉得一天的工作接近尾声了，这时候，才发现，自己一整天好像还没有真正坐下过。每天只有等孩子睡了，才敢让自己放松下来，好好地喝杯茶　翻几页自己喜欢的书，但内心从没有彻底地放松过，担心孩子半夜会不会踢被子，睡前喝多了水会不会尿床，惦记孩子第二天的早餐，然后如何软硬兼施地把孩子从床上劝说起来……于是又开始了忙碌的新的一天！

我知道你们很累，但又觉得很满足。因为只有孩子快乐，妈妈才能快乐。

这就是我们，既平凡又伟大的妈妈，天下所有的妈妈！

我知道你们许多人和我一样，一根蜡烛两头烧，一边是家庭，一边是工作。而我的工作更为特殊，一头是你们的孩子，另一头是我自己的孩子。在家里看到我的孩子，我总会不由自主地想到你们的孩子，在学校，看到你们的孩子，我也常常想起自己的孩子。

母亲的心是最柔软的，母亲的心是紧紧相连的，我想我们之间应该是最容易理解的，因为我们都是孩子的妈！

一天的工作中，我把阅读孩子们的日记当做最重要的事情，从而真正走进孩子们的世界。当看到孩子被父母责打，我心疼，当看到孩子因为父母争吵而烦恼不已，我心酸，当看到孩子心灵受到严重伤害，噩梦连连，我有几次失声痛哭。

最纯真的是孩子，最无辜的是孩子，最孤立无援的也是孩子，要知道我们有时给孩子带来的伤害，可能他们要用一辈子来愈合，多么痛心啊！

幸运的是，孩子们的日记，大部分都是记录成长过程中甜蜜的烦恼，绝大多数孩子都在享受着成长的快乐。这些让我觉得非常欣慰，多希望有关孩子的一切都能永远这么好！

各位妈妈们，你们一定知道，孩子最在乎的是我们，他们的幸福和我们关系最大，所以我们这些当妈的责任重大啊！

我们的孩子都是独特的，爱他们，我们就要完全地接纳他们，既接受孩子的优势，也接受孩子的劣势，千万不要事事都去和别人较长短，因为孩子的优势和劣势很多都来自我们的遗传，对此，他们有时是无能为力的。爱我们的孩子，不是因为他表现好，学习好，比别人强，而只因为他是我们的孩子。只有当孩子感觉到他们无条件地被爱着，他们才有安全感，才有信心和勇气去面对困难和挫折。

做妈妈，只有爱是不够的，我们还要给孩子足够的时间和空间，让他们慢慢地成长，让他们去成为独特的自己。我们千万不能打着爱的旗号，替他们包办一切，剥夺他们成长的权利。我们应只提供孩子真正需要的，如和睦，充满爱的家，干净，健康的食品，整洁，朴素的衣着，让孩子有运动的时间，阅读有益书籍的机会，让他们自己的事情自己做，如果有可能，就让孩子多出去走走，看看外面的世界，因为只有读万卷书，行万里路，才能认识世界，认识自己，才能拥有宽广的心胸去接纳别人和自己的不同，才能更快乐和幸福，这不正是我们这些做妈妈的终极目标吗？

五年一班的妈妈们，感谢你们对我的信任，你们把自己最珍贵的宝贝交到我的手上，无条件的支持我的一切做法，并给予我许多的溢美之词。对此，我的内心充满了感激，也感觉到了肩上的责任，因为我面对的是45个鲜活的生命，他们在学校的快乐和悲伤是由我来主导的，在学校，他们最在乎的也许是我——他们的班主任。

如果把五年一班比做是一个家，那我就是45个孩子共同的妈。我该如何来当好这个妈呢？首先，我要公正，不能带着私心去偏袒任何一个孩子，不能因为家境，外貌，成绩等任何原因，戴上有色眼镜来看孩子。45个孩子在我心中应该是平等的。我要尊重他们的每一个，绝不能因为他们年龄比我小，他们是我的学生，就不尊重他们的意见，更不能嘲笑，挖苦讽刺他们，因为母亲是绝不会"以大欺小"，"以强凌弱"的！

我要替他们的将来长远考虑，培养他们受益终生的好习惯，就像考虑我自己儿子的将来一样，我要培养他们阅读的习惯，和书做一辈子的朋友，培养他们热爱音乐，热爱艺术，这样更能体会到世界的美妙，我要他们学会坚持自我，独立思考，要求他们每天写日记进行自我反思，自我教育。我要他们学会宽容，懂得谦让，学会交往，善于协作，因为人是属于社会的，脱离了群体，个体将无法生存。

这些都是我的美好教育理想，我每天也在努力践行，但我知道现实和理想之间还有很大的差距，还需要我不断学习，努力提高修养和认知水平，也需要各位妈妈和我的孩子们不断警醒和帮助。对于大家的批评和建议，再直接，再尖锐，我也一定面带笑容，真心听取，谁叫我也是孩子们的妈呢？妈妈是不会记恨孩子的！

我相信天下所有妈妈的心都是相通的，我也相信我们的心是紧紧相连的，愿我们46个妈妈一起用爱来成就我们孩子最好的未来！谢谢！

此致

敬礼

五年一班孩子们共同的妈妈

刘莹

2013 年 2 月 25 日

孩子给老师的回信

四年一班黄臻给叶老师的信

敬爱的叶老师：

您好！

我看了您写的信，写得十分的生动，把我们这四年来的快乐时光都记录了下来。在这里，我也想跟您谈谈我的一些想法。

首先，我希望希望同学们能够减少一下不必要的纠纷，要解决班级的麻烦事，我归纳了这几点：1、自己退让一小步，这样可以减少许多不必要的事情发生；2、要主动、勇敢承认自己的错误，如果你不承认错误，而把错误拖到别人身上，别人会对你很反感；3、换位思考，要懂得站在别人的角度去思考，想一想如果你遇到这种事情的时候你的心情怎么样；4、分辨是非，做事情要仔细去思考这件事情到底要不要做。其次，我希望我们班级的同学能够争气一些、更团结一些，不要再让别班的同学再说我们班不好，要把他们的嚣张气焰压下去。

再来谈谈我自己，在近四年的小学生涯里，我的表现一直都很不错，但上课是偶尔也会讲小声话，我希望我能够改掉这个坏毛病。我希望我能够做好学习委员这个职位。在这里，我也将我总结出来的学习方法跟您说一说，也跟同学们分享一下：1、勤思考，遇到问题时，不要急着去问爸爸妈妈，先自己想一想，实在不会才去问解题方法；2、勤积累，作文是许多家长和同学头痛的地方，但是你只要平时多阅读，将自己积累到的词语用起来就行了；3、勤实践，古人说："纸上得来终觉浅，觉知此事需躬行"，所以我们要多进行实践，光靠书本是没有用的。

叶老师，您觉得我说得对吗？如果不对，我还想向您讨教呢。

此致

敬礼！

您的学生：黄臻

2013 年 3 月 15 日

孩子给老师的回信

五年三班林叶给王老师的信

亲爱的王老师：

您好！今天给您的回信，主要是想谈谈我们班在开展"绿意课堂"活动时，做得好的地方还有坏的地方，就让我给您一一列举出来吧！

好在：

1. 上课有活跃的气氛，不像以前上课死气沉沉的。

2. 同学们都会自主讨论，提出自己宝贵的意见和建议，不像以前上误只有一些同学在唱独角戏，其他同学根本没有融入进来，听课效率也大大降低。

3. 能和自己的同学坐在一起，是件很快乐的事。

4. 讲解题目的时候，能让同学自己讲解。不会的同学也可以在组里寻求组长和一些乐于助人的同学帮忙，不理解的题目自然就迎刃而解了。

5. 一些比较难的题目，大家会跟着组长的脚步慢慢追寻答案，从而获取答案。

6. 上课有做得不好的地方，旁边的同学会给予提醒。

7. 这样上课，我们会有新鲜感，既陌生又快乐。

在这样的学习环境下，效率提高了，气氛活跃了，我们也很快乐，但是还是有地方需要我们改进：

1. 讨论时有的组纪律太乱了，有的同学会趁机讲和讨论内容无关的话题。

2. 有些同学会在组长写板书的时候捣乱。

3. 有一些同学一直依赖组里的主力成员。

虽然我们纪律不好，但是我觉得老师上课方法也要改善：

1. 讨论的时候不要老是讨论一些普通的问题，要把一些对于我们较为困难的问题拿出来讨论才比较有价值。

2. 一些比较简单的课时可以让小组自主讨论完成学习。

3. 应该要让小组成员都听组长的话，不能不服从命令。

4. 上课应该让大家活跃起来。

5. 教训同学应该在下课。

6. 上课要有好心情。

7. 对于同学讨论时的不足需要进行指导和批评。

8. 要做到师生一起讨论这种境界。

9. 每个小组发言累计分数，分高的要有奖励。

虽然我们还有很多漏洞待改正，但是我们还是很喜欢这种模式的，所以我们要在改正不足的时候，不断提升，成为一个充满绿意的班级！

您的学生：林叶

2013 年 3 月 15 日

家长给老师的回信

杨三川家长给老师的回信

老师：您好！

清晨，阳光灿烂，叶绿花红，将孩子胸前鲜艳的红领巾摆正，最后再整理一下衣襟。"再见！要加油噢！""好的。妈妈再见！爸爸再见！"孩子高声道别着，脸上的笑容比那阳光更明媚，蹦蹦跳跳和同学一起走了，奔向了学校，奔向了同学，奔向了老师，奔进了你们的怀抱。

傍晚，一身衣冠不整的他，冲向了我，不变的是他脸上的笑容。我知道，他在学校过得很好。

我的孩子，一个普普通通的孩子，没有十八班"武艺"，没有拔尖的成绩，但在学校，却经常有闪亮的表现让我意外和惊喜：挂在学校大门口的画，操场上的照片；红旗下的发言；播音室里的小播音员；班级里原创区的小作者……我经常跟家人或朋友说"我真庆幸，他读的是园南小学。"这是个注重孩子生命成长胜过学习成绩的学校，尊重孩子个性发展，激发孩子潜力。每个孩子在这里，都是宝贝，都会发光，都是最棒的。

园南的教育理念，绝不是留于口号和形式。孩子上学这几年来，点点滴滴，给我很深的触动。校长的"六一儿童节不应该只是小部分孩子的节日而是每个孩子的节日"带来了儿童美食节"普天同庆"的欢乐；活动节闭幕式上，台上台下汇成了沸腾的海洋；开学时校长至家长的信中提醒不要给孩子增加过多额外的作业，睡觉时间到一定要放下；蔡老师信中写到的"身为人母，我切身地感受着身为家长的那份责任，那份期许，那份艰辛"；王老师对每个学生如数家珍……无不尽情地演绎着学校的教育理念。在这样的教育理念下，我相信，每个孩子都能得到最健康的发展，真正像绿树一样蓬勃生长，各展姿态。

常说，好学校不如好老师。能成为孩子朋友的老师，一定是好老师。两位老师，谢谢你们了！从孩子身上，我经常能感受到孩子和老师之间良好融洽的亲密关系。三川喜欢跟老师在一起，有事没事往办公室跑，家里长家里短缠着老师聊，打打电话侃大山，好书就惦记着拿去分享……就像朋友一样，没有害怕，没有拘束。

三川上课比较容易分心，记得有一天回来，他跟我说"蔡老师今天找我谈了很久，我觉得她说得很有道理。"我不知道那天你们谈了什么，但这问题之前我跟他谈过多次都不太见成效，能让孩子深有感触并决心改正，这谈话必是有情有理有技巧，饱含了老师的殷殷教导。期末，三川自己跟王老师约定每天下午放学去小测，这是孩子对老师怎样的信任和依赖啊。在班级 QQ 群里，我还经常看到成绩暂时比较落后的同学即便有小小的进步或亮光，也会被点名表扬……在你们眼里，没有好生差生之分，有的只是每个需要帮助的孩子，每个孩子在你们眼里都是闪亮的露珠。你们真的是用心在做教育，真正做到教书育人，成为孩子成长道路上的导师，而不仅仅是知识的传授者。将孩子交到你们的手中，我无比欣慰！

孩子求学的道路还很漫长，人生的道路也才刚开始，但我相信，有些人，有些事会深深地刻印在他们心里，也一定有那么一句话，会让他们突然想起你。

三川妈妈：陈莹莹

2013 年 3 月 6 日

家长给老师的回信

李怀宇家长给老师的回信

尊敬的胡老师：

窗外雨声淅沥，充满着诗情画意。在卸去了白天的繁忙与纷扰后静下心来给您写这封信，心中涌动着的是股股暖流。想着第一次见到您的情景，想着您渊博的学识，想着您对孩子的循循善诱……真的很欣慰我的孩子能够在四年3班这个温暖的集体中成长，能够遇到您这样一个热爱孩子、认真负责的教师，孩子幸之，家长幸之。

孩子转学快一年来，我们欣喜地看到了孩子身上的每一点进步。那个热爱学习、凡事不肯认输的小男孩变得更加阳光、乐观了：每天放学都兴奋地向我展示他课堂因为遵守纪律、大胆发言而得到的小星星，然后他会像珍藏宝贝一样把它们收起来；懂得把自己的东西收拾的整整齐齐，甚至是一支铅笔的使用也是有条理的；每天按时作息，自己的事情自己做，几乎不需要家长再提醒；一有时间就会捧着您推荐的课外书读个不停，甚至钻到被窝里还偷偷地看；担任班干部、领操员、小队长，他越来越如鱼得水；参加朗诵比赛、展示小提琴才艺、一次次领回免作业小奖状……他带给我们家长特别多的惊喜和自豪。而这一切都是胡老师您和所有班级任课老师对他无私的教育和培养，因为你们的付出才使他这棵小苗长得更加茁壮，作为家长衷心谢之，莫敢忘之。

最难忘的是学校在"生命成长季"活动中您对孩子朗诵的指导。那一天，孩子兴冲冲地回来告诉我说胡老师让他做朗诵的主角，要代表班级演出。说完便一本正经地拿出《春江花月夜》、《匆匆》等名篇出来说要朗诵给我听。我心想：这两篇文章四年级的孩子读得来吗？他有这能力当好领头羊吗？我还在思考，人家已经抑扬顿挫地读开了，咦！那时而激昂时而低沉的语调，那到位的动作，那陶醉的神情，我不知不觉就被吸引了，没想到我的儿子朗读水平还挺高的。等他朗诵完了，我迫不及待地问他："哇，你自己读得这么棒啊！"没想到小家伙骄傲地告诉我："我们胡老师已经指导过我啦，她告诉我哪里该怎么读，怎么比动作，我们胡老师可厉害了，朗读得可好了！"我恍然大悟，以前参加比赛总是要我这个当语文老师的妈出马，今天我竟然能优哉游哉地听他朗诵，还从他身上看到了不一样的亮点，碰到这样的语文老师真是太幸运了。"生命成长季"活动如火如荼地进行着，这其间我陆陆续续听到了孩子说起您如何应用课余时间辅导他朗诵，您如何辛苦！不需我用多少的语言夸奖您，只需看看孩子比赛的视频，获得的一致好评，作为家长的我怎么还会去在意这比赛的结果?！我看到的是孩子的进步，感受到的是您的大爱！是啊，有多少教师在三尺讲台挥洒自己的青春与汗水，不为功名，不为利禄，只为点亮每个生命的绿意，哪怕过早地染白双鬓也无怨无悔！在我眼中，胡老师，您就是这平凡而伟大的一员。

有一回，晚上八点多，我在学校门口碰到您，您胸前还抱着一堆材料，一脸的疲惫。您告诉我您刚下班，还没吃饭呢！听到这里我眼里酸溜溜的，看到您，我就仿佛看到了我自己，同样身为人类灵魂的工程师，我们所付出的，所执著追求的也许是那么微不足道，但却是我们这一生无怨无悔的。

儿子又在加强诵读《小学生必背古诗词》了，因为他说我们胡老师要组织我们竞赛呢！那幼稚细嫩的童音，那摇头晃脑的样子，都见证着您的付出与汗水。也许他还不那么的完美，也许他还有那么多的缺点，但相信以胡老师您的博爱、包容、细致定能帮助他趋于完美，能让他在人生的道路上少走一些弯路，因为师爱无痕，师爱无疆！

衷心地祝您身体健康，事业顺心，家庭和美！

李怀宇家长：杨小兰
2013 年 3 月 26 日晚

附录3—家长感言选登

教学理念精确提炼与实践智慧

——探究园南小学"让绿意点亮生命"教学理念的成功所在和借鉴意义

潘志宏（六年1班潘桢家长）

要发展并成长为一所名校，必要的一点，就是要有专业化的理念。只有有了专业化的理念，才能办出学校的特色，才能使学校具有发展潜力和后劲。但是，在形成与提炼教学理念的过程中，由于每一所学校对教育的理性认识水平和理想追求目标不一样，学校的历史传统和现实环境不一致，因而并没有固定模式可循。因此，学校可以从不同的角度去选择"切入口"，提炼不同的主题来确定独特的教学理念，使之表现为一种实践智慧。作为园南的家长，客观真切地对园南小学所提炼与表达"让绿意点亮生命"的教育理念进行探究，切身感受到学校教学理念的实践智慧和成功之处，具有十分重要的借鉴意义。

成功之一：抓住学校自身的"特有语言"

有的学校有几十年、近百年甚至几百年的历史，风雨兼程，英才辈出，积淀了深厚的文化传统，留下了很多品牌故事，因而也铸就了独特的品牌个性。因为有"过去"，所以每所学校都形成了自家的"特有语言或行话"，要获得一个特定的有效的指导理念，只有深入了解、抓住中心才能成为现实。

实际上，每一所学校都有自家的"特有语言或行话"。如提炼与表达北京大学的教育理念，绕不过蔡元培先生"思想自由，兼容并包"对学校文化传统的影响；提炼与表达南开中学的教育理念，绕不过张伯苓先生及其"允公允能，日新月异"对学校品牌性格的影响。学校在带领教师提炼学校的教育理念时，只有深深地扎根于这种"特有的语言或行话"之中，才能发挥应有的引领作用。园南小学正是这样做的，学校古榕历经百年风雨却依旧枝繁叶茂，它早已不只是孩子们遮阴蔽日、嬉戏玩耍的圣地，更成了园南小学精神的象征。庄莉校长曾高度提炼出："我们从榕树引发了对生命的思考，生命化教育的核心是：以生命为基点，关注生命自由充分、富有个性发展的。而我们的解读是——生命的关注，其实就是权利的返还，是对生命主体意识的激发，是让孩子成为他自己。"学校提出的教育理念，一定要与学校文化传统相契合。只有从学校文化之根上生发出来的教育理念，才能为师生员工所认同。反之，即使是出自经世格言，即使源于名家之作，也难免会"水土不服"。对此，笔者深表赞同。一所历史悠久的学校在构建其办学理念时，首先寻找文化精粹，用心诠释，让历史成为今天理性认知。

成功之二：以反思催生与升华教学理念

反思是促进学校健康发展、形成自己专业化办学理念的重要途径。何为反思？美国教育家和哲学家杜威对它做了比较系统的阐述。他认为，反思是"对任何信念或假定的知识形式，根据支持它的基础和它趋于达到的进一步结论而进行的积极的、坚持不懈的和仔细的考虑"。综合各种研究，笔者认为，对思维的前提进行审视，对思维的各个环节进行批判，对认识所得结果进行再思考、再认识，这种不断深入、不断升华的过程就是"反思"。

榕树是我国南方常见的一种树，根系发达，独树成林，善于吸纳，生命力强。在园南小学，一走近学校，就可以看到几棵上百年古老的大榕树。大榕树见证了园南小学发展的历史，成为了学校形象的载体，与学校的品格和形象有着惊人的相似之处。学校与人，文化与树，已经融为一体，不可分割，并形成以学校形象为载体而具有的独特文化魅力。园南小学通过几年的努力，学校有了榕树校徽、榕树校歌、榕树网站、榕树主题文化墙……走进园南小学，就如同走进了一个生机勃勃的"大榕树文化场"。在这个文化场中，学校正一步步地实现着自己的办学理想，也为师生营造出一个美好的精神家园。

学而不思则罔，思而不学则殆。学校要形成自己的教育理念，在很大程度上依赖于长期的理论积累和实践反思，依赖于对学校具体情况的具体分析。可见，任何一所学校，如果缺乏学习热情和反思精神，是发现不了现实的"研究价值"。园南小学榕树文化精神的提炼与升华，正是学校和众多老师们长期学习和反思的结果。

成功之三：创造性地借鉴与发展教学理念

形成与提炼教育理念不能闭门造车，也需要善于借鉴别人的成功经验，结合学校实际进行创新。美国学者马奎特博士就曾指出：今天，变化的步伐如此迅速，没有哪个组织能够独立完成所有的经营运作，能够掌握所有的好想法。要想成为领导者，组织必须向外看，从外部捕获知识，以期不断创新与改善。

在市场风云变幻莫测的环境里，任何一个组织要想求得生存和发展，都要注意不断学习他人的成功经验。而我们今天流行的做法是要做到"3A"，即"拿夹、调整、发展"（acquire,adapt and advance）。一个有效的方法就是"标杆瞄准"：瞄准行业内的"最佳实践"，以此为基准诊断组织内部运作，收集最新信息，促进自身持续改进。应该说，马奎特博士的观点，对今天每一所学校如何形成和提炼自己的教育理念有着很好的指导作用。

其实，我们可以从媒体上得知，榕树文化并不是园南小学第一次提出，也不只一所学校在做，如广东省深圳市西乡中学的"大榕树文化场"等，但园南小学善于借鉴别人的成功经验，结合自身的实际情况进行创新、发展，这才是难能可贵的。园南小学以"榕树"为基本元素，积极打造充满绿意的榕文化主题景观，以教室为阵地的榕树形态文化版地、榕树叶班牌和绿色盆栽，使教室充盈着盎然绿意；以墙壁为载体刊载学生描绘的"古榕风姿"绘画作品、榕树精神标语、古榕书苑对联；"我的舞台我做主"的绿榕舞台是孩子们自我展示才艺，展现朝气蓬勃的地方；图文并茂的"生命墙"展示着学生生命成长的足迹，学生们在浓厚的文化气息中学会生活，热爱生命，种种做法无不蕴涵着追求充满绿意的教育理想，创建充满生命情怀校园的办学目标。同时也印证了苏霍姆林斯基的一句话："创造性地借鉴经验，就是在发展自己的教育思想，也是在形成自己的教育信念。"

成功之四：用实践的标准去考量教学理念

教学理念是人们在追寻教育理想的过程中动态生成的。它源于实践、高于实践、指引实践，并在实践检验中不断发展和完善。任何"放之四海而皆准"的教育理念，只有结合学校的具体情况加以创造性地运用，才具有生命活力，才能令人信服。园南小学在短短几年立下的"让绿意点亮生命"的教育理念，并在办学实践中不断完善，短短的几年时间就取得了令人刮目相看的成绩。

园南小学紧紧围绕着榕树文化，不断探索和实践，营造了"绿意环境"，提炼了"绿榕文化"，建立了一支"绿意团队"教师队伍，开设了"绿意课堂"、"绿意德育"，建立了"古榕书苑"，将榕树文化巧妙地融入教学实践，取得了很好的成效，也受到国内许多教育学者的关注和好评。2013年4月，东北师范大学邬志辉所长引领的专家团队前来参观，孩子们如榕树茁壮成长的精彩片段、老师们如榕树低头俯身的教育感悟，给专家学者留下很深的印象，吉林省教育学院副院长龚玲教授在离开之前留下一段话："榕树，荣光，榕文化，榕荣共生；

歌声，笑声，读书声，校蕴传承。园南小学，生命化教育，绿意满园！"2012年10月，在第六届海峡两岸校长论坛上，庄莉校长发表了《以"榕文化"为载体践行生命教育》的主题发言，与两岸的校长们一起探究、分享生命教育的途径与成果，引起了共鸣。

园南小学的教学实践与取得成效表明，追寻教育理想，必须通过教育理念去引领教育实践。不管是知名学校，还是正在努力发展的学校，学校都应该有一个强烈的意识：即形成自己的教育理念，用实践的标准去考量学校的一切工作。只要有理想，有理念，有实践，任何一所学校都可以实现办学特色的梦想。园南小学的案例充分地说明了这一点。

生命，就是榕树上的那一抹绿

高丽淑（二年1班陈乙中家长）

从小就对红色情有独钟，也一度地认为生命就该是红色的，正如寒冬夜里的篝火，融化了无情的冰雪，温暖每颗寒冷的心。生命就应该有火一样的激情，红色的生命，跳跃着火焰般的绚烂。六月，一场突如其来的变故，改变了如火一样的生命，改变了最初对生命的认识。霎时间顿悟，生命真的如此脆弱，不堪一击。那记忆中的一点点红，正在一点点地褪色，直至一片黑白。

盛夏八月，迎来了新生报名的日子。带着忐忑，带着憧憬，和孩子携手穿过公园，绕过歌舞剧院，向着这所石壁上的学校出发。来到了学校的阶梯下，已是大汗淋漓，热气无法散去。抬头向上看，那郁郁葱葱、生机勃勃的榕树交叉环绕，似乎在迎接每个新生的到来，这些百年老榕足以见证学校的优秀历史和人文情怀。阶梯旁，几棵古榕攀岩而上，远远望去，就如一幅攀岩图。顿时，暑意全消。忐忑的心也渐渐被墙上的这一抹抹绿消融了。走上一级级台阶，终于踏进了这所充满绿意的校园。满园的榕树绿得可爱，绿得清新，呈现出一副朝气蓬勃的样子。此时，黑白低沉的生命正被这一抹抹绿色慢慢点亮，有了淡淡的色彩。

交完了材料，孩子进去面试了，我有机会流连其间了。迷你型的学校精致而小巧，楼层错落有致，墙内墙外都被榕树紧紧地包围着，别有一番风味。最特别是楼下教学楼墙上的图腾，展现了榕树博大的浓荫和挺立的姿态。如此一番绿意环境，更有一个绿意的主题——"让绿意点亮生命"。七大大字打造了园南小学独特的办学理念和对生命的敬重！两个月来挥之不去的阴霾，正被这一点一点的绿色冲击着，逐渐改变颜色。在这样的环境中，我看到了希望，看到了生命潜在的意义。这何尝不是简单的小幸福呢？生命，原来就是那葱翠欲滴的绿！

简约明朗的文件袋里隆重的入学通知书，校长深情的寄语，以及与榕树一致的胸卡，正一步步地引领我们领略了园南"让绿意点亮生命"的主题。此时的这一抹绿已浸润了我的心田，融进了孩子小小的思想里，感受了一份沉甸甸的厚望。

就这样，孩子走进了园南，也融入了园南。新的环境，新的事物，给孩子的生命注入了一股新鲜的血液。在秋阳高照的季节里，我们迎来了"生命·成长季"文化节活动。崭新的理念，独特的定位，整个文化节活动融学校、社会、家庭为一体，让我们更进一步地走进园南，更深一层地感悟了生命的涵义。

怀着对生命的重新审视，我们和孩子一起阅读《生命因成长而美丽》，并认真地在书卡中绘制蓝图，写下只言片语的感悟，让无声的语言在每个家庭里传递。这是一本《小学生生命教育读本》，故事或长或短，内容或深或浅。翻开卷首语，我就被深深地吸引住了。一个个励志的生命小故事，一个个生命的大道理，瞬间让我明白了生命虽然短暂，但却如此真实，如此有意义，如此有价值。"发现生命的意义和价值，懂得欣赏生命的多姿，享受生命的快乐和幸福"，这是这本书带给我的最初的感动。通过阅读这一个个小故事，我也从中悟出了生命的意义——那就是无私地关心。赠人玫瑰，手有余香，给予别人，使自己的生命更加丰富多彩。就像塞内加说的一样："生命如同故事，重要的不是它有多长，而是它的多好。"曾经的悲痛此时正慢慢地稀释，溶解。悲伤只能让人蒙蔽双眼，无法看清前方美丽的风景。而坚强才会使人勇敢，一切痛苦能够毁灭人，然而受苦的人也能把痛苦消灭。环境真的改变了心境，生命，因阅读而精彩，翠色欲流了！

生命是一个永恒而沉重的话题，尤其是生命与死亡的问题。深秋时节，看着一片片叶子生长、死亡的过程，我们也看到了生命的意义：一片叶子生在春天，长于夏天，在秋天绚烂，于冬季走向死亡……叶子的一生不就是我们人的一生吗？每个生命都是值得敬重的，这也是《一片叶子落下来》告诉孩子们的深刻的道理。带着感动，我向孩子讲述了这个故事。为使孩子能懂得落叶不是生命的结束，而是生命的延续，一年一班的孩子们在老师和家长的组织下，开展了一系列的活动。一次次地排练，一次次地体验，生命在落叶悠舞中得到了升华。班队主题会上，悠扬的旋律，欢快的舞步，甜甜的笑脸，漂亮的服装，多彩的节目，在那片满是绿色的班级里真情演绎……感恩的心，感谢有你，花开花落，我们一样会珍惜！在孩子们的手语歌中，活动圆满地结束了。活动的精彩纷呈，让我惊叹：才入学三个月的孩子，竟有如此强大的力量绽放出独特的光芒！这就是生命所赋予的力量，在这强有力的力量中，孩子们创造了奇迹！

多么美好、精彩的人生啊！生命何其短暂，享受生命带给我们的美好，是我们的权利！人生的成功和失败、幸福和灾难，不过是过眼烟云。明白正是因为有了死，生命才有更深的意义。就这样想着，生命的那一抹绿跳跃在了我的眼前，绿得新鲜，绿得耀眼，挥之不去……

绿榕蓬勃　春意满园

周晓霞（四年1班康雨涛家长）

四年前的秋天，女儿入读园南小学，正式成为一名光荣的小学生。

曾经，我和女儿无数次地幻想和憧憬过她的校园生活，当这一天来到面前时，我突然有些忐忑和不安。"女儿能融入校园生活吗？和新同学、新老师在一起能适应吗？我要如何才能做好女儿学习路上的引路人呢？……"这些大大小小的问题在我脑海里萦绕，纠缠……

一次家长会

这是我参加的许多次家长会中印象深刻的一次。

家长会上，班主任没有像以往一样谈孩子们的学习习惯，也没有强调各科学习的注意事项。她给每个家长分发了一篇文章：龙应台《孩子你慢慢来》，并且和家长们一起阅读了这篇文章。文章讲述作者的一次买花经历；作者到花店选好一束花后交给花店的小帮手——一个五岁的小男孩包扎。这个小男孩的手太小，可他偏偏要扎一个蝴蝶结，手指绕来绕去，这个结就是打不好。看管花店的老祖母看到此，忍不住催促起来。作者安抚了老祖母，在石阶上坐了下来，看着这个五岁的小男孩，努力地一次次打那个蝴蝶结……龙应台说："我愿意等上一辈子的时间，让这个孩子从从容容把蝴蝶结扎好，用他五岁的手指。"

文章看完，家长们陷入了深思，班主任这才缓缓地告诉家长："孩子们在成长过程中免不了会犯错，不用着急，我们会敏锐地观察孩子的一举一动，细心感受孩子成长过程中的点点滴滴，用爱和耐心陪伴孩子们，看他们慢慢地成长。"

家长会后，我突然发现：做母亲和做老师一样，都是一门深奥的学问，我要学的还有很多很多……

校长的来信

四年里，每个园南的家长都收到了好几封校长的来信。

关于课业减负，校长说：将加大力度督促落实老师布置作业的减负优化，加强课堂教学的生动高效。

关于学生培养目标，校长说：希望每个孩子能健康平安成长。

关于批评声音，校长坦言：我是一个管理经验并不丰富的校长，但我和我的老师们有一颗积极学习和珍爱孩子们的心，我们敢于直面问题，也愿意去反思去解决问题。

关于办学理念，校长说：让绿意点亮生命、指引生命，希望每个孩子都像榕树一样向下深耕土壤，向上蓬勃生长。

关于……

校长的来信，谈学校、谈学生、谈老师、也谈她自己的梦想……

我多次问过女儿：

"喜欢园南吗？"

"喜欢。"

"为什么？"

"因为我在学校很快乐。"

女儿的理由很简单。

可是，有什么能比快乐更让人欣喜呢！

一棵树

这是一棵拥有百年历史的古榕树，它屹立在园南校门前，像一位饱经沧桑的老人见证着这所学校走过的风风雨雨。榕树的根深深地扎入土里，枝叶向上恣意生长。一年四季，枝繁叶茂，郁郁葱葱。这就是园南的精神：让绿意点亮生命，让生命蓬勃生长。

家长会、校长的信、还有遍布校园的一棵棵榕树，这些细节蕴含和代表着一所学校的精神和内涵。春天是万物生长的季节，绿色是春天的颜色，给人希望和生机。园南就是这样一所充满绿意的校园，生命成长是园南永恒的主题。

我没有什么好担忧的。

魔幻学校

阮颖斌（二年3班 朱子夏妈妈）

丫头上小学的第一天，我和她手牵手，穿过马路，来到园南小学。九月初的厦门，天气依然炎热，知了声声，榕树枝繁叶茂，阳光从密密层层的树叶间透射下来，地上印满粼粼光斑。丫头背着 HELLO KITTY 的书包蹦蹦跳跳地往前走，我在身后注视着她，一步步迈上园南门口长长的台阶，直到台阶顶，她回头朝我挥了挥手，就随着穿梭纷乱的人群消失在门里。那情景，仿佛还在昨日。

一年级的她，是个懵懂的小丫头。记得某次的期中考后，她从长长台阶上飞奔下来欢天喜地对我说："妈妈，我考得和班长一样！"我心里正窃喜，丫头终于长进了。一抬头，看见班长含泪走下来。原来，班长考砸了……

一年级的我，是个焦虑的妈妈。每天晚上陪读，检查作业，总是不停地催促："快点，快点！"。我在声嘶力竭地痛批她满不在乎的学习态度时，她却仰起纯真的小脸，不解地问我："妈妈，成绩真的有那么重要吗？"

但是，园南小学就像个魔幻学校。新奇多样的校园活动，点燃了丫头的热情。她似乎在这里找到了自信，乐此不疲。"生命成长季"的校园文化节，我们一起筛选成长照片，一起制作榕树叶脉书签。亲子运动会，平时忙于工作的爸爸亲自上阵，与她一起赛跑、一起拔河，让她兴奋了好一阵子。六一微心愿，老师们披星戴月地加班，就为了满足每个孩子的小小心愿。这一次次的活动，就像一场场魔法，把老师、家长、孩子们的心紧紧联系在一起。教育从来就不单是学校的事，而是学校、家庭、孩子自身努力三位一体结合的成果，园南小学正努力践行着这样的教育理念。

闭学式上，当她一次次站上舞台，捧回一张张的小奖状，我心里是满满的感动与骄傲。庄校长说：她有个朴素的愿望—希望每个孩子健康平安成长；她有个奢侈的愿望—让每个孩子把上学当作一件乐事。我想说，园南小学已经用绿意点亮了孩子们的笑容，点燃了孩子们的热情，这里的每个孩子都像榕树一样在蓬勃生长着。

二年级的她，常常回来对我说：老师夸我写字进步了，老师把我的日记当范文在全班念了，老师……我惊奇地发现，我唠叨半天没用的事，老师一点点的鼓励，学校提供的一点点小机会，都能让她欢欣鼓舞，热情高涨，这里的每个老师都是手持魔法棒的仙女啊！

二年级的我，发现她不再仅仅满足于问"妈妈，为什么？"而是理直气壮地追问："妈妈，凭什么？"我开始试着在每个"不"字的后面讲上三分钟的大道理。我欣喜地发现，也许需要不停地重复，也许需要更多的耐心和时间，但是不用声嘶力竭，她也渐渐地把我的话听了进去。原来，我也有魔法！

早上，丫头边吃着早餐边对我说："妈妈是会计师，算好了我的每一分钟；妈妈是变色龙，考了满分就笑嘻嘻，考差了就大发雷霆；妈妈是母老虎，看一会儿电视就河东狮吼……"我转头瞥了她一眼，她心虚地低下头，吐了吐舌头笑着说："我书上看的。"我有些哭笑不得。

孩子啊，在你还是一个各方面都不成熟的小人儿时，妈妈不会放弃该有的权威，也无法全然尊重你的意愿，因为你还需要管教。但是，妈妈会试着用好好说道理的方式来发挥我的权威。未来的四年里，我们就一起在这样魔幻的学校里成长吧，老师和家长花在你身上的每一分每一秒，都期待着你能找到属于你自己的魔法，并且，成为那个独一无二的你自己。

像榕树一样蓬勃生长

陈江雪（二年 2 班何陈锏家长）

每逢有朋友从外地初次来厦门，我总要带他们去一个地方参观。出中山公园北门，顺着外街朝公园西路上坡缓行，在坡顶，一面石墙高高矗立，石墙壁上，粗壮的树根盘盘节节，相互缠绕，紧紧密密嵌在壁石上，努力向上伸延，仿佛大大小小无数的河流汇聚在一起直面倾泻下来，形成一副蔚为壮观的"根河流"图。石墙内侧，左右两边各有几十级的台阶。拾级而上，岩石顶上，便是"根河流"的发源地，但见几棵百年古榕攀岩而立，高大挺拔。郁郁葱葱的树枝向天空恣意舒展着，绿意飞扬，升腾希望。

当朋友被这样"树·石"合一的画面所震撼并啧啧称奇的时候，我总免不了以得意的口吻向他们介绍："这里曾是明朝时期古厦门城的北门、钟楼遗址，而石壁之上、绿荫遮庇下有一所名叫'园南小学'的学校，有着 83 年悠久历史。如今，我的小孩，就在这所学校里就读。"就是这里，曾经承载着许多老厦门人的感情和记忆；而现在，石壁之上、古榕树下，辛勤灌溉的是老师们的心血，放飞的则是孩子们的梦想。

在孩子尚小读幼儿园的时候，我常常在晚饭后带着他绕着中山公园散步。每当经过园南小学，我俩的"必修课程"总是这样：跃起来摸摸榕树根，爬上台阶看看石壁上学校张挂的图片，然后坐在最高的一级台阶，抬头仰望郁郁葱葱的榕树，在晴朗的天气还可以看见月亮和星星。我几乎每次都会问儿子："宝贝，等你上小学的时候，我们就来这所学校读书，好不好呀？"儿子总是在大声回答"好！"之后，淘气地跑到校门口，紧紧拽着铁门栏杆往里瞧，然后问我"妈妈，学校里面是什么样的呀？"除了还是向上的台阶和高高向上伸展腾挪的榕树外，我们依然什么也瞧不见。于是，我和儿子就一直憧憬着学校里的样子。

永远也忘不了儿子报名的那一天，我们终于一见园南小学的真容：学交是不大，但小而精致，文化墙、图书馆的中式风格映衬着古榕和古城墙，营造出典雅传统的书香氛围。电化教学设施、崭新的篮球墙、班级墙报和校园一角学生才艺展示舞台的布置，又无一不体现着新颖活泼的教学理念。报名之后，一

261

份"新生入学通知书"，让我们惊喜之余又收获了一份安心。通过这份老师们用心编写的"通知书"，我们初步了解了学校的办学理念"让绿意点亮生命"，也和孩子一起学习了学校的校训"像榕树一样蓬勃生长"。经过两天紧张活泼的新生常规训练后，在满心欢喜和满怀期待中，我的孩子终于开始了他在园南小学正式的"新生之旅"。

犹记得，孩子初学方块字歪歪扭扭，语文科陈老师不厌其烦一笔一划认真讲解校正；犹记得，数学杨老师在丛书作业本上"优 –"至订正后改为"优√"的细节，呵护孩子的幼小心灵，激发学习主动性；犹记得，某日下班一进家门，孩子欢呼雀跃上来，说品德老师抱着他转圈，因为他答对了问题；犹记得，英语课上学习英文歌，孩子一回家来跟着磁带一遍又一遍的大声歌唱。当然，也记得他淘气后挨老师批评的懊恼，在首批少先队员落选后他的失落……一点一滴，一件一桩，作为家长的我们在倾听孩子的诉说时，也仿佛亲历学校和课堂，分享着他的欢乐，感受着他成长的欣慰。

每一天，一待上学时刻的闹钟响起，儿子就迫不及待地背上书包要去学校，尽管此时学校还未到开门的时间。送他到台阶下，我也每次都要目送他登级而上，然后在最高的一级台阶见他坐下，和别的同学们一起等待校门开启。我也因此打趣他："儿子，现在你都天天在学校里了，你还这么喜欢你的学校吗？"儿子却响亮地回答："喜欢！永远喜欢！"

现在的我，很享受每天接送孩子上学的时刻。秋日的阳光，透过绿意盎然的古榕树梢，点点金色映照在孩子们的笑脸上，那真是天底下最美的一幅图画。而在台阶下目送孩子拾级而上上学抑或迎接孩子笑脸回家的我们，则是天底下最幸福的父母。因为，和默默守护一旁的"百年古榕"一起，我们在"等待花开"的时刻。

学在园南，品味质感

上官维华（四年3班林珈羽家长）

　　作为一名园南小学的普通家长，四年前我牵着女儿一起走进了这所不太为人所知的校园。那时我心里曾有一丝丝的愧疚，因为童年的我一直在直属重点学校里享受着各种优质的教育资源，得到了最好的启蒙。可是如今我的女儿将会迎来怎样的学习生涯呢？心中不免忐忑啊！

　　头一年的学习在幼小衔接的困惑中很快度过了。转眼走到2011年的夏天。这一年的风是如此的清爽，树是如此的茂盛，蝉儿和鸟儿的鸣叫声也是如此的嘹亮。开学后，女儿陆陆续续带回了一个个校园号外：我们学校来了好多新老师；我们要办校园文化节；我们有了绘画、摄影、朗诵比赛喽……兴奋的表情在孩子脸庞上跳跃，好奇的心态在我体内打鼓。

　　当我再次漫步这个质朴的校园，哇！扑面而来的文化芳香让我不禁赞叹。每个班级的绿榕文化走廊以各具特色的创意吸引着来访者的目光。园南的孩子礼貌友善，他们身着时尚养眼的校服更加自信大方。校园内一场场活动像老榕树上一片片新绿的叶片，讲述着一段段生动有趣的故事，凝练成孩子们口中许许多多动人的词句。"我们学校变美了！""我们班级最漂亮！""我好喜欢我们的校徽。""校歌真好听，我要天天唱！"我真的是被这些改变震住了，学校的新面貌让所有的孩子特别有归属感。

　　校方提出：充满绿意的教育是顺应学生的天性，是满足成长的需求，是等待生命的花开。学校还给这个极富个性的生命之色命名，绿意园南——它是活泼，热烈，真挚，深刻。智慧的老师们围绕着这一课题深度发掘，相继举办了精彩纷呈，高潮迭起的一系列特色活动：生命成长季，亲子运动会，六一美食节，六一圆梦季，学生专场秀，校园读书节等等……相关的报道也不断地见诸在厦门各类媒体上。如今，每当和他们一起畅聊学校生活时，笑颜如花的孩子们都能如数家珍般地娓娓道来。

　　家长们抽出时间陪伴孩子们参与成长旅程中独特而难忘的每个校园活动，分享孩子们成长快乐和感动的瞬间，收集着稚嫩岁月中弥足珍贵的画面，用镜头和文字将它一一记录，不愿错过孩子童年中精彩的点滴。通过园南校方这三年强调特色教育建设所展开的大量工作，我从女儿和她的同学们身上看到进步看到成长。他们一个个犹如嫩绿的树苗，蹦着，跳着，舒展着，迈开了幸福快乐的步伐，健康地像榕树一样蓬勃生长着。

在园南，我的孩子得到老师们悉心的关爱，得到同学们真诚的友爱，更享受着学校利用有限的资源和无限的创意为每个学生营造的文化氛围。在园南，我看到全体教师的全情投入，见识到直属重点学校般的丰富活动，感受着非比寻常的优越。一路见证，我和许多家长一样由衷地说：在园南，爱艺术，有快乐；爱文化，有提高；爱运动，有健康。再也不用担心孩子们的学习啦！品味质感，就读园南。

儿子，我在深夜里静静地想

——写于儿子小学毕业前

周海梅（六年 1 班兰祺桢家长）

如果说六年前那个秋季，我和爱人为儿子没读上实验小学而遗憾的话，那么今天我为儿子能在匠南小学毕业而自豪。

"我们的办学理念——让绿意点亮生命。我们的校训——像榕树一样蓬勃生长。榕树身上具有脚踏实地的务实精神，蓬勃向上的进取精神，坚韧不拔的顽强精神，独木成林的开拓精神，生生不息的自强精神，包容豁达的协作精神……"记得那是一次全校的家长会上，一位年轻漂亮、语调优美的女老师在多媒体教室向我们娓娓道来厦门市园南小学教育目标体系。我从身边的家长口中得知这就是园南小学的新任校长——庄莉。第一次听到庄莉校长以园南小学独有的、孩子们看得见、摸得着的百年古榕为载体，践行出"让绿意点亮生命"的生命化教育理念，我的内心仿佛掠过一丝清新。

接下来，在园南小学启动的一系列校园文化节活动，我收到了庄校长给我们家长的信，收到了老师给孩子和妈妈的信，看到了孩子们制作成长影像、榕树书签、感恩卡，我真真切切地感受到园南小学在行动着、在变化着、在实践着一种新的让人向上的乐观的办学理念。正牵引着孩子们的小手在一条铺满阳光的快乐学习道路上前行。

我也不落俗套地像大多数妈妈一样在儿子上了小学后，开始在周末为儿子报兴趣班，不管孩子是否真有兴趣。各种兴趣班轮流尝试，收效甚微，孩子累了，家长也累了。直到儿子四年级的一次家长会上，语文刘莹老师说："让孩子阅读吧，阅读是一种终身教育的好方法。热爱阅读可以改变孩子的一切，使孩子受益终身。我的要求是孩子的书包每天放一本课外书。"刘老师朴实的话语正如她朴素的外表。在刘老师的带领下，儿子所在的班级养成了良好的读书习惯，儿子从好动、不爱看书变成了捧着书爱不释手。

时光在静悄悄地流逝，儿子的心态也越来越阳光快乐。他会为校长在开学式上亲手送给他一个暖手宝而激动，会因老师不经意的一次肯定而满心欢喜，"妈妈，科陈说我办事效率高"，"妈妈，刘老师表扬我书看得多"，"妈妈，Miss Li 说我是 super star"，"妈妈，这是刘老师第三次让我为班级干活了，好开心啊。""今天晚上我们班上十几位同学相约一起去中华城滑冰了，之后我们还吃了夜宵——麦当劳，生活真是美好啊！"儿子在日记中写道。我能感受到孩子是真真切切的高兴，我为儿子内心充满阳光而由衷欣慰，这欣慰源于园南小学的校长和老师们的付出和爱心的浇灌。

"鱼知水恩，乃幸福之源也。"大海创造了生命，也守候着生命，所以才有鱼儿得水的快乐。让我高兴的是儿子在六年的小学生活中学会了爱与被爱，学会了感恩和付出。看到天桥边乞讨的老人他会像呼吸一样自然地掏出口袋中的硬币投进去；看到跌倒的小孩他会伸手扶起来；在我洗衣服、炒菜时他会捶捶我的背，从身后抱着我说："妈妈辛苦了。"早晨上学时会因为他和妈妈都爱吃的芭乐只剩一个而言不由衷地说："妈妈我不吃芭乐，太大了，吃不完，给我苹果吧！"这一刻，我心温暖。

写下这些文字的时候，我的心里充满了温暖和感动。夜深了，儿子睡得很恬静，他并不知道此时的妈妈思潮起伏。或许，儿子看到这些文字并不一定能懂我的心境。但我悄悄期待着，即将小学毕业，开始全新的中学生活的儿子，能记住小学老师的培育，带着感恩心，展露出阳光的笑脸，迎接新的挑战和生活。

儿子，你准备好了吗？

绿意深深满园南

陈燕（五年 2 班于韵飞家长）

有一段时间没有到孩子的学校去了，今晚坐在灯下，浏览着园南小学的网站，学校的绿意环境，如同一幅幅宁静，安详，又生机盎然的画卷在我面前展开。干净，整洁的砖红色台阶，两边修整一新的绿色盆景，黑灰古旧的岩石砌成的围墙，楼梯的扶手图案别致，和校门一样裹着低调的暗朱红，并互相呼应，仿佛把学校的浓浓古意氛围传递出来。校门口那棵古老的榕树依然挺拔地屹立在巨大的岩石上，树枝不断地伸向天空，根系牢牢地抓住岩石缝里的小小空隙……

暗朱红，深翠绿，沃咖啡，浅黄白，棕红组成校园的主要色彩，但我还是深深地被这满眼的绿色打动了。绿色的教育理念——"让绿意点亮生命"，绿色的各种活动，绿色的教育精神——"让孩子们成为他们自己"。绿色的环境，绿色的校歌，绿色的校徽。无不充满勃勃的生气，正如这春意黯然的时节。

孩子们能理解绿意点亮生命的理念吗？我想不一定，但他们一定会记得老师和校长经常说，同学们要像榕树一样，四季常青，不畏寒暑，充满勃勃的生命力，做一个积极向上的人。他们会记得，他们学校生活的最初几年，是快乐的，没有太多的作业，各种的活动回忆带来温馨的感觉，为灾区的孩子义卖，募捐，他们自己精心地制作工艺品，和妈妈一起准备的精美糕点，认认真真书写的书法作品，为了争夺"顾客"甚至争吵，以及大声地叫卖的场景，这一切都是为了募捐到更多，因为他们知道有很多孩子需要帮助。他们会记得，那一年"6.1"节，他们参加过生平最大的盛宴，上百张的桌子，摆满了能想象出来的各种美食，有几种口味的薯条，五颜六色的糕点，特色小吃，有香菇做盏猪肉馅儿，上面点缀着红色萝卜，绿色香葱的香菇肉盏，……老师来了，校长来了，爸爸来了，妈妈来了，爷爷奶奶来了，连大厨师也来了，所有人的盛宴，所有人的儿童节，所有人都放下身段，拿掉面具，一起来过一个"high"翻天的儿童节。孩子们会记得自己吃了谁的菜肴，谁又吃了自己的东西，为赢得他人的称赞而自豪，为自己给他人带来的欢乐而幸福，美食的香味弥散在空气中，美食的缤纷令人眼花缭乱，美食的快乐流淌在心里，味觉，视觉，感觉无不美轮美奂，回味无穷。多么美好的节日，多么美妙的回忆。这些记忆今后能让孩子的嘴边挂上浅浅的笑意，让孩子的心里涌出小小的温暖，然后继续走他们的路，不敢顺畅还是艰难，生命中的那些曾经的那些绿色，都将照亮他们的前程。这不正是学校绿色教育理念的体现吗？

我的孩子还有 1 年多就毕业了，从 4 年级起，学校有了校徽，有了统一的西装制服，有了朝气蓬勃的校歌。每天上学前多了一件事，检查校徽，除了避免不佩戴校徽不能进校门的尴尬，最主要的是孩子觉得校徽是一个重要的标志，她是园南小学的一员，她为学校感到骄傲。穿西装对孩子来说也颇为费事，但是每个周日晚上，她就把一整套的校服准备好，周一早上都特地早点起床，把新校服穿得整整齐齐，打底裤，靴子颜色不能乱搭，因为她知道每个孩子都能体现学校的风格和水准，我想这就是绿色教育理念印刻在孩子心里了，孩子们有了更深的团体精神。学校的校刊也是孩子经常翻看的书之一，其实孩子喜欢读的书有很多，但是孩子说，这本书里有我，我的同学，我的老师，我的校长，我的学校，我们的各种活动，是我童年的记录，所以我喜欢。我想校刊是学校教育精神和思想的文字体现，这里孩子们能找到他们曾经精神家园，曾经的绿意精神，曾经的绿意深深。

我想近期空闲，就到园南小学去一趟，我想去看看榕树，去站在树下感受它的绿荫，去仰望它伸向蓝天的枝干，去抚摸它牢牢抓着岩石的虬跟，去体会它的自由，包容，蓬勃，顽强，豁达，感受它给园南小学带来的深深绿意。

因榕而变

彭灵芝（五年1班罗彭家长）

在古老榕树的掩映下，有这么一个地方，它是一个将门开在古老城墙上的独特所在；它是一个小巧雅致、书香古韵相得益彰的神奇所在；在这里，几百棵"小榕树苗"正充满着幻想，跃跃欲试，努力向着"长大成材"的人生理想进发；在这里，别致却又切合实际地从历经百年风雨却依旧枝繁叶茂的校园古榕，引发了一场认识、尊重、热爱生命、以"让绿意点亮生命"为核心理念的珍贵的生命化教育实践：唤醒每个孩子内心深处对生命的赞叹和对人生价值、人生意义的终极思考。这里，就是绿意盎然、生机勃勃、美不胜收的园南！

在我的眼里，园南变得更美了！

这几年，园南的校园基建改善一直体现并突出"百年古榕、优秀传承"的历史名校的文化氛围建设。从古香古色、意味隽永的图书馆门上的对联，到每个年级门上如跳跃的现代化绿色音符的班级标号，再到一个个见缝插针设立的榕树精神文化墙、主题角和各类表演专区，色彩雅致、设计精巧，独具匠心，是文化与美的绝好结合。

好的事物与外在美的表达之间并无矛盾，园南这美丽的环境，如一幅志趣高雅的画、如一首动人心弦的歌，让人身心愉悦，陶醉其中，在潜移默化中培养和提升了孩子们对美的良好感知。而一个对美充满敏锐感知的孩子，一个懂得欣赏生活之美的人，定然会更加热爱和珍惜美好的生命，成长成为一棵美丽繁茂的大榕树！

在我的眼里，园南变得更有感情了！

每天清晨，伴着鸟儿在古榕树叶间的欢唱，老师们会在校门外的台阶上等候着，向每个到校的孩子微笑问候"早上好"。在这个地方，校长室的大门随时都是敞开，孩子可以自由地出入。每个学期开始与结束，校长都会给孩子和家长的写一封信，对孩子点滴提醒，就像一个循循善诱的大姐姐；和家长亲切沟通，有同为人母的情真，更有一名有责任感的教育工作者的意切。

记得庄校长曾多次提及"爱是教育之源"，爱的教育如春风化雨，润物无声；

它意味着热爱自身的职业，更意味着热爱孩子、理解尊重信任孩子，积极搭建起与孩子心灵沟通的桥梁。我想，在这种爱的教育下成长的孩子，一定会是安全，乐观和积极向上的，一定能长成一株蓬勃向上的大榕树。

在我的眼里，园南变得更快乐了！

在这里有各种社团活动，有个人风采展现舞台，有系列的文化周、特别是家校同乐的两次六一节活动："美食节"和"实现微心愿"，让园南满溢着真实到几乎可以触摸的快乐。记得有人说过：你不能决定生命的长度，但你可以决定生命的宽度。你不能决定生活对你的方式，但你可以决定你对生活的态度。开展形式多样的文体活动，构建促进孩子多元性发展的学习平台，充实丰富他们的人生体验，定会大大地拓宽孩子们的生命宽度。而在孩子的成长过程中，一个个简单真实的小快乐不断积累，会渐渐地在孩子心里强化固定一个大观念：不能被暂时的困难与挫折打败，因为丰富美好的人生还在前方等着我呢！让孩子们能真正意识到："活着真好、活在当下、乐在其中！"从而成长成为一株坚韧挺拔的大榕树！

在我的眼里，园南变得更有精神了！

"像榕树一样蓬勃生长""脚踏实地 蓬勃向上"，榕树的精神在一系列精彩纷呈的活动中渐渐浸润到孩子们的心田里，园南变得更有精神了！从《大榕树下》优美励志的校歌到与榕树树叶书签的制作；从不断长出新的成长绿叶的成长纪念册，到校徽设计中榕树造型、张开双手欢呼的孩子，这其间寄托了多少对孩子"根植沃土、蓬勃向上"的期望，这更加突显出园南的绿意教育以人为本，顺应学生的天性；满足其成长的需求；等待生命的花开的生命化教育的特色追求！我坚信，在这时，我们的孩子一定能成长成为一棵枝繁叶茂、生机盎然的大榕树！

女儿的微心愿

戴英凉（五年 2 班陈依家长）

　　宝贝女儿陈依就读的是一所充满绿意的学校——园南小学，她的校训是像榕树一样蓬勃生长，校风是脚踏实地蓬勃向上。是的，有着这样绿色的向往，却不知背后需要那辛勤的园丁呕心沥血地用心守护着！

　　园南小学一直秉承着充满绿意的教育是顺应学生的天性，充满绿意的教育是满足成长的需求，充满绿意的教育是等待生命的花开。在这充满绿意的教育理念的学校上学是何等幸福的事呀，我很庆幸我的宝贝女儿能有幸成为其中的一片绿叶。

　　自从明确了办学理念，学校带给孩子们和家长们是一波接着一波的惊喜：先是第一届的校园文化活动中之一的六一活动：那是一场别开生面的"舌尖上的园南"美食分享季活动，那次活动给孩子们和家长们都留下了深刻的印象。还记得我们孩提时代的六一儿童节无非是表彰大会或者文艺汇演之类的仅能让小部分孩子参与，而园南却是让所有孩子们甚至也让家长重返童年般的分享到节日的喜悦！第二届校园文化活动在孩子们的期盼中终于到来了，这次又会有什么惊喜呢？

　　我有幸被邀请去参加孩子们的主题为：如你所愿——迎六一，微心愿的活动，早在出发前，女儿心里很忐忑地问过我："妈妈，您说我想和校长合影并用 Hello Kitty 的相框裱起来的愿望真的能实现吗""妈妈，我居然被选上当活动的小主持人，您说我能做好吗？"我听了，心里想着"人家校长那么忙，日理万机的，就算能把你小屁孩的话当真和你合影也不可能特意去折腾个 Hello Kitty 的相框来送给你。"但又不想伤孩子的心，就回答道："你的微心愿如果能实现当然是最好的了，但如果没能实现也不要紧，妈妈再送给你好吗？"懂事的女儿点点头，早早地去学校为活动做准备了。我也如约来到已然成为孩子们欢乐海洋的学校，进入班级，黑板上漂亮的艺术字《倾听花开的声音》让我们知道老师们的愿望与美好，特别是看到讲台上堆着满满的礼品，老师们准备送上的神秘礼物——孩子们自己一周前许下的"微心愿"，这更让我们家长为校长、老师的真情付出所折服！

　　活动很快就开始了，看着女儿主持得有声有色的，虽然刚开始有点紧张，但在班主任的鼓励下，她信心满满的像个小老师一样主持着节目。随着庄校长一行老师的到来，活动进入高潮，当校长庄莉亲手把俩人的合影照片送到陈依手上的时候，陈依开心极了！她的"微心愿"实现啦！"我好喜欢哦，我要把照片放在我的床头柜上。"这一开心时刻也定格在隔天的报纸上，这份和校长合影的报纸也被女儿珍藏着，每当家里来客人，她总是要"显摆显摆"下她那合影："瞧，这是我们学校最漂亮的校长哦，这是她送我的 Hello Kitty 的相框！"是的，让孩子们快乐其实很简单，但又有几个人肯蹲下身来，从孩子的视角出发考虑，让孩子们发自内心地喜欢呢？让每一个孩子感受成长的快乐呢？我想园南的老师们已经做到了。只有你想不到的，没有园南办不到的！园南的园丁们总是一次次颠覆着人们的想法。再次庆幸我的孩子能成为园南的一份子。

园南小学袖珍校园 "心" 很大

园南小学昨日用一节数学课，形象展示这所小学正在努力建设的学校特色：生命化教育。这是一节三角形分类的数学课，以传统的教学方法不同，园南小学数学老师黄昕采用了不同的方法——上课前，他让学生自己剪出各种不同形状的三角形。当天的数学课，这些三角形分组被贴在白板上。通过几轮的小组讨论研究，学生们自己总结出了三角形分类。

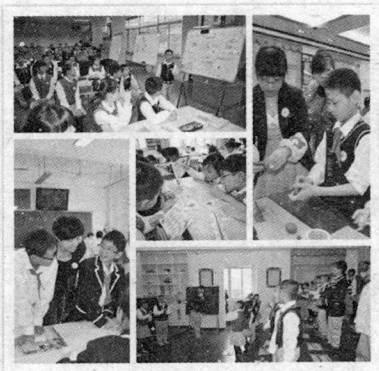

黄昕指着黑板上学生们总结出的三角形分类特征说，传统的教学方法也会得出相同的结论，但是，它是被 "修剪" 出的，而不是像现在这样，是在自由和安全的空间里生长出来。

这就是园南小学的生命化教育，校长庄莉说，生命化教育的本质是学校对生命的尊重——要关注学生的需要，然后想办法满足它。

庄莉展示了一位五年级女生写给老师的信，信中有礼貌但也很直接地提出意见：老师，您太啰唆了。如果每天说的话不一样的话，那我也许不会说什么，可是，您每天都说着重复的话，像骆驼一样，不停地把胃里的草拿出来嚼。

这封直来直去的信 "刺激" 了老师，但是，庄莉说，老师最终还是鼓起勇气将它刊登在园南小学出版的《书信集》里。这本集子里，收集了这所学校校长、老师、家长、学生之间的通信。庄莉说，通过这些信，我们了解孩子和家长对学校的需求，然后，我们就铺设平台，尽量满足他们或是改进我们自己。

昨天，园南小学五年级的蔡语铎很骄傲地带着来宾参观他们的袖珍校园——这所怀有 "生命化教育" 远大理想的学校其实只有 3000 多平方米，比一些幼儿园还小。但是，小男孩说，这所学校给了我们很多自由，因此，感觉它很大。

（本报记者 佘峥）

刊登于厦门日报 2013.4.27 第 8 版

思明：让家门口的每所学校都优质

园南小学彩绘梦想风筝放飞

在思明区，每当家有读书郎要上小学或上初中的家长打起择校的念头，他（她）通常会听到旁人这样的劝说：思明区的学校其实都差不多，你就不要瞎折腾了。

应该说，坊间的这种议论，是思明区义务教育均衡现状的最好口碑。

今天，我们选择思明区一些有代表性的学校范本，为您解剖思明区是如何"让家门口的每所学校都优质"。

特色发展：让每所学校都有自己的"看家本领"

园南小学是一所典型的思明区属小学——隐藏在寸土寸金的老市区里，学生人数不超过 1000 人，却有着近百年的建校历史。"老枝"如何发"新芽"，成为家门口优质学校，校园里一棵生生不息的榕树启发了办学者，2011 年，它开始推行"生命化教育"的特色教育实践。

校长庄莉说，并不是玩概念，"生命化教育"的本质是学校对生命的尊重——要关注学生的需要，想方设法满足他们。

这所小学果真处处看孩子和家长的"眼色"行事。今年春季开学第一天，园南小学在学生中征集"爱上学的 N 个理由"，通过这类评选来寻求答案：什么样的学校是孩子喜欢的？什么样的老师是他们热爱的？庄莉和她同伴将回收的学生答案分类统计，总结出孩子们喜欢的学校、课堂、老师的标准，提供给老师，提醒他们往这个标准靠拢。

上周，园南小学六年级学生郑榕煜冲进校长室，他要为自己航模展申请经费，上周五，小男孩如愿以偿，航模个人专场展在学校举行，展出过去四年组装的航模精品。不仅他的父母"沾光"，受邀参加，展览还有个开幕式．努力抑制住自己兴奋的郑梓煜，在全校学生面前介绍自己成长经历，讲述自己对梦想的追求和坚持。

这是园南小学为学生举办的个人展览中的一个。庄莉说，只要孩子有表现的需求，我们就为他提供舞台。她认为，舞台给予孩子的激励，或许会让他走得很远。

思明区学校的特色建设，并不是只有"风花雪月"的课外活动才看得到。在园南，生命化的教育甚至渗透到文化课中。本学期，数学老师黄昕用一节三角形分类数学课，展示生命化教育。他通过让学生自己剪出各种不同形状的三角形，以及几轮的小组讨论研究，总结出了三角形分类。

黄昕说，传统的教学方法也会得出相同的结论，但是，它是被"修剪"出的，而不是像现在这样，是在自由和安全的空间里生长出来。

园南小学代表的是思明区义务教育均衡征途上的一类典型："家门口的学校"如何通过寻找学校特色发展，来使自己成为"高富帅"。

局长张越说，学校的百花齐放，最终是为了高品质均衡教育的"满堂红"——特色学校的建设使得越来越多的学校变得优质，成为老百姓家门口的优质学校；而只有越来越多的学校变得优质，区域教育高标准、高水平的均衡才能实现。

（本报记者　佘峥）

刊登于 2013.11.27 厦门日报 第 6 版

园南小学八百学生实现微心愿

校长到每个班级为孩子圆了"微心愿"

对于园南小学的 800 多名孩子们来说，刚刚过去的"六一"儿童节无疑是他们最难忘的一天。5 月 31 日下午，每一名学生收到了老师们送上的神秘礼物——里面装的礼物正是自己一周前许下的"微心愿"。

这是园南小学今年儿童节开展的如你所"愿"——"微心愿"征集活动。自从活动启动以来，全校孩子写下了一个个心中的梦想，800 多个心愿汇聚而来。"六一"儿童节的前一天——5 月 31 日下午，孩子们陆续收到了老师精心准备的礼物。

微心愿实录

1. 二年 1 班李诗雨：我开了一个微博，我希望全校的老师都加我的微博，成为我的粉丝。我的微博名是：诗雨小朋友。

2. 四年 3 班连佳怡：我想要一只可爱的小熊，最好是穿裙子的。是小熊哦，不是小狗，我还希望得到校长紧紧的拥抱，还有六一这两天就免做作业。

3. 六年 1 班邱宇彤：毕业后，我爸要给我买新手机。我正愁着没零花钱买漂亮的手机壳呐，希望老师能实现我的小愿望。对了，谢谢学校让我们过这么快乐的六一！

4. 一年 2 班郑朝乐：我很想加入跆拳道社团，校长能为我特批吗？（校长特意设计了一张邀请卡，郑重地邀请孩子参加）

5. 六年 3 班叶言：马上要毕业了，我希望能有一套"园南校园风光"的明

信片，另外，希望上面能附上所有老师的签名。谢谢咯！（学校老师专门为这个孩子设计了一套明信片）

6.三年1班童安妮：我希望王老师和蔡老师能教我们到毕业。

7.二年1班陈翰宇：我好想再过一次"美食节"！（班主任老师当天就在班级组织了一次美食分享活动）

8.五年1班郭伟杰：刘老师，您上次做给我们吃的比萨特别好吃，今年六一我想再吃一次，可以吗？

【记者手记】

简单的快乐

一个吻，一个拥抱，一次合影……"微心愿"虽小，却能折射出园南小学教育的大理念、大智慧。

在园南小学采访期间，记者感受到弥漫在这所百年老校的快乐氛围。老师们是快乐的，孩子们也是快乐的。校长室的大门随时都是敞开的，孩子们可以自由出入……

让孩子快乐其实很简单，只要教育活动从孩子的视角出发考虑，就能让孩子发自内心地喜欢。在校长庄莉看来，"学校应该就是孩子们心中的乐园。这份快乐，不是老师眼中的快乐，而应该是让孩子们发至内心地喜欢学校。只有让学校成为孩子们喜欢的地方，孩子们才能更加快乐地成长。"

我们希望，园南小学此次"微心愿"活动，能让快乐在学校继续延续，也希望这份快乐能够启发小学教育的智慧，让每一个孩子感受成长的快乐。

学生们的愿望实现了

最开心
全校老师成为自己的"粉丝"

"我希望全校的老师都加我的微博，成为我的粉丝。我的微博名是：诗雨小朋友。"李诗雨不久前开了微博，她特别希望每天粉丝数量都能增加。就在5月31日这天，园南小学所有已开通微博的老师，全部成为诗雨小朋友的粉丝，她开心地说："这是我收到的最好的儿童节礼物，谢谢老师。"

袁振涛小朋友的"微心愿"是能和校长合影。当日下午，当校长庄莉亲手

把俩人的合影照片送到他手上的时候，小振涛十分开心，"我很喜欢，我要把照片放在枕头边。"振涛的妈妈曾玉桃说，"孩子这么小的心愿能够得到实现，我和他一样，心里有着说不出的高兴。振涛现在心中的目标是当飞行员，我希望他今后能够更加努力，为实现自己的目标加油。"

而陈怡颖小朋友更是得到一份特殊的礼物——校长的吻。"这份礼物很特别，很特殊，我很开心。"陈怡颖告诉记者。还有两位孩子不约而同地希望过个没有作业的"六一"，因此学校德育处在"六一"前宣布——这个"六一"不布置作业，给每名同学一个快乐的圆梦"六一"。

全校老师签名的篮球

最忙碌
200多个心愿与校长有关

校长庄莉说，以前的"六一"儿童节无非是文艺汇演或是表彰大会，能够参与的只是小部分孩子。园南小学想的是尽可能能让所有孩子都能分享到节日的喜悦。

去年"六一"，园南小学举行了一场别开生面的"舌尖上的园南"美食分享季活动，给孩子们留下了深刻的印象。今年"六一"还没到，孩子们就开始到处打听"六一"的活动安排。

如何满足大家的心愿，再给孩子们一个别样快乐的"六一"呢？庄莉说，最终帮每一位孩子实现"微心愿"的想法产生了。当然，要帮助全校800多位孩子逐一实现"微心愿"，对任务繁重的老师们来说又是一项巨大的工程。

　　在刚刚过去的一周里，老师们想方设法四处搜寻礼物，夜幕降临依然在办公室包装礼物，书写寄语贺卡，一件件饱含老师心血的礼物堆满了办公室。对庄莉来说，过去一周更是异常忙碌的一周——全校 800 多个心愿中有 200 多个心愿是与她有关。从每天早上开始，庄莉的办公室总是水泄不通，里面挤满前来合影的同学。晚上，她留在办公室里忙碌着准备礼物，一一对照心愿清单打"√"。对于一些还不能马上实现的愿望，庄莉也向孩子做出承诺，尽快满足。

（本报记者 吴晓菁）

刊登于 2013.6.3 厦门日报第 6 版

思明精品教育一砖一墙都成 "教具"

【核心提示】

地处中心城区的思明区，地域空间有限，如何在有限空间里充分利用每一方寸，发挥其最大的教育效应？思明区"绞尽脑汁"——实施"精品教育"战略，追求教育质量向优质、均衡发展，让有限的资源，创造无限的教育空间。在思明区的每间学校里，"精品教育"的理念得到了充分体现，每一面墙、每一块砖都会"开口说话"，独具特色的校园环境构建了校园文化氛围，让孩子们在潜移默化中接受熏陶和教育。

一棵古榕树：让百年老校焕发新的生机

在思明区的所有学校里，园南小学可以说是一个"迷你型"的小学，占地面积不大，然而这间小学的名气却不小。这不仅源于它的百年历史与优质教育，更源于它处处洋溢着充满生机的榕树文化。

走进园南小学，你会讶异眼前看到的一切，这是一个多么绿意盎然的校园。几棵百年古榕攀岩而立，让这所古城墙边、石壁之上的老校焕发出勃勃生机；榕树叶型的班牌和多姿多彩的绿色盆栽，使浓浓的绿意充盈着每一间教室；墙壁上，以榕树为主题的绘画作品、励志心语、书苑对联，无不充满着文化的气息。

借助百年榕树，园南小学的校园里弥漫着浓厚的艺术文化氛围，一种独特的榕树精神已经渐渐浸润到孩子们的心田里，"让绿意点亮生命"的办学理念给这座百年老校注入了新的生机与活力。

（本报记者 吴晓菁）

刊登于厦门日报 2012.06.15 第 10 版

每一天都是足球日

■快乐足球在这群充满稚气的脸上充分体现出来。

12月9日是世界足球日，但对于园南小学学校足球队的孩子们来说，每一天都是足球日，足球已经成为他们生活中不可缺少的一部分。校队有个一年级的队员叫刘瀚翔，他兴趣广泛，除了足球，还学钢琴、小提琴、围棋，每个周末都排得满满当当。问他能否舍弃其中一样，他怎么都不愿放弃足球，"如果哪天不踢球了，我会好失望，不舒服。"

■来自巴基斯坦的学铭梅门从幼儿园就开始踢球，一招一式都很老练

在一群奔跑踢球的小孩中，学铭梅门显得很不一样。他来自巴基斯坦，年仅12岁就已有7年球龄。现在，他是园南小学六年级学生，也是校足球队中几位"服役"时间长达六年的队员之一。

■小球员们脚下功夫颇有专业水准。

　　每天下午4点，学铭梅门和他的小伙伴们都要到操场上训练。以前，他们的训练场地在人民体育场。后来，人民体育场拆除了，他们只好回到学校训练。虽然场地变小了，但大家踢球的热情没变，就连暑假，他们的训练都不间断。

■这一脚射门，是不是很有小贝的架势？

　　自上世纪七十年代起，足球运动成为园南小学的传统特色项目，四十多年来，校足球队在全国、省、市、区的足球比赛中取得了各项辉煌，也输送了不少好苗子。现任校队"老大"吴教练也曾是园南小学校队的一员。

■胸部停球的训练让刚进队的一年级小球员不知所措，不时还要双手抱球。

　　吴教练说，不只是园南小学，这几年全市有很多学校都加入足球运动中，越来越多的孩子在绿茵场上奔跑，这本身就是一件让人开心的事。

　　前国家队主教练米卢提出的"快乐足球"，在这群孩子身上真正展示出来。

（本报记者 郭文娟）

刊登于 2013.12.11 厦门晚报 A21 版

园南小学一年级小朋友今天办个人画展啦

对于张森小朋友一家来说，今天是个重要的日子。学校专门为他举办了一场个人画展，他的爸爸妈妈"沾了光"，受邀参加。

张森是园南小学一年（2）班的学生。第一次登台亮相，他落落大方，反倒是他的爸爸张建华一周前就开始紧张，为上台要讲什么而发愁。

新学期首个专场秀 校长特意接见他

开学初，园南小学向全校学生发出风采展示招募帖，张建华帮儿子提交了申请书，很快获得通过。

这是本学期全校首个专场秀，校长几天前特意接见了张森。放学后，他趴在爸爸耳朵旁，悄悄说："校长还跟我合影啦，好开心啊！"

昨天下午，班主任庄老师专门到张森家跑了一趟，看看他准备得怎么样。为了他的发言，庄老师和张建华前前后后忙活了好几次，直到昨天还在修改。"尊敬的老师，亲爱的同学们……"张森彩排了一遍开场白，庄老师建议："可以活泼点，就像你平时一样，直接说'Hi，大家好'。"

这次画展，张建华和老师一起挑了50幅作品，悬挂在学校一楼大厅。从张森涂鸦起，每一张画作，张建华都收藏起来，至今已有数千张。他的美发店里，就有几幅儿子的代表作，贴在显要的位置。

画《植物大战僵尸》，有好几个版本

张森两三岁时，爸爸妈妈忙美发店的生意，没人陪他玩，他一个人在纸上乱涂乱画。一段时间后，张建华意外发现，儿子画得有模有样，就连中央美院一位老师到店里剪头发，也夸他很有想象力，还主动提出要指导他。

读幼儿园中班时，他去青少年宫学画画。不过，老师让他临摹，他总是坐不住。倒是回到家里涂鸦时，一画两三个小时都不喊累。张建华问他为什么，他很自信地说："那里每个人都画一样，不好看！"他还说，自己的梦想就是当个画家。

他画自画像，还加了一圈光环，说这叫"创意"。他的画作题材多样，光是《植物大战僵尸》就有好几个版本。早上的版本：植物都醒过来了；晚上的版本，植物睡着了，有河水还有烟雾。画龙也有好几个版本，中国龙、恐龙、飞龙、"尾巴一甩就会地震"的地震龙……单是一条中国龙，就要画两天，没上完色，他宁可不睡觉。

今天的个展现场很热闹。

（本报记者 郭文娟）

刊登于 2013.10.08 厦门晚报 A17 版

学校少年宫成了孩子课外乐园

【核心提示】

教育为本，德育优先。近年来，市委、市政府深入贯彻中共中央、国务院《关于进一步加强和改进未成年人思想道德建设的若干意见》，多措并举推进未成年人思想道德建设，以中小学校为阵地，整合各方资源，大力推进"乡村学校少年宫"和"城市学校少年宫"建设，让学生在家门口就能快乐活动，学习才艺，发展特长。

在我市一些城市或乡村的学校，各种各样的兴趣爱好班已在孩子们的成长过程中扮演着重要的角色。这些学校的共同点，都是建立了学校少年宫。丰富的文化生活占领学生课外阵地，为假期无人照看、无处可去和放学后的孩子们提供好的去处，让他们在玩乐、游戏中愉悦身心，学有所获，健康成长。

园南小学城市学校少年宫的手风琴活动组，俄罗斯外教正在教授课程。

坐落于古钟楼下、古城墙上的园南小学，是我市首批城市学校少年宫的试点校之一。校园不仅拥有浓郁的绿榕文化、健全的少年宫管理制度，同时还配备了专门的辅导员队伍，组织开展了丰富多彩的少年宫文体活动。目前，学校有近30个活动社团供学生选择。今年暑假，学校利用假期，对少年宫的功能室进行改造，并新增了一批乐器和陶艺室，新学年开学，学生们将能享受到更加丰富的社团活动。

作为城市学校少年宫试点工作，学校投入大量精力，整合校内外优质资源，积极探索"在城市如何丰富学生课余文化生活"，得到广大家长和学生的好评。

家长们说，"来到学校办的少年宫，孩子喜欢和熟悉的老师、同学交流，能真正锻炼能力。"

市委文明办负责人表示，我市力争用 3 年时间，逐步在全市建设形成一批布局合理、功能完备、规模适当、充分发挥作用的"城市学校少年宫"。

（本报记者　吴晓菁）

刊登于厦门日报 2012.08.25 第 4 版